B I B L I O T H E C A
SCRIPTORVM GRAECORVM ET ROMANORVM
T E V B N E R I A N A

2000

PRISCVS PANITA

EXCERPTA
ET
FRAGMENTA

EDIDIT

PIA CAROLLA

BEROLINI ET NOVI EBORACI
WALTER DE GRUYTER MMVIII

∞ Gedruckt auf säurefreiem Papier,
das die US-ANSI-Norm über Haltbarkeit erfüllt.

ISBN 978-3-11-020138-3

Bibliografische Information der Deutschen Nationalbibliothek

Die Deutsche Nationalbibliothek verzeichnet diese Publikation in der Deutschen Nationalbibliografie; detaillierte bibliografische Daten sind im Internet über http://dnb.d-nb.de abrufbar.

Printed in Germany
Druck und Bindung: Hubert & Co. GmbH & Co. KG, Göttingen

HOC LIBRO CONTINENTVR

FRITZ BORNMANN MAGISTRO DICATUM

PRAEFATIO

Ante hos XXIII annos Fritz Bornmann, clarissimus vir, suam Prisci editionem[1] renovare statuit. At tempus fugit, cum ille, magis discipulorum sapientiae quam suae gloriae studiosus, docendi officia editioni semper anteponeret. Postremo morbus eum nobis surripuit, a.d. V Kal.Dec. MCMXCVII. Tanti magistri orbati, nos discipuli, quasi parvum pecus, trepide vagabamur, alii alia quaerentes.

Cum iam doctorale triennium, Fabricio Conca tutore, suscepissem, doctissimi viri Augustus Guida Angelusque Casanova ad Bornmannianam editionem repetendam me monuerunt. Postea Bianca Maria Bornmann, magistri mei soror incomparabilis, omnia quae usui esse possent collegit atque maxima cum liberalitate me iis instrumentis donavit. Nihil tamen a fratre scriptum vel inceptum invenit.

Denique a.D. MCMXCVIII Elisabetha Schuhmann, scriptorum classicorum peritissima, me, quamvis imperitam, fide dignam habuit, cum Bornmanni atque Concae magistrorum doctrina confideret, et in Bibliothecam Teubnerianam meam Prisci editionem accepit. Nunc tandem liber, sub prelis a Floriano Ruppenstein, deGruyteriano antistite, curatus, lucem videt.

Omnibus istis maximas gratias ago.

De Prisci EL traditione

Prisci textum fere totum tradunt Excerpta Constantiniana de Legationibus (EL), quorum codicum cognationem, a Carolo de Boor in suae Excerptorum Constantinianorum de Legationibus editionis praefatione illustratam, non satis certam esse constat. De Boor ille doctissimus, obscuras

[1] Prior editio lucem vidit a.D. MCMLXXIX: *Prisci Panitae Fragmenta*, a cura di F. Bornmann, Firenze 1979 [inde: Bornm.].

res diiudicare conatus, ocius quam prudenter opus suum[2] perfecit[3]; praeterea Cantabrigiensis codex (C) ignotus Carolo de Boor fuit atque a Michaele N. Kraŝeninnikov a.D. MCMXIII inventus est[4], plus quam decem annos postquam editio a de Boor confecta erat. Vero etiam Kraŝeninnikov, doctissimus professor, quamquam saepe Boorianam editionem, non "sine ira ac studio", emendare conatus est, tandem codicum cognationem acclarare non potuit quia Scorialenses (E1, E2, E3) non contulit[5]. Bornmann ipse, cum omnes codices collatus esset, codicum cognationem non demonstravit, quia de ea dubitabat[6].
Nam in codicibus recensendis discordantiae aliquae, quae ad scribarum collaborationem referri possunt, inveniuntur: Graecos scribas interdum quaterniones (vel quiniones) inter se dividisse, quo pacto nescimus, satis constat. Quapropter Prisci codicum cognationem simul cum officinarum chartariarum signis investigandam putavi, stemma complevi et textum constitui. Quantum ad Priscum pertinet, codicum cognatio una et certa

---

2 *Excerpta de Legationibus* edidit C. de Boor, pars I. Excerpta de legationibus Romanorum ad Gentes (*Excerpta Historica iussu imp. Constantini Porphyrogeniti confecta* ediderunt U. Ph. Boissevain, C. de Boor, Th. Büttner-Wobst. Volumen I. Excerpta de Legationibus), Berolini MCMIII, [inde: de B.], pp. VII-XXI (de codicibus praesertim pp. III-XVI). De EL cf. e.g. *Fragments d'historiens* 2002, passim; U. Roberto, in *Ioannis Antiocheni Fragmenta ex Historia chronica*, Berlin 2005 [TU 154], pp. XXXI-XLV.

3 Cf. quod ipse dicit, in *Zweiter Bericht über eine Studienreise nach Italien zum Zwecke handschriftlicher Studien über byzantinische Chronisten*, ("Sitzungsberichte der königlich preussischen Akademie der Wissenschaften" 1902.I), pp. 146-164 [inde: de B. 1902], praesertim p. 146: "Über das Resultat meiner handschriftlicher Studien beehre ich mich eine kurz zusammenfassende Darlegung vorzulegen, die in anderem Zusammenhang ausführlicher begründet werden soll." Sed in editionis praefatione, p. VIII, hoc tantum est: "Quorum de libris quaeque inter eos ratio intercedat in Actis Academiae Regiae Berolinensis a. 1902 editis pag. 146 sqq. disserui, de collectaneis Constantini universe propria commentatione fusius exponam; hic breviter tantum quibus haec editio fundamentis nitatur explicabo."

4 Kraŝeninnikov 1914, pp. 45-46; 54-55.

5 Ibid., p. 57.

6 Bornm., pp. XXIV-XXVII.

videtur; de aliorum historicorum textibus, pluribus in EL manuscriptis traditis, multum investigandum est[7].

Omnes codices ex uno archetypo fluxerunt, qui π appellatur a Juan Paez de Castro, primo possessore[8]. Ipso mortuo, liber Bibliothecam Scorialensem ingressus est et ibi a.D. MDCLXXI combustus esse dicitur[9]. Non pauci alii libri, post incendium ablati, postea ubicumque terrarum inventi sunt[10]; de nostro autem nihil novi compertum est[11].

In Bibliotheca Scorialensi erat autem alter codex, recentior, tribus in tomis, in-quarto minori et Γ.IV.1-3 in antiquis catalogis segnatus, fortasse a Mathia Palbitzkio, Suecico legato, ibi illecite emptus a.D. MDCLI[12]; sed ne huius quidem exemplaris ulla notitia nobis pervenit. Hic codex idem ac exemplar Antonii Augustini, doctissimi Tarraconensis episcopi qui primus a Philippo II rege describendi codicis π copiam impetravit a.D. MDLXXIII, multis philologis fuisse videtur et α ab eis appellatur[13].

Utriusque codicis (π et α) accurata quaedam descriptio, a Davide Colvillio confecta, superest[14] et certe Augustinianum exemplar inter prima codicis π apographa erat[15]. Hoc tribus libris in-quarto minori constabat; ea

---

[7] Carolla 2008, pp. 129-170.

[8] Graux 1880, p. 92-99 (praesertim p. 93); de Andrés 1999, pp. 62-63; Ochoa 1990, p. 70.

[9] Ubi B.I.4 (postea Θ.I.4) laudabatur, cf. G. de Andrés, *Catálogo de los Códices Griegos Desaparecidos de la Real Biblioteca de El Escorial*, El Escorial 1968, p. 43.

[10] Cf. e.g., de Suecicis mss. Uppsaliensibus et Holmiensibus, Torallas Tovar 1994.

[11] Maximas ago gratias Severo J. Voicu et Petro Augustin, qui doctissima consilia de hac investigatione mihi largiti sunt. De aliis, cf. infra adn. 94.

[12] De Andrés, *Catálogo de los Códices Griegos Desaparecidos* cit., pp. 89-90; id. 1999, pp. 62-66; Carolla 2008, pp. 153-156; de hoc investigandum utilissima auxilia mihi praebuerunt Claes Gejrot et alii Suecicae Reipublicae Holmiensis Tabularii [Stockholm, Rijksarkivet] antistites, quibus pergrata sum. De Palbitzkio, cf. Nisser 1934, p. 40; Callmer 1977, pp. 157-159.

[13] De Antonio Augustin cf. Crawford 1993, passim; de eius bibliotheca cf. Mayer 1997; de α in EL codicum cognatione cf. de B. 1902, passim; Krašeninnikov 1914, p. 55; Bornm., pp. XVIII-XIX.

[14] In codice Ambrosiano Q 114 sup; cf. Carolla 2008, pp. 153-156.

[15] Carolla 2008, pp. 130-131; 153-156.

distributio eo tempore solita erat et in Scorialensibus E1-E2-E3, qui Augustiniani esse non possunt[16], invenitur.
Ea in incerto sunt, Augustinianumne primum codicis π exemplar putari possit utrumque ex eo ceteri manuscripti fluxerint necne. Andrea Darmarius, infidus ille scriba qui in Scorialensi monasterio a.D. MDLXXIV describendi opus perfecit, verisimillime festinavit ut unum exemplar in ipso monasterio traheret, quod sibi servavit ad alia multa apographa transcribenda; et certe Matriti longam seriem eorum statim incepit, sicut ostendit Scorialensis R.III.14 (E1), Junio a.D. MDLXXIV Matriti subscripto, aliquot menses antequam Augustino suum exemplar redditum esset[17].

EL codices qui supersunt in duas series dividuntur:
I. qui Excerpta de Legationibus Gentium ad Romanos (ELG) continent, quae prima archetypi pars erat[18];
II. qui Excerpta de Legationibus Romanorum ad Gentes (ELR) continent, quae secunda et ultima archetypi pars erat[19].
I. ELG omnia quae ad Priscum pertinent ex Ambrosiano N 135 sup (A) fluxerunt; ceteri ergo descripti et eliminandi sunt[20].

---

[16] De α (deperdito): de Andrés, *Catálogo de los Códices Griegos Desaparecidos* cit., p. 90 (cum erroribus); Carolla 2008, pp. 153-154; de E1-E2-E3 cf. A. Revilla, *Catálogo de los códices griegos de la Biblioteca de El Escorial*, I, Madrid 1936 [inde: Revilla], pp. 172-180; de Andrés 1999, pp. 62-63; v. infra, de Prisci manuscriptorum descriptione.
[17] Carolla 2008, pp. 135-140; de Darmario cf. Kresten 1972; 1974; 1975; 1980; Escobar Chico 1993; Sosower 1993 et 2004.
[18] Index colvillianus [Colville], Ambr. Q 114 sup, f. 233v et passim, sub historicorum singulorum nomine: e.g. Polybius f.287v et Priscus f. 288r inveniuntur. Cf. etiam de Andrés, *Catálogo* cit., p. 43.
[19] Ambr. Q 114 sup, f. 233v et passim.
[20]Bornmann de hoc dubitabat, mirum in modum, p. XXVI. Verumtamen hic corrupta Bornmanniana praefatio ipsa videtur, quam Augustus Guida ita correxit: «Non sono sicuro che *B* sia copiato da A, perché spesso *<E ed A>* coincidono nelle righe, in errori e corruttele (ma anche in lezioni giuste) dai quali è immune B». De descriptorum mendis, cf. deB. 1902, pp. 155-160; Kraš 1898, pp. 439-452.

II. ELR, quod ad Priscum pertinet, maioris momenti sunt: haec enim maximum excerptum, de legatione Theodosiana ad Attilam, tradunt, quod paulo minus quam dimidium EL textum ad nos servatum occupat[21]. Quae traditio ex uno deperdito exemplari tripertita fluxisse videtur: multos enim communes errores exhibet, quae nullus codex emendare potuit; praeterea, lectiones singulares erroresque coniunctivi vel separativi numquam ad alteram quandam transcriptionem referendi sunt (v. infra). Priores editores hunc subarchetypum **α** appellaverunt, cum eum idem ac Augustinianum librum iudicavissent, nullum argumentum praeter Augustiniani codici antiquitatem afferentes. Sed, cum de ELG hoc comprobari non possit (quia A non idem ac **α**[22]) summa prudentia adhibenda est et subarchetypus potius **δ**, a Darmario, appellandus; certe is Darmarianis mendis, praesertim litterarum α/ω/ε confusione, scatebat[23]. Similes praeterea et interdum simillimae inter se α/ω/ε/η/(ει) sunt (e.g. in A, E**1**, M**1**, P**1**), unde plurimi errores in exemplaria manant.
Utrum **δ** idem ac **α** sit, an **α** ex eo exemplatus, in incerto est.

ELR traditionis codices:
- E**1** = Scorialensis R.III.14
- C = Cantabrigiensis O.3.23
- β = deperditus codex a quo M**1**, B**1**, P**1** fluxerunt.

Quod horum nemo ab aliis pendeat, satis a Krasheninnikov demonstratum est[24].
Antiquissimi communes errores litteris capitalibus explicantur, in **π** igitur iam erant: Exc. 8, **16** ἐλιγαούς **ω**: ἐλιγμούς corr. Hoesch.; 44 ἐδεδώρει **ω**: ἐδεδωρήκει scripsi (ubi et ea quae haplographia dicitur fuisse potest); **129** λόγων **ω**: δορῶν scripsi.

---

[21]Infra, pp. **15**-50.

[22] Bornm., pp.XXVI-XXVII; v. infra, sub A descriptione.

[23] E.g.: συνεπάραι **ω**: corr. Nieb.; εἰπεῖν **ω**: corr. Hoesch.; παραγενόμεθα **ω**: corr. Nieb.Bekk.; παραγενόμεθα **ω**: corr. Dind.; ἀπαγγείλαντες **ω**: corr. Nieb.Bekk.; ἀνιαρώτατον **ω**: corr. Müll.; παρασκευασμένοι **ω**: corr. Hoesch. etc. Saepe etiam errores a breviatis casibus manare videntur, e.g. τὴν ὑστεραία; παρὰ τὸν ἀττήλα πρεσβευόμενον; παρὰ τὸν Ἀττήλα πρεσβεύεσθαι; τὴν ὄχθη E**1**CP**1**; δείλην ὀψία E**1**C (pc.); ὥς τὸν Ἀττήλα ἀνέζευξαν E**1**CB**1**M**1** (ἀττίλα).

[24] Kraševinnikov **1914**, pp. 77-79 (C a BxMP); 79-83 (C a B; E a C); 83-84 (C a BE); 84-89 (C a E).

Accedit menda quaedam (**δ**, probabiliter iam in **π**): Exc. **1**, **1** inscriptioni τῆς γοτθικῆς add. **ω**: reiec. Bornm. p. XIV, ELG collatis.
Lacunae certae (**δ**, fort. etiam **π**):
Exc. **1**.**1**, 3 ⟨Ῥωμαίους οὐ μόνον εἰς τὸ μέλλον μὴ δέχεσθαι⟩ ci. Nieb.; Exc. 29, **1** ἀφικέσθαι * * * εὐλαβηθέντα.
Lacunae possibiles:
Exc. 8, 3**1** post εὔνουν lacunam posui (fort. ⟨νομίζων⟩; 45 ἀπόντας **ω**: ⟨ἅπαντας τοὺς⟩ ἀπόντας scripsi; 50 μέτοχος **ω**: δὴ ⟨μὴ⟩ μέτοχος scripsi.
Alii communes errores (**δ**), quorum pauci iam in **π** inveniri poterant:
Exc. **1**.**1**, **1** ἀλήδαν **ω**: Βλήδαν corr. Nieb.; 8, 2 ἀπέσταλκέ σοι CM**1** : ἀπέσταλκέν σοι E**1**B**1**P**1**: ἀπεστάλκασι scripsi; **1**6 iterat κατεναντίον ὤφθη **ω**: 27 παραβύστα **ω** (Darmariana menda, ex litterarum α/ω confusione): παραβύστῳ corr. Nieb.; 37 γνοίη **ω**: γνοίην scripsi; 42 βασιλεῦσιν (βασιλεύσιν CM**1**) **ω**: βασιλεὺς corr. Nieb. Bekk.; 43 στάντες **ω**: πάντες corr. Nieb.; 49 αἰτιαθέντων cett. (et E**1** ac. in l.): corr. confuse E**1** pc. sl. (alia lat. m., quae antea ipsa ἐπτ scripserat, ut vid.): *qui (...) epulati erant* Ed. Par.: ἑστιαθέντων denuo ci. Class.; 55 ἐσοφισμένος **ω**: σεσοφισμένως corr. Hoesch.; 56 ἀκατζίρων E**1**CB**1**: ἀκατζόρων M**1**P**1**: Ἀκατήρων scripsi; 6**1** κατζίρων **ω**: Ἀκατήρων scripsi; 72 διαταρσαίνοντες **ω** (Darmariana menda, ex litterarum α/ε confusione): corr. Hoesch.; 75 τυγχάνομεν **ω**: ⟨ἐν⟩τυγχάνομεν scripsi; 77 ἀρμίου τραπέζης **ω**: ἀργυροτραπέζης scripsi; ibid. πενόντος E**1** (ac.) CM**1**B**1**: παϊοπαινόντος (ipse παιο secl.) P**1**: περιόντος corr. Hoesch; 78 σκυθικῶν **ω**: συνθηκῶν corr. Nieb.; **1**07 χείρονος **ω**: corr. de B.; **1**08 κυρῶν **ω**: κυνῶν corr. Hoesch.; **1**53 ἐπόλικα **ω**: α΄ κύλικα scripsi; **1**96 ἄσπερα **ω** (Darmariana menda, ex litterarum α/ε confusione): corr. Nieb.; Exc. **1**4, **1** συνθήκην **ω** Hoesch.: σκυθικὴν corr. E**1** (pc. in mg. m. lat.) Nieb.; Exc. **1**8, **1** προσῆκεν E**1**CB**1**M**1**: προσῆκε P**1**: προσήκειν corr. Hoesch.
Alia minora, plerumque omissis variae originis mendis (illae quae polygeneticae vocantur: οις/ους, αι/ας, itacismi, parecheseis; Darmario suisque scribis spiritus, accentus et ν ἐφελκυστικόν nullius momenti sunt):
Exc. 5, 7 καὶ **ω**: δὲ corr. Bekk. (in app. tantum); Exc. 8, **1** βιγίλῳ **ω**: corr. Hoesch.; **1**2 ἐδέκων **ω**: Ἐδέκωνι corr. Nieb.; 32 ἐλελύθει **ω**: ἐλελήθει corr. Bekk.; ibid. ἐναντία **ω**: ἐν αἰτίᾳ corr. Cantocl.; 4**1** κύκλου **ω**: corr. Nieb. Bekk.; ibid. ἐφρουρουμένην **ω**: corr. Hoesch.; 45 λέξαντας **ω**: λέξαντα corr. Hoesch; 49 θαυμάζοντες **ω**: θαυμάζοντος corr. Hoesch.;55 ἐφ᾽ἧ περί **ω**: ἐφ᾽ἧπερ corr. Hoesch.; 62 ὃν ἡγήσιον **ω**: Ὀνηγήσιον corr. Hoesch.; 65 αὐτοί **ω**: αὐτό corr. Hoesch.; 70 ἀνερώτων **ω**:

ἀνηρώτων corr. Hoesch.; 77 σίρβιον **ω**: Σίρμιον corr. Hoesch.; 81 ἐκδώσεις **ω**: ἐκδώσειν corr. Vales.; 84 ἀττήλας **ω**: Ἀττήλα corr. Hoesch.; 88 δὲ **ω**: τε corr. Hoesch.; ibid. κυλίκου **ω**: corr. Hoesch.; 91 μάξιμον **ω**: Μαξιμῖνον corr. Ed. Par.; 97 τῶν **ω**: τὴν corr. Bekk.; **116** μοι **ω**: με corr. de B.; **117** ᾧ **ω**: οἷ corr. Vales.; 123 ποιῶντες κεχαρισμένος C: ποιῶντες καὶ χαρισμένος E1M1B1P1: ποιῶν τις κεχαρισμένος scripsi (scil. εἴη); 125 κατολιγωρήσεις **ω**: κατολιγωρήσειν corr. Hoesch.; 128 τὴν **ω**: τῇ corr. Hoesch.; 132 ἐτύγχανον ἀπεκδεχόμενοι **ω**: ἐτύγχανεν ἀπεκδεχόμενος corr. Hoesch. in mg.; 133 αὐτοί **ω**: corr. Hoesch.; 134 ἥκοντα **ω**: ἥκοντας corr. Hoesch.; 138 ἠρξάντων **ω** (vox nihili): corr. Hoesch.; 146 συμβαίνειν **ω**: σημαίνειν corr. Bekk.; 157 κισσόβιον **ω**: κισσύβιον corr. Hoesch.; 160 θρακῶν **ω**: θάκων corr. Vales.; 168 διεγείροντο **ω**: διηγείροντο corr. Nieb.; **171** ἠρνᾶς **ω**:Ἠρνὰχ corr. Hoesch.; 175 αὐτῶν **ω**: αὐτῷ corr. Hoesch.; 182 παρασκευάσειεν ἂν **ω**: παρασκευάσειν ἂν corr. Hoesch.; 194 ἀνδριανούπολιν **ω**: corr. Hoesch.; 195 ἐπαναζεύγνοντι **ω**: corr. Hoesch.; Exc. 8.**1**, 3 σοφιζομένης **ω**: σοφιζόμενος corr. Hoesch.; Exc. **14**, 5 κωνσταντίνω **ω**: Κωνσταντίῳ corr. Hoesch. E1 (pc. m. lat. in mg.); Exc. **18**, 2 προόδου **ω**: προσόδου corr. Hoesch.; Exc. 33, 6 γούγχας **ω**: corr. Hoesch.; ibid. πειράζειν **ω**: corr. Hoesch.

Lectiones singulares erroresque coniunctivi vel separativi non ad alterum subarchetypum referendi sunt, sed varias lectiones et marginalia, ex Darmarii consuetudine, in **δ** postulant.

De quibus praeclarum locum Exc. 8, **91** exhibet, ubi variae lacunae tres codices (E**1**, C, **β**) disiungunt: integrum textum (τὰ τοῦ Ὀνηγησίου οἰκήματα, πλησίον τῶν Ἀττήλα κατεσκηνώσαμεν ἐπιτραπέντες ὥστε, καιροῦ καλοῦντος) in extrema pagina (ll. **11-13**) habet E**1**: τὰ τοῦ ... ἐπιτραπέντες om. C: ἐπιτραπέντες ... καλοῦντος om. **β**. Facillime duas lineas ex **δ** (ἀπολιπόντες ... ἐπιτραπέντες) exciderunt, quae postea corrector quidam in margine supplere potuit. Fortasse C ante correctionem exaratus est, vel eam omisit; **β** autem eam non complevit, propter interruptam copiam, quam deinde ab insequenti pagina perrexisse potest.

Alia ex uno **δ** manantia:

Exc. **1**, **1** τού^{ν}σουρσα (in l.) σι (in mg.) E1: τουώσουρσι C**β**; Exc. 8, 32 προσδεδομένος (προσδεχόμενος C) δὲ ἐλελύθει **ω**: corr. προδεδομένος δὲ Vales. et ἐλελήθει Bekk.; 45 εἴσλαν E1 ἤστλαν CB1 ἴσλαν M1 ἴστλαν P1:Ἤσλαν corr. Hoesch. (in ELG Exc. 12, **1**-2 ἤστλαν bis scripsit Darmarius); 51 ἀνεπιτήδειος E1 (pc., eiusd. Darmarii manu): ἀν ἐπιτήδειος E1 (ac.): ἐπιτήδειος cett.; 53 ἀπατᾶν B1: ἀπατᾷν M1P1 ἀπαντᾶν C (ubi ipse ν secl.): ἀπ᾽αὐτοῦ **E1**; 63 ξεναγούντων **E1**: ξυναγόντων C: ξεναγόντων β Hoesch.: **105** τὴν ἄλλως μὴ E1 (pc. alia graeca manu, ut vid.); **146** πολεμίων **E1**: πολέμων **CM1B1P1** edd. (facilior); Exc. 33, 4: κήδαρι τὸν β: κίδαρι τὸν C: κήδαριν τὸν **E1**: κιδαραριτῶν Hoesch.: Κηδαριτῶν corr. Nieb.

Fortasse E1C recta via a **δ** exemplati sunt: E1, utpote ex primis apographis, a **δ** recte pendere verisimillimum est; C autem ab eodem antigrapho ac E1 videtur propter nonnullas correctiones et varias lectiones:
Exc. 8, 20 ἀμφεὶ δείλην ὀψία **E1**: ἀμφὶ δείλην ὀψίαν C (ac.) cett. codd.: ἀμφὶ δείλην ὀψία C (pc.); 147 ὑπελθόντος **E1**: ὑπελ- C (ac.): ὑπεξελθόντος C (pc.) cett.; 158 κισσόβιον E1C: κισσίβιον **β**; etc.

Ex eis tribus codicibus (E1, C, **β**) pessimus **β** erat; forsitan non recta via a **δ** exemplatus, vel ad facillimos locos emendandos promptus, sed promptior ad errandum sive potius ad omittendum. Probabiliter ab ipso Darmario descriptus erat, addita solitarum mendarum magna copia.
Errores separativi et lacunae (XII):
Exc. 8, 27 τὰ θν **β**: τὰ ἐν E1C; **19** μηνυτής **β**: μηνυτάς E1C; 23 ἀνερῶντες **β**: ἀνερωτῶντες E1C; 39 διαποσούμενον (Darmariana menda, ex litterarum ρ/ς confusione[25])**β**: διαπορούμενον E1C; 48 δόντας ... ὑπεξιέναι om. **β**; 91 ἐπιτραπέντες ... καλοῦντος om. **β** (v. supra); 92 λόθους **B1P1**: λόγους cett. (et M1); 94 προσελθόντες **B1M1**: προελθώντες **P1**: προσελθών τις E1C; ibid. οὐ **β** : ἢ E1C; **142** ὀλίγων om. **β**; 146 οὐ **β** : οἱ E1C; Exc. 8.1, 1 ἐς τὴν Σκυθικὴν om. **β**.

Mendae quaedam B1M1P1 (**β**) coniungunt, quae variam originem trahere videntur, sed tam multae sunt (XXXI) ut nullo modo fortuitae esse possint: Exc. **1.1**, **1** παρ᾽αὐτούς **β**: παρὰ αὐτοὺς cett.; Exc. 8, 23 σκότας **β**: σκόττας cett.; 28 ταῖς **β**: τοῖς cett.; 30 ψευδῆ **β**: ψευδεῖ E1C: ψεύδει corr. Class.; 44 βορρᾶν **β**: βορᾶν E1C: βορὰν corr. Müll; 61 οὖν om. **β**; 71 διαταραττόμεθα **β**: ταραττόμεθα cett.; 77 ἐκμελιττόμενοι **β**: ἐκμειcett.; 87 βαδιζούσαις **β**: -ας cett.; 97 ἔφη **β**: ἔλεγεν cett.; **105** προκειμένους **β**: προσκειμένους cett.; **114** δ᾽ἄρχοντες **β**: δὲ ἄρχοντες cett.; **118** καὶ **β**: δὲ cett.; 126 ἐπάγεσθαι **β** (separativus error: quis corrigat?): ὑπ-

[25] Carolla 2008, p. **153**, adn. **115**.

cett.; 127 ἡγησάμενος **β**: εἰσηγησάμενος cett.; 128 ἀττήλαν **β** (-ί- M1P1): ἀττήλα cett.; 129 ἐπεξεσμένων (Darmariana menda, ex litterarum α/ε confusione[26]): ἀπ- cett.; 136 τε **β**: τι cett.; 91 ἐπιέναι B1 (π ex σ corr., ut vid.) M1P1: ἐσιέναι cett.; 158 κισσίβιον **β**: κισσόβιον E1C: κισσύβιον corr. Hoesch.; 160 διεπιτιθεμένων **β**: ἐπι- cett.; 179 τὸν **β**: τὸ cett.; 191 διεξῄεμεν **β**: διεξῄειμεν cett.; 194 σύμβολον **β**; Exc. 8.1, in inscriptione περὶ βιγίλας om. **β**; Exc. 13, 2 διαθῆναι **β**: -θεῖναι cett.; Exc. 14, 4 εἰς **β**: ἐς cett.; Exc. 18, 1 κατεγγυᾷ **β**: -ᾶν cett.; Exc. 24, 1 βανδάλων **β**: -ίλων E1: -ήλων C; Exc. 25, 1 συμβαλλόντων **β**: -βαλόντων cett.; Exc. 28, 1 βαλέμερος **β**: βαλάμερος cett.

Idem accidit de erroribus apud M1P1, qui plerumque variam originem trahere videntur. De his, de Boor et Krašeninnikov recte iudicaverunt[27]: uterque ab exemplari communi pendet, quod **γ** dicitur et multo corruptius quam **β** videtur. In **γ** Darmarius Ἀττήλας in Ἀττίλας constanter correxit: de quo in apparatu ei tantum loci inveniuntur, ubi M1 a P1 discrepat de Attilae nomine.

De erroribus, qui M1B1P1 coniungunt, falso a Krašeninnikov et Bornmann credebatur γ recta via a B1 eas mendas accepisse, ideoque γ eliminandum esse, utpote a B1 descriptum[28]. B1 autem XXI lectiones singulares praebet, quarum quattuor satis separativae videntur:

Exc. 8, 2 αὐταγέγραπτο B1 (unde ἀναγέγραπτο coniecit Hoesch. [sic]: Darmarius certe non melius quam Hoeschel coniectare solebat!): ἀντεγέγραπτο[29] E1CM1P1: antea breve spatium praebent CM1: excerpti finem E1P1;

8 καταπραυνόντων B1: καταπραυνάντων E1(pc.)CM1P1: καταπραΰνειν E1 (ac.); hic vere separativus est: quis corrigat?

95 ἀχμοῦ C (ac.) B1: αὐχμοῦ E1M1P1;

---

[26] V. supra.

[27] De B. 1902, pp. 154-157; 163-164; *praef.*, pp. XI-XIII; Krašeninnikov 1914, pp. 75-76; Bornm., p. XXV. Frustra Krašeninnikov coniecit γ (ab eo "x" laudatus) idem ac Taurinensem deperditum codicem esse.

[28] Krašeninnikov 1914, pp. 75-76; 103; Bornm., p. XXV.

[29] Thuc. I 129, 3, ubi ἀντεγέγραπτο codd. *β*: ἀντεπέγραπτο *CG* (v. infra, ad Prisci l.). In Darmarianis codicibus ν non idem ac υ est: scribae enim utrum in alterum diligenter corrigunt, cf. Melissenum in ipso B1, ad Exc. 8, 76 ῥωμύλου (corr. in l.); 8, 108 εὐνοίας (corr. s.l.); cf. Darmarium in E1 ad Exc. 8, 187 διαγενομένων (corr. in l.); in P1 ad 8, 98 διὰ τὸν (s.l.).

145 ἥ **B1**: ἦν **M1P1** edd.: ἥν **E1C**.

Verisimile igitur est **B1** et γ a β separatim pendere, i.e. γ non eliminandum, sed eius (**B1**) fratrem esse, quod iam de Boor putabat[30]. Paucae quidem variae lectiones γ a **B1** disiungunt, etsi tantummodo in parte Priscana; **B1** igitur antigrapho (β) simillimus putandus est. Codicis **B1** autem scriba non Darmarius, qui coniectare solebat, sed Sophianus Melissenus[31] est, qui in **C** nimia diligentia Darmarianum exemplar adeo descripsit ut errores quosdam, antea ab ipso inscienter correctos, plane restituerit, correctione reiecta:

Exc. 8, 20 ἀμφὶ δείλην ὀψίαν **C** (ac.)**M1B1P1**: ἀμφεὶ δείλην ὀψία **E1**: ἀμφὶ δείλην ὀψία **C** (pc.); 36 σκόταν **C** (in l.) ον **C** (sl.) σκότον **E1M1B1P1**.

Melissenus a β in **B1** idem efficere potuit, nimia erga Darmarianum antigraphum fidelitate. Quod enim e.g. in Exc. 8 accidit: **141** ἄγοντας **B1** (ac.), ἤγοντας **B1** (pc. in l.), ubi, contra, recte illud ex hoc correxit **E1**; idem in par **91**: ἐπιέναι **B1** (π ex σ corr., ut videtur; v. supra). Idem in lacunae cuiusdam principio: Exc. 8, 48 δόντες ω (et **B1** in mg. pc.): δόντας **B1** in l. ac., quia textus integer Melisseno in memoria erat. Accedunt XLVIII correctiones, ab ipso Melisseno in **B1** confectae, sive in linea sive supra l.; e.g. Darmarius, in **E1** exarando, LIII lectiones singulares praebet et alias LII corrigit. Quibus comparatis, multo maior Melisseni fidelitas patet.

Restat ut de possibili contaminatione mentionem faciam. De qua difficile est certa a probabilibus indicia discernere, cum tanta exemplarium copia brevi tempore confecta sit; quaedam vero memoranda sunt.

Exc. 8, 47 τὸν ὑπέρ **C**: των^ον ὑπέρ **P1**: recte τῶν ὑπὲρ αὐτῶν **E1M1B1** (paulo post, **P1** eandem lacunam ac **B1M1** praebet); 53 ἔσπευδον **E1**: ἔσπευδεν^ον **P1**: recte ἔσπευδεν cett.

Hoc igitur Prisci codicum stemma (Siglorum conspectus: Ω = Prisci archetypus; ε = Excerptorum Constantinianorum archetypus; π = Scorialensis B.I.4; δ = primum exemplar, ab Andrea Darmario exaratum; de manuscriptorum descriptione, v. infra):

---

[30] De B., p. XIII.

[31] Carolla 2008, pp. 135-140; 156-160; tabella I; tabulae, passim.

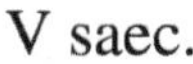
V saec.

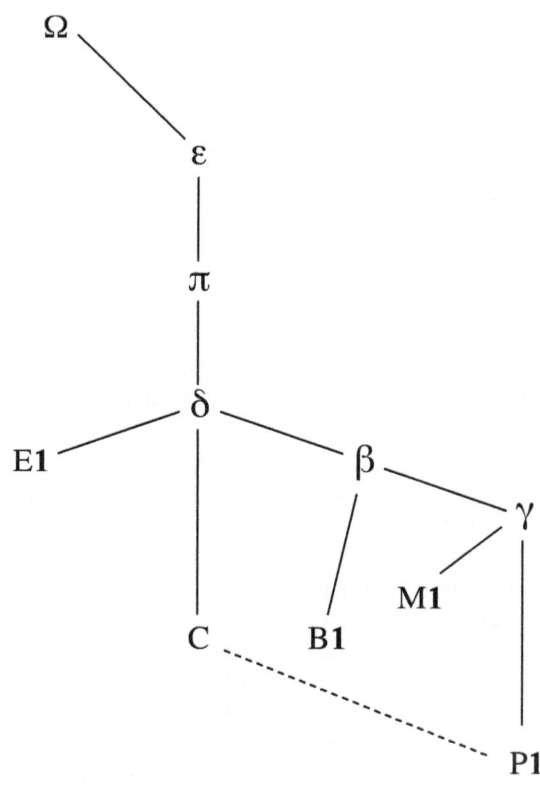
X saec.
?
a. 1574 in.
a. 1575 in.
?
Ω
ε
π
δ
E1
β
γ
M1
C
B1
P1

De Prisci manuscriptorum descriptione

I. ELG

A = Ambrosianus N 135 sup. (552) [Milano, Biblioteca Ambrosiana], in ipso Scorialensi monasterio ab Andrea Darmario mense Augusto anni MDLXXIV subscriptus (f. 711r [28/8/1574]), chartaceus, in-quarto minori, ll. 13 per p., mm. 206 x 155, ff. 1+710. Totus ab eodem exaratus est. Per imagines contuli iterumque in Ambrosiana Bibliotheca diu inspexi[32].

ELG continet omnia; Priscum ff. 663r-693v.

Fuit fortasse Ioannis Vincenti Pinelli vel Octaviani Ferrarii (†1586), deinde certe Caesaris Rovidae (†1591), unde saec. XVII ineunte in Ambrosianam venit[33]. Ibi a Mendelssohn a.D. MLCCCLXXIX denuo repertus, tandem a de Boor et Kraševinnikov saec. XIX exeunte collatus est[34]. Multa darmariana marginalia continet, a Kresten inspecta[35], quorum nonnulla alios Excerptorum Constantinianorum titulos repetunt:

---

[32] E.Martini-D. Bassi, *Catalogus codicum Graecorum Bibliothecae Ambrosianae*, II, Mediolani MXMVI, pp. XXVI; 660-661. De B., praef., p. XIII; M. Vogel-V. Gardthausen, *Die greichischen Schreiber des Mittelalters und der Renaissance*, Leipzig 1909 [reimpr. Hildesheim 1966], p. 19; D. Bassi, *Le soscrizioni dei codici greci Ambrosiani*, in *Scritti vari dedicati a Mario Armani in occasione del suo sessantesimo compleanno*, Milano 1938, pp. 1-10; J. M. Moore, *Polybiana*, "Greek Roman and Byzantine Studies" 12 (1971), pp. 411-449 (p. 412 et passim); Mouren 2002, p. 28 adn. 5; Pittia 2002, pp. 93 adn. 24; 108 adn. 75; Kalli 2004, p. 167; G. Turco, *Un antico elenco di manoscritti greci ambrosiani. L'Ambr. X 289 inf., ff. 110-141*, in *Nuove ricerche sui manoscritti greci dell'Ambrosiana. Atti del Convegno Milano, 5-6 giugno 2003*, Milano 2004 (Bibliotheca erudita, 24), pp. 79-143 (p. 118 nr. 154).

[33] Ibid.; de Andrés 1999, pp. 62-65. De Octaviano Ferrario cf. Pasini 2004.

[34] Graux 1880, pp. 95-96; Justice 1896, p. 19; Kraševinnikov 1898, pp. 439-442; 454-452. Id. 1901, pp. 479-480; de B. 1902, pp. 150-153; de B., praef. p. XIII; id. 1905, pp. 402-403; Bornm. pp. XXIII; XXVI-XXVII.

[35] Cf. inedita Ottonis Kresten de Darmarianis codicibus adversaria, quorum perscrutandorum mihi copiam Kresten ipse maxime liberaliter dedit a.D. MMVII. Quapropter Iosephus de Gregorio, eorum adversariorum custos, cum ad EL codicum notas reperiendas multum me adiuvisset, adversaria de A, C, E1, P1, P2-P3-P4, V (Vat. gr. 1418, qui Priscum non habet) invenit, quorum exemplaria mihi reddidit. Nihil tamen de B1, B2, E2, E3, M1, M2 et aliis EL codicibus vidi.

f. 84v ζή(τει) ἐν τῷ περὶ κυνηγίας
f. 274r ζή(τει) ἐν τῷ περὶ στρατηγημάτων
f. 293v ζή(τει) ἐν τῷ περὶ νίκης
f. 631v ζή(τει) ἐν τῷ περὶ ἐπιβουλῶν.

Kraševinnikov A idem ac Antonii Augustini codicis (α) primum tomum esse contendit, quia alii ab A pendent; Ochoa id eisdem de causis monstravit. Omnes ex A descripti erant etiam apud de Boor, qui autem de Augustini tomo recte et iure dubitabat[36].

Bornmann eum Augustinianum esse reiecit, quia A omnia ELG continet, cum in bibliotheca episcopi Tarraconensis duos in tomos ELG divisa esse videantur. Improbabile autem est A ex duobus prioribus tomis formatum esse: nullus enim quinio (in-quarto, 20 ff. secundum Darmarianum usum) simul cum historici cuiusdam textu explicit[37].

Bornmann autem de A subscriptionis veritate dubitabat, cum E1 (ELR) mense Junio, A (ELG) mense Augusto eodem anno completi essent[38]. Sed hoc certum est, sicut eadem officinarum chartariarum signa, nondum edita, demonstrant: ea enim nitidiora in E1, paulo minus in A videntur. Quapropter officinarum chartariarum signa simul cum praefatione nunc primum eduntur (v. tabulas, infra), propter Franci Buzzi Ambrosianae Praefecti Petrique Francisci Fumagalli Vicepraefecti benignitatem; ea a.D. MMVI mea manu descripsi, rev. Caesare Pasini, tum Vicepraefecto, liberaliter adsentiente[39].

Officinarum chartariarum signis haec in A et E1 peculiaria sunt (codices, utpote in-quarto, partim signa celant):

1) Manus I [MAIN], cf. Tabula I. Mm (?) x 22; lineae (i.e. vestigia catellarum quae Gallice "pontuseaux", Anglice "chain-lines", Italice "filoni" dicuntur) finitimae 29mm; aliae lineae sinixtrae [filoni esterni]: 29/23/28/25mm; dextrae 22/26/14 (sic) mm. Vicenae virgulae [20 vergeures; laid-lines; vergelle] in 20mm.

---

[36] Kraševinnikov 1898, pp. 439-445; de B. 1902, pp. 150-153; praef., pp. XIII-XV; Ochoa 1990, pp. 70-72.

[37] Bornm., pp. XXVI-XXVII.

[38] Ibid., p. XXVII. V. infra de B1.

[39] Ea signa olim Kresten suis in adversariis quodammodo pinxit; nunc plena proportione novisque rationibus et instrumentis eduntur, de quibus Stephanum Martinelli Tempesta a.D. MMVI consulueram. Omnibus istis maximas gratias ago.

Ambr. N **135** sup. (A), ff. 29v+32r [cfr. fascc. **1**-5; 29-34 (ff. **1**-**100**; 56**1**-700), passim] = Scor. R.III.**14** (E**1**), fascc. **1**-**15** (ff. **1**-300), passim.
2) Manus II [MAIN], cf. Tabula II. Mm. (?) x 22; lineae finitimae 27 mm; aliae lineae sinixtrae: 25/25/ 27/24mm; dextrae 23/27mm; vicenae singulae virgulae [2**1** vergeures] in 20mm.
Ambr. N **135** sup., ff. **16**r+5v [cf. fascc. 6-28 (ff. **101**-560), passim] = Scor. R.III.**14** (E**1**), fascc. **1**-**15** (ff. **1**-300), passim.
3) Serpens I [SERPENT[40]], cf. Tabula III. Mm (?) x **19**ca.; lineae finitimae 26 mm; aliae lineae sinixtrae: 24mm, 27mm, 25mm, 27mm; dextrae: 27mm, 25mm; vicenae binae virgulae [22 vergeures] in 20mm.
Ambr. N **135** sup., ff. **107**r+**114**v = Scor. R.III.**14**, fascc. **17**-20 (ff. 32**1**-392) e.g. ff. 340+32**1**; 338+323 et saepe.
4) Serpens II [SERPENT], cf. Tabula IV. Mm (?) x **17**; lineae finitimae 28 mm; aliae lineae sinixtrae: 28mm, 25mm, 23mm, 24mm, 29mm; dextrae: vicenae ternae/quinae (sic) virgulae [23/25 (sic) vergeures] in 20mm.
Ambr. N **135** sup., ff. 245r+256v = Scor. R.III.**14**, fascc. **17**-20 (ff. 32**1**-392) e.g. ff. 335+326 et saepe.

Ff. 70**1**-7**10** (ultimis) A alia signa praebet, similia (non eadem) eorum editorum a Briquet nr. **11**285 [p. 57**1**. Clermont-Ferrand, **1**574]; ex his, folia signata sunt 70**1**, 702, 705, 707, 708 (non 7**10**, subscriptum, quod tamen eadem charta esse videtur).

Codices ex A descripti et eliminandi sunt; ei tamen in apparatu interdum laudantur, quantum ad Hoeschelianam editionem pertinet: Hoeschel enim tantum B2 et M2 usus est[41] (de quo v. infra, de huius editionis ratione).

P2 (de quo fusius disserui sub siglis P**1**[42]) = Vaticanus Palatinus graecus 4**11** [Città del Vaticano, Biblioteca Apostolica Vaticana], saec. XVI (fort. ipso a. MDLXXIV ex.), chartaceus, in-quarto minori, ll. **13** per p., ff.

[40] De his signis cf. Bofarull y Sans **1910**, p. 3**1**: "If this watermark continued to be used after this date [scil. **1555**], it must have appeared very rarely in Spanish documents."
[41] Hoesch. p. s.n.
[42] Carolla 2008, pp. **1**29 adn. **1**; **1**40-**1**43.

266, ab <Andrea Darmario> ff. 1; 5rv; 24rv; 224v-233r; 265r-266r exaratus; ff. 6r-23v; 25r-224r a <Sophiano Melisseno>; ff. 233r-264v ab alio scriba, qui fere totos ceteros ELG Pal. gr. 410 et 412 exaravit. Per imagines contuli et in Bibliotheca diu inspexi[43].
Primus, ut videtur, ex servatis mss. P2 ordinem excerptorum perturbatum praebet. In π enim ELG principium habebant ex Polybio, mutilo et sine ulla inscriptione, quapropter Darmarius mox alios auctores ita transposuit ut, permixto ordine, duobus vel plurimis in tomis ELG distribuerentur[44]. P2 ELG ab Arriano ad Polybii exc. 33 continet, sed in Polybio inscriptionem non praebet; imperfectae igitur collectionis testis est. Postea distributio eadem in M2 B2 invenitur.
Priscum ff. 126v-157v continet.
Fuit Julii Pacii de Beriga, deinde a Friderico Sylburgio simul cum aliis graecis mss. a.D. MDXCI emptus est; postea Bibliothecam Palatinam intravit, unde in Vaticanam translatus est[45].

M2 = Monacensis graecus 185 [München, Bayerische Staatsbibliothek], saec. XVI ca. MDLXXIV, chartaceus, in-quarto minori, ll. 13 per p., ff. 444, ab <Andrea Darmario> totus exaratus. Per imagines contuli et in Bibliotheca inspexi[46]. ELG continet; Priscum ff. 77v-96v. Boicus codex Maximiliani I Bavarici fuit iam ante MDCIII, cum Hoeschel eo usus est ad editionem parandam. A Dindorf denuo collatus est variaeque lectiones editae sunt[47].

---

[43] H. Stevenson, *Codices Manuscripti Palatini Graeci Bibliothecae Vaticanae*, Romae 1885, pp. 267-268; Kraševinnikov 1898, pp. 439-440; 1906, pp. 21-23; 1914, pp. 75-79; de B. 1902, p. 154-156; *praef.*, pp. XI-XIII; Bornm. pp. XXII-XXVI; Ochoa 1990, pp. 70-72; de Andrés 1999, pp. 60-66; 157 (ille perperam P2 a.D. MDLXXXVIII tribuebat); Carolla 2008, pp. 140-143.

[44] Bornm. pp. XXIV-XXV; Carolla 2008, p. 140-141.

[45] Pal. lat. 429bis, f. 110r; Stevenson, *Codices* cit., pp. 267-268; Canart 1981, p. 233; Carolla 2008, pp. 140-143 et Tabella I (Sylburgii manus f. 174r). De aliis codd. Pal. gr. 410 (P3) et 412 (P4) cf. Stevenson, *Codices* cit., pp. 267-268.

[46] J. Hardt 1806, *Catalogus codicum manuscriptorum Bibliothecae Regiae Bavaricae*, Monachi MDCCCVI, II. *Codices graeci*, pp. 233-234 et ss.; de B. 1899, p. 193; 1902, pp. 154-156; praef., p. XI; Kraševinnikov 1906, pp. 21-24; Bornm. p. XXI; XXV-XXVI; Ochoa 1990, pp. 70-73.

[47] Dind., pp. LVIII-LXVI (Priscus: pp. LXI-LXIV).

E3 = Scorialensis R.III.13[48] [El Escorial, Biblioteca del Monasterio de San Lorenzo el Real], saec. XVI post MDLXXIV, chartaceus, mm 205 x 145, in-quarto, ll. 13 per p., ff. 1+330 (bis 241), ab <Andrea Darmario> paucis in foliis (ff. 1r; 161rv; pauca verba f. 157r; etc.), fere totus ab imperito eius collaboratore exaratus. Per imagines contuli et in monasterio inspexi.
Continet ELG dimidiam partem; cf. R.III.21[49] (qui E2 appellari potest neque Priscum continet), ubi ELR finis et ELG prima pars inveniuntur.
Fuit fortasse docti Alvari Gómez de Castro (de quo v. infra ad E1), deinde certe Antonii Covarrubiae, postea fortasse in Olivaris comitis bibliothecam migravit, tandem in Scorialensem monasterium pervenit[50].

B2 = Bruxellensis 11317-21[51] [Bruxelles, Bibliothèque Royale], saec. XVI post MDLXXIV, chartaceus, in-folio, ll. 20 per p., mm 291 x 196, ff. 306 + 16 vacua, ab <Andrea Darmario> totus exaratus. Per imagines contuli et in Bibliotheca inspexi.
ELG continet; Priscum ff. 78r-96v. Fuit Andreae Schotti Antverpiani (de quo v. infra ad B1), ab Hoeschelio ad textum edendum collatus est, dein-

---

48 Revilla (v. supra adn. 16), pp. 175-177; Graux 1880, pp. 97-99; M. Vogel-V. Gardthausen, *Die greichischen Schreiber des Mittelalters und der Renaissance*, Leipzig 1909 [reimpr. Hildesheim 1966], p. 16; Kraseninnikov 1898, pp. 439-440; de B. 1899, pp. 934-935; 1902, pp. 158-159; praef. pp. IX-XI; Kraseninnikov 1906, pp. 21-25; Bornm. pp. XXI; XXV-XXVI; Ochoa 1990, pp. 70-73.

49 Revilla, pp. 195-196; Graux 1880, pp. 97-99; Vogel-Gardthausen, p. 16; Kraseninnikov 1898, pp. 439-440; de B. 1899, pp. 934-935; 1902, pp. 158-159; praef. pp. IX-XI; Kraseninnikov 1906, pp. 21-25; Carolla 2008, p.

50 Revilla, p. 177; de Andrés 1988, p. 265; de Andrés 1999, pp. 62-63.

51 H. Omont, *Catalogue des manuscrits grecs de la Bibliothèque royale de Bruxelles et des autres bibliothèques publiques de Belgique*, "Revue de l'Instruction publique (supérieure et moyenne) en Belgique", 27-28 (1885), pp. 31-32; Graux 1880, pp. 93-95; Justice 1896, passim; de B. 1899, p. 193; 1902, pp. 154-156; *praef.*, pp. X; XIV-XVI; Kraseninnikov 1901, pp. 483-490; Bornm. pp. XX; XXIV-XXVI; Ochoa 1990, pp. 70-73; Carolla 2008, pp. 129 adn. 1; 131; pp. 143-148.

de in Collegium S.J. (domus professam) Antverpianum rediit, a quo tandem in Regiam Bibliothecam pervenit[52].

II. ELR
E1 = Scorialensis R.III.**14** (48) [El Escorial, Biblioteca del Monasterio de San Lorenzo el Real], Matriti mense Junio anni MDLXXIV ab Andrea Darmario subscriptus f. 392r [27/6/**1574**], chartaceus, in-quarto minori, ll. **13** per p., mm 205 x **150**, ff. 392. Per imagines contuli et in ipso Monasterio inspexi[53].

ELR continet a Prooemio ad Menandrum Protectorem; reliqua, ex Theophylacto Simocatta, in Scor. R.III.21 (55), ff. **1**r-**12**r sunt (hic codex, siglis E2, Priscum non habet[54]). E**1** autem Priscum ff. **21**4v-274r continet.

Fuit fortasse docti Alvari Gómez de Castro, deinde certe Antonii Covarrubiae, postea fortasse in Olivaris comitis bibliothecam migravit, tandem in Scorialensem pervenit[55].

Ad Darmarium aliae correctorum manus accedunt (ab Ottone Kresten fere omnes loci iam inspecti sunt[56]: hic codex multa non darmariana praebet quae Kresten notavit, nulla distinctione adiecta), quas in apparatum meum indicavi:

- manus quaedam graeca (= "alia graeca m."), cui una correctio sl. adscribi videtur, fortasse in ipso ms. exarando: f. 242r, l. 5 μή. Eam ad textum constituendum recepi.

- Manus latina (= "m. lat."), quam de Andrés ad <Alvarum Gómez de Castro> adscribit[57]. Probabiliter ille Hoeschelii editionem non contulit: certe aliter ac Hoeschel quattuor ex decem in locis coniecit, quod cum

---

[52]Justice **1896**, passim; Omont, *Catalogue* cit., pp. 3**1**-32; de Andrés **1990/91**, p. **1**02.

[53] Revilla, pp. **178-180**; Graux **1880**, pp. 97-99; M. Vogel-V. Gardthausen, *Die greichischen Schreiber des Mittelalters und der Renaissance*, Leipzig 1909 [reimpr. Hildesheim **1966**], p. **16**; Krašeninnikov **1898**, pp. 439-440; de B. **1899**, pp. 934-935; **1902**, pp. **158-159**; praef. pp. IX-XI; Krašeninnikov **1906**, pp. **21**-25; Krašeninnikov **1914**, pp. 56-7; **110-118**; **121-124** (ubi perperam E**1** spernebat); Bornm. pp. XXI; XXV-XXVI; Ochoa 1990, pp. 70-73.

[54] V. supra adn. 49.

[55] Revilla, p. **180**; de Andrés **1988**, p. 265; de Andrés **1999**, pp. 62-63.

[56] Cf. inedita adversaria de Darmario, v. supra adn. 35.

[57] De Andrés **1999**, pp. 62-63.

Gómez de Castro tempore (†**1580**) congruit. F. 230r, l. **1** (sl.): ἐσοφισμένως (sic, ω tantum a m. lat. exarato); f. 235v, l. 3 (in mg.): *Lege* παρόντος *vel* περιόντος; f. 239r, l. 8 (in mg.): οἷα βουλευτέα; f. 239v l. **1** (in mg.): περιπάτους; f. 250r l. 5 (in mg.): τῶν; f. 25**1**r, l. 2 (in mg.): ἦν; f. 253r l. 2 (in mg.): *Lege* κύλικα; f. 265v (in mg.) ll. **10**: *Lege* σκυθικῆν; l. **13**: δωρὰς (sic); f. 266 l. 6: *L*(ege) κωνσταντίῳ.

- Manus quaedam latina (= "alia lat. m.") quattuor in locis. Verisimile est eum doctum editionem Hoeschelii contulisse, unde duas correctiones hauserit. F. 2**1**5r, l. 3 (in mg.): *f.*(ortasse) βλήδαν; f. 228v l. 2 (sl.): ἑστιαθέντων (ubi ipse antea male ἑπτα scripsisse videtur); f. 245v, l. 3 (in mg.): μ(εῖ)ζον ἐν ἀν(θρώπ)οις ἔξ(ει)ν κλέος; f. 247r, l. **1** (in mg.): *f.*(ortasse) λίθων.

De Boor omnia in E**1** marginalia et correctiones laudavit siglis "m. 2 E", sine ulla distinctione; tamen utraque latina manus ad stemma complendum nullius momenti est.

C = Cantabrigiensis Coll. SS. Trinitatis O.3.23[58] [Cambridge, Trinity College Library], saec. XVI post MDLXXIV (a. MDLXXV?), chartaceus, in-folio, ll. 20 per p., mm 283 x 205 (Anglica mensura **111** x 77,5), a <Sophiano Melisseno> totus exaratus[59], ff. 255. Per imagines et in ipsa Bibliotheca contuli.

ELR continet, Priscum ff. **1**29r-**1**66v. Perperam in f. **1**r ipse <Sophianus Melissenus> inscribitur: Ὁ ἐρανίσας τὸ παρόν, Θεοδόσιος ἐστίν ὁ μικρός[60].

---

[58] M. RH. JAMES, *The Western Manuscripts in the Library of Trinity College, Cambridge. A descriptive Catalogue*, III: *Class O*, Cambridge **1**902, pp. 208-209; M. Vogel-V. Gardthausen, *Die greichischen Schreiber des Mittelalters und der Renaissance*, Leipzig **1**909 [reimpr. Hildesheim **1**966], p. **1**32; Kraseninnikov **1**9**1**4 et **1**9**1**5; Moore **1**965, pp. **1**53-**1**54; Kresten **1**976*Sammlung*, p. 56 et adn. i); Bornm., pp. XXIII-XXV; Iadevaia **1**979, pp. 3-6; Carolla 2008, pp. **1**43-**1**60 et tabulae, passim.

[59] Sosower in Carolla 2008, p. **1**57, adn. **1**28; de scriba, cf. RgK I 362; B. NOACK, *Aristarch von Samos. Untersuchungen zur Überlieferungsgeschichte der Schrift* περὶ μεγεθῶν καὶ ἀποστημάτων ἡλίου καὶ σελήνης, Wiesbaden **1**992, tabula XXVII; Carolla 2008, pp. **1**36; **1**56-**1**60; Tabella **1**.

[60] Carolla 2008, pp. **1**56-**1**60; de falsis Darmarianis inscriptionibus cf. Kresten **1**976; Escobar Chico **1**993; etc.

Fuit Jacobi Augusti Thuani [de Thou], deinde Isaaci Casauboni (cf. f. 35r in mg.); hoc mortuo (1614), ad Patricium Young migravit (cui multa marginalia debentur), deinde a Thomas Gale emptus, a cuius filio Roger Collegio SS. Trinitati donatus est. Deperditus putatur ad a. MCMXIII, tandem a Kraševinnikov repertus est, cuius de eo longa dissertatio improviso, in medio Prisci textu, defecit a. MCMXV[61].

M1 = Monacensis graecus 267[62] [München, Bayerische Staatsbibliothek], saec. XVI post MDLXXIV, chartaceus, in-quarto minori, ll. 13 per p., ff. 433, ab Andrea Darmario totus exaratus et subscriptus f. 433r. Per imagines contuli et in ipsa Bibliotheca inspexi.
ELR continet, Priscum ff. 229-295r. Fuit Petri, praepositi in Garsensi monasterio, qui eum a. MDCXXIV Collegio S.J. Monacensi (cf. f. 1r) donavit, unde in Bibliothecam migravit[63].
Certe Hoeschel eum non contulit, sicut ipse indicat in editione; vane editores de hoc dubitabant[64], cf. vv. ll. quibus textum Hoeschel emendare potuisset (ἀντεγέγραπτο; βασιλεύς ubi B1 idem, sed proprio modo, scripsit; μετεπέμψατο; μὴ γὰρ, ubi B1 idem, sed male, scripsit).

B1 = Bruxellensis 11301-16 [Bruxelles, Bibliothèque Royale], saec. XVI post MDLXXIV, chartaceus, in-folio, ll. 20 per p., mm 295 x 195, ff. 262, a <Sophiano Melisseno> totus, praeter inscriptiones ab <Andrea

---

[61] Kraševinnikov 1915, p. 52 (C, f. 141v: Prisci exc. 8, par. 76 [de B. 132,28: v. infra, p. 30, 22]; de Casaubonianis codd. cf. Craster 1926/29; de Patricio Young cf. Kemke 1898; de Galeanis codd. et Coll. Ss. Trinitatis Bibliotheca [Wren Library, Trinity College, Cambridge] cf. D. Mc Kitterick, *The making of the Wren Library. Trinity College, Cambridge*, Cambridge 1995, pp. 61-64.

[62] J. Hardt 1806, *Catalogus codicum manuscriptorum Bibliothecae Regiae Bavaricae*, Monachi MDCCCVI, III. *Codices graeci*, pp. 117-122; de B. 1899, p. 193; 1902, pp. 154-156; praef., p. XI; Kraševinnikov 1906, pp. 21-24; Bornm. p. XXI; XXV-XXVI; Ochoa 1990, pp. 70-73.

[63] Hardt, l.cit.

[64] Dind. p. LXVI-LXXVII (Priscus: pp. LXVII-LXXIV); Bornm. p. XXI.

Darmario> adiectas, exaratus[65]. Per imagines contuli et in ipsa Bibliotheca inspexi. ELR continet: Priscum ff. **1**39r-**1**78v[66].
Perperam in f. **1**r ipse <Sophianus Melissenus> inscribitur: Ὁ ἐρανίσας τὸ παρόν Θεοδόσιος ἐστίν ὁ μικρός (v. supra de C).
Andrea Schott Antverpianus eum in Hispania, fortasse a Darmario sive a priore possessore, emit et attente perlegit adnotavitque, postea ipse ad Hoeschelium ad editionem parandam dedit. Deinde codex in Collegium S.J. (domum professam) Antverpianum rediit, a quo tandem in Regiam Bibliothecam venit[67].

P**1** = Vaticanus Palatinus graecus 4**1**3[68] [Città del Vaticano, Biblioteca Apostolica Vaticana], saec. XVI post MDLXXIV, chartaceus, in-folio, ll. 20 per p., ff. 268, a <Jacobo Episcopopulo> ff. **1**r-94v, ab <Andrea Darmario> ff. 95-26**1** exaratus[69]. Per imagines contuli et in Bibliotheca Vaticana diu inspexi.
ELR continet: Priscum ff. **1**45r-**1**83v.
Quamquam P**1** differt, et forma in-folio et partim scriba, a ELG Palatinis tomis, certe is Julii Pacii fuit[70].

---

[65] Exceptis f. **1**03r, de Arriano (a <Melisseno> exarato) et, ut vid., primo prooemialis inscriptionis verbo (f. 2r, ab alio scriba); cf. Carolla 2008, pp. **1**58-**1**59.

[66] H. OMONT, *Catalogue des manuscrits grecs de la Bibliothèque royale de Bruxelles et des autres bibliothèques publiques de Belgique*, "Revue de l'Instruction publique (supérieure et moyenne) en Belgique", 27-28 (**1**885), pp. 30-32; Graux **1**880, pp. 93-95; Justice **1**896, passim; de B. **1**899, p. **1**93; **1**902, pp. **1**54-**1**56; *praef.*, pp. X; XIV-XVI; Kraševninnikov **1**90**1**, pp. 483-490; Bornm. pp. XX; XXIV-XXVI; Ochoa **1**990, pp. 70-73; Carolla 2008, pp. **1**3**1**; pp. **1**43-**1**48; **1**56-**1**60; tabulae, passim.

[67] Omont, l. cit.

[68] Stevenson, *Codices Manuscripti Palatini Graeci* cit., pp. 268-269; Kraševninnikov **1**898, pp. 439-440; **1**906, pp. 2**1**-23; **1**9**1**4, pp. 64 (ubi perperam primum scribam eundem ac codicum C, B**1**, P2 anonymum putabat); 75-79; de B. **1**902, p. **1**54-**1**56; *praef.*, pp. XI-XIII; Bornm. pp. XXII-XXVI; Ochoa **1**990, pp. 70-72; de Andrés **1**999, pp. 60-66; **1**57 (ille perperam P2 a.D. MDLXXXVIII tribuebat); Carolla 2008, pp. **1**40-**1**43.

[69] De Jacobo Episcopopulo: RgK I **1**44; II **1**92; III 242, ubi autem falso totus noster codex ei tribuitur; de Darmario in P**1** cf. Canart 2008, p. 42.

[70] V. supra adn. 45.

III. Excerpta de obsidionibus codicis Parisini suppl. graeci 607
Excc. 1a-1b Müller Bornmann (= 5; 6,2 Blockley) in Parisino suppl. gr. 607[71] [Paris, Bibliothèque Nationale] servantur. Codex pergamenaceus miscellaneus, mm 270 x 200, ff. 129. Per imagines contuli.
Varia miscellanea continet, inter quae ff. 16-17; 88-103 (saecc. X-XII) proelia et obsidiones ex variis historicis, cum inscriptionibus: Prisci Novioduni et Naissi obsidiones ff. 93v-94v.
Librum, olim in Corviniana Biblioteca, ex Athous Batopediou monasterio a.D. MDCCCXLIII se rettulisse Minoides Mynas dixit.
Alter codex, ex Paris. suppl. gr. 607 descriptus, Paris. suppl. gr. 1253 est: Priscum ff. 1r-2v continet.
Excerpta historica edidit primus C. Wescher, Parisiis MDCCCLXVII; multa emendavit C. Müller, *FHG* V[72].
De excerptorum collectione incertum est utrum Constantiniana sit necne: tituli περὶ στρατηγημάτων mentio in EL mss. fit, eorum textus autem deperditus est[73].

IV. Athous Batopediou 407. Neogreca quae dicitur interpretatio Hoeschelianae editionis principis invenitur in codice monasterii Batopediou 407, saec. XVIII, chartaceus, mm 270 x 180, ff. 192. Per

---

[71] H. Omont, *Inventaire sommaire des mss. du Supplément grec de la Bibliothèque Nationale*, Paris 1883, pp. 65-66; Wescher 1898; Schöne 1898; Omont 1916, pp. 357-358. | [72] Πολιορκητικὰ καὶ πολιορκίαι διαφόρων πόλεων. *Poliorcétique des grecs. Traité théoriques. Récits historiques. Textes restitués d'après les manuscrits de Paris ... augmentés de fragments inédits et accompagnés d'un commentaire paléographique et critique* par C. Wescher, Paris 1867, pp. 304-305. C. Müller, *FHG* V, Parisiis 1870, pp. XI-XIII; 23-25.

[73] De Boor 1913, pp. 403-406; Moravcsik 1958², p. 483. Irigoin 1997 Parisini suppl. gr. 607 obsidiones et proelia byzantinis sed non Constantinianis excerptis quibusdam tribuit; cf. etiam Id., *Pour une étude des centres de copie byzantins (suite)*, in "Scriptorium" 13 (1959), pp. 177-209 (in particolare 177-181); *Les manuscrits d'historiens grecs et byzantins à 32 lignes*, in V. Treu, *Studia Codicologica*, Berlin 1977, (TU 124), pp. 237-245.

imagines codicem contuli, qui autem nullius momenti ad stemma complendum est[74].

De editionibus

1) Editio princeps lucem vidit a.D. MDCIII, cura Davidis Hoeschelii (**Hoesch.**[75]), qui codices B**1** (ELR), B2 et M2 (ELG) contulit, sicut ipse ante p. **1** scripsit. M**1** autem non vidit, quia nonnullas eius coniecturas ignorabat (v. supra de codice M**1**).

- A. D. MDCIX primam EL versionem latinam Carolus Cantoclarus [Chanteclair] Parisiis edidit (**Cantocl.**[76]), Hoescheliano textu usus. Cantoclarus amicitia quadam utebatur cum Isaaco Casaubono [Casaubon], qui meliorem textum in C legere poterat pro Jacobi Augusti Thuani [de Thou] benignitate (v. supra de codice C). Nonnullae igitur Cantoclari bonae animadversiones ad EL graecum textum ex Casaubonianis consiliis fluxisse possunt[77].

---

[74] S. Eustratiades ... and Arcadios, *Catalogue of the Greek manuscripts in the Library of the Monastery of Vatopedi on Mount Athos*, New York **1**969 [reimpr.], p. 78; R. E. Sinkewicz, *Manuscripts listing for the authors of the Patristic and Byzantine Periods*, fasc. 4, Toronto **1**992.

[75] *Eclogae legationum. Dexippi Atheniensis, Eunapii Sardiani, Petri Patricii et Magistri, Prisci Sophistae, Malchi Philadelphensis, Menandri Protectoris. Cum corollario excerptorum e libris Diodori Siculi amissis XXI, XXII, XXIII, XXIV, XXV, XXVI. Omnia e mss. cod. a Davide Hoeschelio edita*, Augustae Vindelicorum Typ. Joan. Praetorii MDCIII, pp. 2**1**-6**1**

[76] *Excerpta de legationibus, ex Dexippo Atheniense. Eunapio Sardiano. Petro Patricio et magistro. Prisco Sophista. Malcho Philadelphensi. Menandro Protectore. Haec Carolus Cantoclarus* (...) *e Graecis Latina fecit & notas addidit*, Parisiis apud Petrum Chevalerium MDCIX; reimpr. ibid. apud Abrahamum Saugrain MDCX, pp. 48-**1**48.

[77] Cf. Casaubonianam ep. ad Hoesch. (Lut. Paris. MDCV): "De Legationibus narro tibi, quod fortasse nescis. Est in urbe vir, dignitate & cognitione literarum conspicuus, Cantoclarus, qui olim Juliani quaedam vertit: is Auctores aliquot e Legationum libro jam vertit; atque adeo jam, nisi fallor, praelo subjecit. Ab eo optimo & venerando sene sumus non semel consulti; etsi fortasse aliena ope illi opus nihil erat" (Almeloveen, *Casaub. epp.*, n. 486 p. 259). De Casauboniana cura ad EL cf. iam *ep.* 294 (Lut. Par. a.d. XII. Kalend. Sextil. Juliani, MDCII), ibid. p. **1**55;

2) A. D. MDCXLVIII Editio Parisina (**Ed. Par.**) confecta est, cum Philippus Labbeus [Labbe] primum Corporis Historiae Byzantinae tomum, EL continentem, edidit graece, in-folio, Cantoclaro interprete. Hic fere idem ac Hoeschelianus textus est, paucis correctis[78].

3) A.D. MDCCXXIX Editio Veneta (**Ed. Ven.**) apparuit, simillima Parisinae[79].

Hoesch., Ed. Par., Ed. Ven. (= "vulg." pro Niebuhrianis siglis, v. infra) textum saepe corruptum praebuerunt (plurimis Henrici Valesii [Valois] correctionibus et animadversionibus in appendice adiectis), quia ELR tantum a **B1** hauserunt et ELG a descriptis B2M2. Ad hoc addantur nonnullae mendae et lacunae in Hoescheliana collatione, quae tandem deBoor correxit[80].

4) Denuo B. G. Niebuhr et I. Bekker (**Nieb. Bekk.**) ad textum emendandum perattente se dederunt. Cum nullus novus codex notus esset, immo

---

cf. etiam *ep.* 312 ad Andream Schott, (Lut. Par. a.d. XV. Kal. Dec. MDCII), *ibid.* p. 165. Cf. Carolla 2008, pp. 143-148.

Contra, Cantoclarum pessimum Niebuhr putabat, cf. *praef.* p. IX: "Aliquando quidem in hoc sterquilinio [*scil. Cantoclari notas*] res non contemnendas invenias; ubi vitia textus Hoescheliani coniiciendo sanata aut certe probabiliter tentata sunt: quae hominem absurdi ingenii excogitasse nemo sibi persuadebit: verum, cuicunque auctori ista debentur, eorum rationem in scholiis criticis ita habui ut Cantoclaro pro iis honorem exhiberem".

[78] *ΕΚΛΟΓΑΙ ΠΕΡΙ ΠΡΕΣΒΕΙΩΝ. EXCERPTA DE LEGATIONIBUS, ex Dexippo Atheniense. Eunapio Sardiano. Petro Patr. et Magist. Prisco Sophista. Malcho Philadelph. Menandro Protect. Theophylacto Simocatta. Omnia e cod. mss. a Davide Hoeschelio Augustano edita. Interprete Carolo Cantoclaro Libellorum Magistro: cum eiusdem Notis. Accedunt Notae et Animadversiones Henrici Valesii* (De Byzantinae Historiae Scriptoribus, sub felicissimis Ludovici XIV Francorum ac Navarraeorum regis Christianissimi auspiciis publicam in lucem e Luparaea Typographia emittendis: ad omnes per orbem eruditos ΠΡΟΤΡΕΠΤΙΚΟΝ. Proponente Philippo Labbe Biturico, Soc. Iesu Sacerdote, I), Parisiis, e typographia Regia. MDCXLVIII, pp. 31-76.

[79] *Id.*, (De Byzantinae Historiae Scriptoribus editio secunda. Ad Luparaeam fideliter expressa sub felicissimis Philippi V [...] auspiciis, I), Venetiis, Ex typographia Bartholomaei Januarii, MDCCXXIX, , pp. 33-76.

[80] E.g. Exc. 7, par. 13 om. ἐστι; Exc. 8, par. 136 om. τῆς; par. 145 om. τοῦ φόρου ἐπικαλύπτοντος ὄνομα, ὥστε αὐτῷ, σιτηρεσίου προφάσει.

C, B1, B2 deperditi putarentur, A nondum repertus esset, doctissimi viri editionibus iudicioque ita usi sunt ut multis in locis textum sanaverint[81]. Interdum "N." aut "B." sibi quisque sua vindicavit, plerumque tamen uterque, e silentio, vitia priorum editionum, quae "vulg." dixerunt, emendavit. His in locis semper "**Nieb. Bekk.**" significavi, alibi distinxi[82].
5) et 6) C. Müller (**Müll.**[83]) et L. Dindorf (**Dind.**[84]) Priscum inter historicorum fragmenta ediderunt. Müller multa alia ac EL addidit, quia Jordanem, Theophanis chronicon, Chronicon Paschale et Suidam investigavit. Dindorf non solum novam M1 et M2 collationem praebuit, sed perattente Priscanam dicendi rationem inspexit, ad textum emendandum. Ille autem, pro aetatis suae ratione, nimia correxit et Priscum ad Atticam Graecitatem conformare conatus est. Melior Niebuhr in paucis, saepe dubitanter, corrigendis videtur: cf. quod ipse scripserat de EL mendis[85].
7) Primus C. de Boor (**de B.**[86]) fere omnes codices, praeter C, contulit et EL edidit a.D. MCMIII. De eius editione iam scriptum est; ille autem, vere diligentissimus, editiones et manuscriptos tam brevi temporis spatio contulit ut in apparatu saepe de codicum variis lectionibus dubitaret ("ut vid.", vel sim.)[87].

---

[81] *Dexippi, Eunapii, Petri Patricii, Prisci, Malchi, Menandri Historiarum quae supersunt e recensione Imm. Bekkeri et B.G. Niebuhrii C.F. cum versione latina per Io. Classenum emendata. Accedunt Eclogae Photii ex Olympiodoro, Candido, Nonnoso et Theophane, et Procopii Sophistae Panegyricus, graece et latine, Prisciani Panegyricus, Annotationes Henr. Valesii, Labbei et Villoisonis, et indices Classeni*, Bonnae impensis ed. Weberi MDCCCXXIX, pp. 137-228.

[82] Cf. Niebuhriana praef., pp. IX-X; de siglis in app., cf. p. XII.

[83] *Fragmenta Historicorum Graecorum*, edd. C. et Th. Müller, IV-V, Parisiis 1841-1870. Vol. IV (1851), pp. 69-110; V (1870), pp. 24-26.

[84] *Historici Graeci Minores*, ed. L. Dindorf, I, Lipsiae 1870, pp. 276-349.

[85] In praef., p. X. Contra, cf. Dind., pp. XLVIII-LIII.

[86] *Excerpta de Legationibus* edidit C. de Boor, pars I. Excerpta de legationibus Romanorum ad Gentes. pars II. Excerpta de legationibus Gentium ad Romanos (*Excerpta Historica iussu imp. Constantini Porphyrogeniti confecta* ediderunt U. Ph. Boissevain, C. de Boor, Th. Büttner-Wobst. Volumen I. Excerpta de Legationibus), Berolini MCMIII, pp. 121-155 (ELR); pp. 575-591 (ELG).

[87] "Editor diligentissimus" de B. laudatus est ab E. Schwartz, quod Krašeninnikov per iocum repetere solebat, e.g. 1914, pp. 56-57 et saepe. De brevi temporis spatio, cf. Bornm. pp. VII-VIII.

8) Postea F. Bornmann (**Bornm.**[88]), cum nimia prudentia atque humilitate editionem suam plerumque ad Boorianam conformavisset, omnes codices (C quoque) contulit, perattente Prisci imitationem Herodoteam et Thucydideam investigavit et textum italice eleganter vertit[89].
9) Ultimus R. C. Blockley (**Blockl.**[90]) de Prisco optime meruit, quippe qui multa fragmenta aliis ex auctoribus simul cum EL collegit. Ille codices non contulit, Booriano apparatu confisus, sed editiones (praeter Bornmannianam, nuper editam) et omnes Prisci tempore operisque res gestas perscrutatus est[91]. Editio mea ei multum debet, quantum ad fragmenta dubia pertinet. Bornmann frgg. 50*-68* (numeri autem fragmenta alia ac mea indicant: cf. infra Numerorum collationem), i.e. XIX fragmenta, praesertim brevia e Suida, edidit[92]; Blockley autem alia XXVI addidit, in cancellis [ ] inclusa, utpote non priscana sed per alios auctores e Prisco deducta[93]. Ex eis fragmentis multa praesertim ex Joanne Antiocheno recepi, quia novi editoris U. Roberto argumenta mihi ita persuaserunt, Joannem Prisci textum integrum perlegisse et servavisse, non sine cura et aemulatione[94].

De huius editionis ratione
Priscanas res et dicendi rationem diu perscrutata sum, praesertim ad locos similes et Graecitatis usum investigandum, quia multi Priscum quasi centonarium suspicantur[95]; de quo hic longum est disserere, alibi autem

[88] *Prisci Panitae Fragmenta*, a cura di F. Bornmann, Firenze 1979, pp. 9-113 (fragmenta); pp. 114-125 (fragmenta dubia).
[89] Bornm., pp. 129-200 (versio italica). De imitatione Hdt. et Thuc.: Bornmann 1974, *Osservazioni*; id. 1974, *Postille*; id. 1975.
[90] R. C. Blockley, *The Fragmentary Classicising Historians of the Later Roman Empire. Eunapius, Olympiodorus, Priscus and Malchus*. II. Text, Translation and Historiographical Notes, Liverpool 1983, pp. 222-376.
[91] Id., I, Liverpool 1981.
[92] Bornm., pp. 114-125. V. praesertim 50*-51* [= 54*; 59* Carolla], quae in Blockl. non extant, magni autem momenti videntur.
[93] V. infra, frgg. dubia. De Blockley fontibus, cf. id., II, pp. viii-ix.
[94] *Ioannis Antiocheni Fragmenta ex Historia chronica* edidit U. Roberto, Berlin 2005 [TU 154], pp. CXLIV-CXLVI; cf. etiam Roberto 2003.
[95] Thompson 1945; 1947; 1948, passim; Gordon 1960; contra, Bornmann 1974, *Osservazioni*, passim; Blockley 1972; Id., I, pp. 54; 168 adn. 48; etc.

et Indicem Graecitatis et fusa de Priscanis litteris commentaria edituram me esse spero.

Cum perattente sed frustra novos Prisci manuscriptos ubicumque terrarum quaesivissem[96] et novam omnium EL obsidionumque codicum collationem, quantum ad Priscum pertinet, complevissem, multa in editionum apparatibus correxi et certiorem textum constitui; tandem nonnulla conieci, quae usui esse possent.

Ne apparatum gravarem, de Attilae nomine in γ eos tantum locos rettuli, ubi **M1P1** inter se discrepant; nam uterque ἀττίλας, -α (non ἀττήλας, -α quod est in ceteris) plerumque praebet.

Propter longam consuetudinem non semper textum emendare statui: e.g. articuli et verborum augmenti defectio Priscana quodammodo videtur; praesens aoristusque indicativi vel infiniti simul inveniri possunt; fortasse etiam participium aoristi pro futuri interdum servandum est in finali sententia[97] (cf. quod Niebuhr ipse putabat de EL vitiis[98]).

Textum ergo emendavi, sive potius in eo iam emendata recepi, ubi mendae ad scribas referendae sunt: sive Darmariana consueta vitia (α/ω, α/ε, ε/η/(ει), ας/αι, ρ/ς etc.) sive alia minora (οις/ους, etc.). Quibusdam in locis, EL excerptori errores tribuendi sunt: ibi textum mendosum servavi, *litteris inclinatis*.

Ea forma vero (scil. *litteris inclinatis*) textum non Priscanum semper significavi; Prisco autem pauca verba in EL et obsidionum excerpta subripienda sunt, quia excerptores textum plerumque integrum describi iusserunt[99].

---

[96]Maximas ago gratias doctissimis Petro Agustin, Davidi Baldi, Ioannae Ball, Michaeli Bandini, Paulo Canart, Luciae Castaldi, Fabricio Conca, Matildi Cupiccia, Iosepho de Gregorio, Iosepho L. del Valle Merino, Ioanni Fiesoli, Christiano Förstel, Claes Gejrot, Elenae Giannarelli, Adamo C. Green, Isabellae Gualandri, Augusto Guida, Ottoni Kresten, Claudio Leonardi, Mariae J. Luzzatto, Philippae Marks, Stephano Martinelli Tempesta, Davidi McKitterick, Eva Nylander, Caesari Pasini, Raphaeli Passarella, Immaculatae Perez Martín, Ambrosio Piazzoni, Ilariae Ramelli, Davidi Speranzi, Michaeli Verweij, Paulo Vian, Severo J. Voicu, Nigel G. Wilson, quos alios aliis de rebus consului.

[97] E.g. δεξάμενος Exc. 7, parr. 4; **10**; λέξαντα Exc. 8, 45.

[98] Praef., p. IX.

[99] V. excerpta quae in principio vel fine congruunt: excc. 7/8; 8.**1**/**12**; **31**/32.

Dubium est, utrum EL excerptor totum Prisci textum perlegerit[100]; quia vero in EL nobis non pervenit e.g. fr. dubium 59*[101], ubi "et res et ratio dicendi Priscanae videntur"[102], summa prudentia adhibenda est et aliae legationes inter dubia fragmenta recipienda sunt. Forsitan EL excerptori Prisci libri I-II defecerunt, vel ille eos legere non potuit alia quadam ex ratione[103].
Dubiis quoque in fragmentis *inclinatis litteris* eum locum Priscanum non videri, consuetis litteris autem eum Priscanum esse posse significavi. Hic tamen inclinatarum proportio multo maior quam in EL necesse est, qua de re simul cum Prisci Graecitatis investigatione novum librum a me editurum, Deo adiuvante, spero[104]. Fragmentorum dubiorum apparatus meus ab uniuscuiusque editoribus pendet (v. infra Conspectum Librorum. b), textum autem interdum correxi.
Denique EL obsidionumque textum Priscanum per paragraphos distinxi, qui usui esse possent[105].
Müllerianos fragmentorum numeros in excerptis Priscanis servavi ad maiorem studiorum utilitatem, cum a Blockley permixti essent: ille enim plurima excerpta fragmentaque divisit et in VIII libros distribuit. Tamen, cum de his rebus pauca vestigia in EL mss. sint, et haec de IV libro tantum, prudentiam adhibere malui[106].

Permagnas gratias ago Paulo Canart Ottonique Kresten, doctissimis viris, propter quorum consilium et liberalitatem mihi licuit Kresteniana manuscripta, adhuc inedita, adversaria de Darmarianis codicibus inspicere[107]; etiam erga Iosephum De Gregorio, eorum adversariorum custodem, qui mihi exemplorum efficiendorum copiam dedit, grata sum.

---

[100] E.g. Zuckerman qui optime vulgatam Prisci excerptorum chronographiam emendavit, hoc contendit (1994, Appendice I, p. 180).

[101] Proc. *bell.* I 2, 11-15 = frg. 51* Bornm.; non extat in Blockley collectio.

[102] Bornm. ad l., p. 114.

[103] De excerptoris rationibus cf. e.g. Flusin 2002; Odorico 2000.

[104] De hoc iam Bornmann novum librum promisit, p. IX.

[105] Ex eis longae sententiae, quas interdum Priscus profundit, considerandae sunt.

[106] V. infra Indicem Fontium Fragmentorum Dubiorum.

[107] Adversaria ad Krestenianam dissertationem parandam, cf. Kresten 1967 [pro manuscripto]; v. supra, adnn. 35; 39.

Augusto Guida Michaelique Bandini pro multis doctis consiliis maximam gratiam habeo.

Sincere gratum animum ad Angelinam Borisova, quae tot russicas paginas mecum volvit et interpretationis laborem levem fecit, adverto; pariter ad Daphnem Soulis, quam de Batopediou codice consului.

De peritissimo Roberto Insalata, qui ad officinarum chartariarum signa pingenda multa utilia me docuit, deque Maria Pia, incomparabili eius uxore, meminisse mihi carum est.

Mauritio Ciappi, fideli amico atque meae Latinitatis correctori diligentissimo, singularis quaedam laus esto.

Denique mihi liceat ad Mariagratiam Calzolari, Graecarum litterarum in Lyceo magistram, animum intendere in memoriam.

Restat ut viro meo, Lucae Lunardi, maximas gratias toto corde agam, qui decem annos laborem meum et adversitates summa cum patientia tulit neque umquam se impensam perdidisse censuit.

Scribebam Albani Latialis a.d. X Kal. Sept. MMVIII

LIBRORVM CONSPECTVS

a) PRISCI EDITIONES
Hoesch. = editio princeps 1603
Cantocl. = vers. lat. cum notis 1609
Ed. Par. = Editio Parisina 1648
Ed. Ven. = Editio Veneta 1729
Nieb. Bekk. = Niebuhr Bekker 1829
Müll. = Müller *FHG* IV-V 1851-1870
Dind. = Dindorf *HGM* 1870
de B. = de Boor 1903
Bornm. = Bornmann 1979
Blockl. = Blockley 1983

Blockl. = R. C. Blockley, *The Fragmentary Classicising Historians of the Later Roman Empire. Eunapius, Olympiodorus, Priscus and Malchus.* II. Text, Translation and Historiographical Notes, Liverpool 1983, pp. 222-376
Bornm. = *Prisci Panitae Fragmenta*, a cura di F. Bornmann, Firenze 1979, pp. 9-113 (fragmenta); pp. 114-125 (fragmenta dubia);
Cantocl. = *Excerpta de legationibus, ex Dexippo Atheniense. Eunapio Sardiano. Petro Patricio et magistro. Prisco Sophista. Malcho Philadelphensi. Menandro Protectore. Haec Carolus Cantoclarus* (...) *e Graecis Latina fecit & notas addidit*, Parisiis apud Petrum Chevalerium MDCIX = ibid. apud Abrahamum Saugrain MDCX, pp. 48-148;
de B. = *Excerpta de Legationibus* edidit C. de Boor, pars I. Excerpta de legationibus Romanorum ad Gentes, pars II. Excerpta de legationibus Gentium ad Romanos (*Excerpta Historica iussu imp. Constantini Porphyrogeniti confecta* ediderunt U. Ph. Boissevain, C. de Boor, Th. Büttner-Wobst. Volumen I. Excerpta de Legationibus), Berolini MCMIII, pp. 121-155 (ELR); pp. 575-591 (ELG).
Dind. = *Historici Graeci Minores*, ed. L. Dindorf, I, Lipsiae 1870, pp. 276-349.
Ed. Par. = *ΕΚΛΟΓΑΙ ΠΕΡΙ ΠΡΕΣΒΕΙΩΝ. EXCERPTA DE LEGATIONIBUS, ex Dexippo Atheniense. Eunapio Sardiano. Petro Patr. et Magist. Prisco Sophista. Malcho Philadelph. Menandro Protect. Theophylacto Simocatta. Omnia e cod. mss. a Davide Hoeschelio Augustano edita. Interprete Carolo Cantoclaro Libellorum Magistro: cum*

eiusdem Notis. Accedunt Notae et Animadversiones Henrici Valesii (De Byzantinae Historiae Scriptoribus, sub felicissimis Ludovici XIV Francorum ac Navarraeorum regis Christianissimi auspiciis publicam in lucem e Luparaea Typographia emittendis: ad omnes per orbem eruditos ΠΡΟΤΡΕΠΤΙΚΟΝ. Proponente Philippo Labbe Biturico, Soc. Iesu Sacerdote, I, Parisiis, e typographia Regia. MDCXLVIII, pp. 31-76.

Ed. Ven. = *ΕΚΛΟΓΑΙ ΠΕΡΙ ΠΡΕΣΒΕΙΩΝ. EXCERPTA DE LEGATIONIBUS, ex Dexippo Atheniense. Eunapio Sardiano. Petro Patr. et Magist. Prisco Sophista. Malcho Philadelph. Menandro Protect. Theophylacto Simocatta. Omnia e cod. mss. a Davide Hoeschelio Augustano edita. Interprete Carolo Cantoclaro Libellorum Magistro: cum eiusdem Notis. Accedunt Notae et Animadversiones Henrici Valesii* (De Byzantinae Historiae Scriptoribus. Editio secunda Ad Luparaeam fideliter expressa sub felicissimis Philippi V. Hispaniarum ac Indiarum Regis Catholici auspiciis. I), Venetiis Ex typ. Bartholomaei Januarii MDCCXXIX, pp. 33-76.

Hoesch. = editio princeps = *Eclogae legationum. Dexippi Atheniensis, Eunapii Sardiani, Petri Patricii et Magistri, Prisci Sophistae, Malchi Philadelphensis, Menandri Protectoris. Cum corollario excerptorum e libris Diodori Siculi amissis XXI, XXII, XXIII, XXIV, XXV, XXVI. Omnia e mss. cod. a Davide Hoeschelio edita*, Augustae Vindelicorum Typ. Joan. Praetorii MDCIII, pp. 21-61.

Müll. = *Fragmenta Historicorum Graecorum*, edd. C. et Th. Müller, IV-V, Parisiis 1841-1870. Vol. IV (1851), pp. 69-110; V (1870), pp. 24-26.

Nieb. Bekk. = *Dexippi, Eunapii, Petri Patricii, Prisci, Malchi, Menandri Historiarum quae supersunt e recensione Imm. Bekkeri et B.G. Niebuhrii C.F. cum versione latina per Io. Classenum emendata. Accedunt Eclogae Photii ex Olympiodoro, Candido, Nonnoso et Theophane, et Procopii Sophistae Panegyricus, graece et latine, Prisciani Panegyricus, Annotationes Henr. Valesii, Labbei et Villoisonis, et indices Classeni*, Bonnae impensis ed. Weberi MDCCCXXIX, pp. 137-228

b) ALIORUM EDITIONES

Cedren. = *Georgius Cedrenus Ioannis Scylitzae ope ab Immanuele Bekkero suppletus et emendatus*, (CSHB = Corpus Scriptorum Historiae Byzantinae) Bonnae MDCCCXXXVIII.

Chron. Pasch. = *Chronicon Paschale* ad exemplar Vaticanum recensuit Ludovicus Dindorfius, I-II, Bonnae MDCCCXXXII [CSHB 4.1-2].

EI = *Excerpta de insidiis*, edidit Carolus de Boor, (Excerpta historica iussu imp. Constantini Porphyrogeniti confecta) Berolini 1905

EL = *Excerpta de legationibus*, edidit Carolus de Boor, (Excerpta historica iussu imp. Constantini Porphyrogeniti confecta) Berolini 1903

ELG = *Excerpta de legationibus gentium ad Romanos*, in EL

ELR = *Excerpta de legationibus Romanorum ad gentes*, in EL

EV = *Excerpta de virtutibus et vitiis*, I, recensuit et praefatus est Theodorus Buettner-Wobst; editionem curavit Antonius Gerardus Roos, (Excerpta historica iussu imp. Constantini Porphyrogeniti confecta) Berolini 1906; II, recensuit et praefatus est Antonius Gerardus Roos; usus collatione codicis Peiresciani a Theodoro Buettner-Wobst confecta, (Exc. hist. *cit.*) Berolini 1910

Evagr. *hist. eccl.* = *Evagrii historia ecclesiastica*, ediderunt J. Bidez-L. Parmentier, London 1898.

Joh. Ant. = *Ioannis Antiocheni Fragmenta ex Historia chronica* edidit U. Roberto, Berlin 2005 [TU 154].

Joh. Malal. = Joannes Malalas, *Chronographia*, recensuit J. Thurn, [CFHB 35], Berlin 2000.

Joh. Scyl. = *Ioannis Scylitzae Synopsis historiarum* editio princeps recensuit I. Thurn, (CFHB) Berolini-Novi Eboraci 1973

Jord. *Get.* = *Iordanis de origine actibusque Getarum*, a cura di F. Giunta-A. Grillone, Roma 1991.

Id. *Rom.* = *Iordanis de summa temporum vel origine actibusque gentis Romanorum* edidit Theodorus Mommsen, MGH AA 5/1, 1882, pp. 1-52.

Just. *Edict.* = *Justiniani Edicta* ediderunt R. Schoell et W. Kroll, in *Corpus Juris Civilis* III.4, Berlin 1905.

Malch. = Malco di Filadelfia, *Frammenti*, Testo critico, introduzione, traduzione e commentario a cura di Lia Raffaella Cresci, Napoli 1982.

Marcell. com. *chron.* = Marcellinus comes, *Chronicon*, edidit Theodorus Mommsen, MGH AA 11, Berlin 1984, pp. 37-104.

Nic. Call. *hist. eccl.* = Nicephorus Callistus Xanthopulus, Historia Ecclesiastica, PG 145-147.

Paul. Diac. *hist. Lang.* = Paulus Diaconus, *Historia Langobardorum*, edidit Georgius Waitz, MGH SS rerum Langobardicarum, Hannover 1878, pp. 45-187.

Proc. *bell.* = *Procopii bella* edidit J. Haury, addenda et corrigenda adiecit G. Wirth, (Bibliotheca scriptorum Graecorum et Romanorum Teubneriana) Lipsiae 1962-64.
Socr. *hist. eccl.* = Socrates Scholasticus, Historia ecclesiastica, edidit G. Chr. Hansen. (GCS NF 1) Berlin 1995.
Steph. Byz. = *Stephani Byzantii Ethnicorum quae supersunt* edidit Augustus Meineke, Berolini 1849
Suid. = *Suidae Lexicon* edidit Ada Adler, I-IV, (Lexicographi Graeci) Lipsiae 1928-1938
Theoph. *chron.* = *Theophanis chronographia* edidit C. de Boor, Lipsiae 1883.
Zonar. = *Ioannis Zonarae Epitome historiarum I-VI*, in *Dionis Cassii Cocceiani Historiarum Romanarum quae supersunt* edidit U. P. Boissevain, I-V, Berolini (1895-1931) 1955[2]; *Ioannis Zonarae epitome historiarum I-III* ediderunt M. Pinder et Th. Buettner-Wobst, (CSHB 44-46) Bonnae 1841-1844; 1897.

c) ALIA

Allen 1981 = P. Allen, *Evagrius Scholasticus The Church Historian*, (Spicilegium Sacrum Lovaniense. Études et Documents fasc. 41), Leuven-Louvain 1981
Almeloveen, *Casauboni epp.* = *Isaaci Casauboni Epistolae, insertis ad easdem Responsionibus, quotquot hactenus reperiri potuerunt, secundum seriem temporis accurate digestae. Accedunt huic tertiae editioni, (...) item, Merici Casauboni, I. F. Epistolae, dedicationes, praefationes, prolegomena, et tractatus quidam rariores. Curante Theodoro Janson. ab Almeloveen*, Roterodami MDCCIX
Altheim 1952 = F. Altheim, *Geschichte der Hunnen*, Berlin 1969[2].
Bíró 1997 = M. Bíró, *On the presence of the Huns in the Caucasus. To the chronology of the "Ovs" raid mentioned in Juanšer's chronicle*, "Acta Orientalia Academiae Scientiarum Hungaricae" 50 (1997), pp. 53-60.
Blockl. = v. de editionibus.
Blockl. 1972 = R. C. Blockley, *Dexippus and Priscus and the Thucydidean account of the siege of Plataea*, "Phoenix" 32 (1972), pp. 18-27.
Bofarull y Sans 1910 = F. de Bofarull y Sans, [*Animal in Watermarks*, A. J. Henschel interprete, (The Paper Publication Society) Hilversum 1959] *Los Animales en las marcas del papel*, Villanueva y Geltrú 1910.

Bornm. = v. de editionibus.
Bornmann 1974, *Osservazioni* = F. Bornmann, *Osservazioni sul testo dei frammenti di Prisco*, "Maia" n.s. 26 (1974), pp. 111-116.
Id. 1974, *Postille* = F. Bornmann, *Postille a storici bizantini*, ibid., pp. 213-215.
Id. 1975 = F. Bornmann, *Note a Prisco*, in *Archaeologica: Scritti in onore di A. Neppi-Modona*, Firenze 1975, pp. 37-39.
Browning 1953 = R. Browning, *Where was Attila's camp?*, "Journal of Hellenic Studies" 73 (1953), pp. 143-145.
Bücheler 1869 = F. Bücheler, *Zu Priscus und Suidas*, "Rheinisches Museum" n.F. 24 (1869), pp. 137-148.
Büttner-Wobst 1906 = Th. Büttner-Wobst, *Die Anlage der historischen Encyklopädie des Konstantinos Porphyrogennetos*, "Byzantinische Zeitschrift" 15 (1906), pp. 88-120.
Bury 1958 = J. B. Bury, *History of the Later Roman Empire from the Death of Theodosius I to the Death of Justinian*, I-II, New York 1958[2] (1923[1]).
Callmer 1977 = Chr. Callmer, *Königin Christina, ihre Bibliothekare und ihre Handschriften*, Stockholm 1977
Calzolari 1994 = M. Calzolari, *L'itinerario di Attila nella pianura padana: aspetti topografici*, in *Attila. Flagellum Dei?* Atti del Convegno internazionale di studi storici sulla figura di Attila e sulla discesa degli Unni in Italia nel 452 d.C., a cura di S. Blason Scarel, (Studia Historica 129) Roma 1994, pp. 118-130.
Cameron 1963 = A. D. E. Cameron, *Priscus of Panium and John Malalas in Suidas*, "Classical Review" 13 (1963), p. 264.
Carolla 2008 = P. Carolla, Non deteriores. *Copisti e filigrane di alcuni manoscritti degli* Excerpta de Legationibus, "Miscellanea Bibliothecae Apostolicae Vaticanae" 15 (2008), pp. 129-170.
Canart 1981 = P. Canart, *Les cotes du manuscrit palatin de l'Anthologie*, "Scriptorium" 35 (1981), pp. 227-240
Canart 2008 = P. Canart, *Additions et corrections au Repertorium der griechischen Kopisten 800-1600, 3*, in *Vaticana et Medievalia. Études en l'honneur de Louis Duval-Arnould*, réunies par J.M. Martin, B. Martin-Hisard et A. Paravicini Bagliani, Firenze 2008, pp. 41-63.
Colonna 1956 = M. E. Colonna, *Gli storici bizantini dal IV al XV sec.*, I, Napoli 1956.

Craster 1926/29 = H. H. E. Craster, *Casaubon's Greek Manuscripts*, "The Bodleian quarterly record" 5 (1926-1929), pp. 97-100.

Crawford 1993 = *Antonio Agustín between Renaissance and Counter-reform*, edited by M. H. Crawford, London 1993 (Warburg Institute Surveys and Texts edited by J. KRAYE 24).

Croke 1981 = B. Croke, *Anatolius and Nomus: Envoys to Attila*, "Byzantinoslavica" 42 (1981), pp. 159-170.

de Andrés 1988 = G. de Andrés, *El helenismo del canonigo toledano Antonio de Covarrubias. Un capitulo del humanismo en Toledo en el s. XVI*, "Hispania sacra" 40 (1988), pp. 237-313.

Id. 1990/91 = *El cretense Antonio Calosinás, primer copista del códice escurialense «De legationibus»*, "Erytheia" 11-12 (1990-1991), pp. 97-104

Id. 1999 = G. DE ANDRÉS, *Helenistas del Renacimiento. El copista cretense Antonio Calosynas*, Toledo 1999

de B. = v. de editionibus.

de B. 1884 = C. de Boor, *Zu den Excerptensammlungen des Konstantin Porphyrogennetos*, "Hermes" 19 (1884), pp. 123-135.

Id. 1885 = C. de Boor, *Zu Johannes Antiochenus*, "Hermes" 20 (1885), pp. 321-330.

Id. 1899 = C. de Boor, *Bericht über eine Studienreise nach Italien, Spanien und England zum Zwecke handschriftlicher Studien über byzantinische Chronisten*, "Sitzungsberichte der königlich preussischen Akademie der Wissenschaften" 23/24 (1899), pp. 922-931.

Id. 1902 = *Zweiter Bericht über eine Studienreise nach Italien zum Zwecke handschriftlicher Studien über byzantinische Chronisten*, "Sitzungsberichte der königlich preussischen Akademie der Wissenschaften" 1902.I, pp. 146-164.

Id. 1905 = *Zur Abwehr*, "Byzantinische Zeitschrift" 14 (1905), p. 402.

Id. 1913 = C. de Boor, *Suidas und die Konstantinische Exzerptensammlung* I, "Byzantinische Zeitschrift" 21 (1912), pp. 381-424.

Id. 1914 = *id.* II, "Byzantinische Zeitschrift" 23 (1914/19), pp. 1-127.

Dindorf 1869 = L. Dindorf, *Nachtrag zu den Fragmenten des Priskos*,"Jahrbuch für die klassische Philologie" 99 (1869), pp. 120-134.

Id. 1870 = L. Dindorf, *Ein Fragment des Priskos*, ibid. 101 (1870), pp. 43-47.

Dolbhofer 1955 = E. Dolbhofer, *Byzantinische Diplomaten und östliche Barbaren*, Graz-Wien-Köln 1955.

Ensslin 1926/7 = W. Ensslin, *Maximinos und sein Begleiter, der Historiker Priskos*, "Byzantinisch-neugriechisch Jahrbuch" 5 (1926/7), pp. 1-9.

Ensslin 1957 = W. Ensslin, sv. *Priskos* n.9, *RE* XXIII 1, cc. 9-10.

Escobar Chico 1993 = A. Escobar Chico, *Codices Caesaraugustani Graeci. Catálogo de los manuscritos griegos de la Biblioteca Capitular de la Seo (Zaragoza)*, Zaragoza 1993

Flusin 2002 = B. Flusin, *Les Excerpta Constantiniens. Logique d'une anti-histoire*, in *Fragments d'historiens* 2002, pp. 537-559.

Fragments d'historiens 2002 = *Fragments d'historiens grecs. Autour de Denys d'Halicarnasse*, sous la direction de S. Pittia, Rome 2002.

Gonnelli 1989 = F. Gonnelli, *Eudocia, Cassiodoro e Malala*, "Vichiana" n.s. 18 (1989), pp. 350-353.

Gordon 1960 = C. D. Gordon, *The Age of Attila*, Ann Arbor 1960.

Gračanin 2003 = Hrv. Gračanin, *The Western Roman Embassy to the Court of Attila in AD. 449*, "Byzantinoslavica" 2003 (61), pp. 53-74

Graux 1880 =Ch. Graux, *Essai sur les origines du fonds grec de l'Escurial*, Paris 1880

Iadevaia 1979 = F. Iadevaia, *Una nota sulla tradizione manoscritta degli Excerpta de legationibus Romanorum ad gentes di Pietro Patrizio*, in *Problemi di civiltà* 6 (1979), pp. 3-6

Irigoin 1997 = J. Irigoin, *Tradition et critique des textes grecs*, Paris 1997

Justice 1896 = Ch. Justice, *Anecdota Bruxellensia. Le «Codex Schottanus» des extraits "De legationibus"*, in "Recueil de travaux de la Faculté de philosophie et lettres" 17, Gand 1896.

Kemke 1898 = J. KEMKE, *Patricius Junius*, Berlin 1898 (Dziatzko's Sammlung bibliothekswissenschaftlicher Arbeiten, 12)

Kraš. = v. sqq.

Krašeninnikov 1898 = M. N. Krašeninnikov, *Varia*, "Žurnal Ministerstva Narodnago Prosvješenia", 332 (1898), pp. 45-69.

Id. 1901 = M. N. Krašeninnikov, *O rukopisnom' predanji Konstantinovskikh' "Isvlečenji o poslakh"* [de manuscriptorum traditione Constantinianorum Excerptorum de legatis], "*Vizantijski Vremennik*" 1901.8, pp. 479-517.

Id. 1906 = *id.*, 1906.13, pp. 113-224.

Id. 1914 = M. N. Krašeninnikov, *Novaja rukopis izvlečenji Περὶ πρέσβεων Ῥωμαίων πρὸς ἐθνικούς*, in "Vizantijski Vremennik" 21 (1914), pp. 45-170
Id. 1915 = *id.*, "Vizantijskoje Obozrienie" 1 (1915), pp. 1-52.
Kresten 1967 = O. Kresten, *Der Schreiber Andreas Darmarios. Eine kodikologisch-paläographische Studie*, Dissertation zur Erlangung des Doktorgrades an der Philosophischen Fakultät der Universität Wien. Masch., Wien 1967 [pro manuscripto].
Id. 1972 = O. Kresten, *Statistische Methoden der Kodikologie bei der Datierung von griechischen Handschriften der Spätrenaissance*, "*Römische historische Mitteilungen*" 14 (1972), pp. 23-63.
Id. 1974 = *Die Handschriftenproduktion des Andreas Darmarios im Jahre 1564*, in *Jahrbuch der Österreichische Byzantinistik* 24 (1974), pp. 147-193.
Id. 1976*Sammlung* = O. Kresten, *Eine Sammlung von Konzilsakten aus dem Besitze des Kardinals Isidoros von Kiev*, Wien 1976, (Denkschriften/Österreichische Akademie der Wissenschaften, Philosophisch-Historische Klasse 123)
Id. 1976*Phantom.* = O. Kresten, *Phantomgestalten in der byzantinischen Literaturgeschichte. Zu vier Titelfälschungen des 16. Jahrhunderts*, "Jahrbuch der Österreichische Byzantinistik" 25 (1976), pp. 207-222.
Id. 1980² = O. Kresten, *Der Schreiber und Handschriftenhändler Andreas Darmarios. Eine biographische Skizze*, in *Griechische Kodikologie und Textüberlieferung*, ed. D. Harlfinger, Darmstadt 1980², pp. 406-419.
Kuranc 1958 = J. Kuranc, *De Prisco Panita rerum scriptore quaestiones selectae*, Lublin 1958.
Lee-Shepard = D. Lee-J. Shepard, *A Double Life: Placing the Peri Presbeon*, "Byzantinoslavica" 52 (1991), pp. 15-39.
Maench.-H. = O. J. Maenchen-Helfen, *The world of the Huns. Studies in their history and culture*, Berkeley 1973
Maltese 1977 = E. V. Maltese, *Note ed osservazioni sul testo di Prisco di Panion*, "Helikon" 17 (1977), pp. 263-279
Id. 1979 = E. V. Maltese, *A proposito dell'opera storica di Prisco di Panion*, "Quaderni di Storia" 9 (1979), pp. 297-320.
Mayer 1997 = M. Mayer, *Towards a History of the Library of Antonio Agustín*, "The Journal of the Warburg and Courtauld Institutes" 60 (1997), pp. 261-272.

Mendelssohn 1876 = L. Mendelssohn, *Quaestiones Appianeae*, "Rheinisches Museum" 31 (1876), pp. 204-224.
Millar 2006 = F. Millar, *A Greek Roman Empire. Power and Belief under Theodosius II (408-450)*, Berkeley-Los Angeles-London 2006.
Moore 1965 = J.M. Moore, *The Manuscript Tradition of Polybius*, Cambridge 1965.
Moravcsik 1958^2 = G. Moravcsik, *Byzantinoturcica* I, Berlin 1958^2.
Id. 1930 = G. Moravcsik, *Zur Geschichte der Onoguren*, "Ungarische Jahrbücher" 10 (1930), pp. 53-90.
Mouren 2002 = R. Mouren, *La redécouverte des fragments de Denys et les premières éditions du* De Legationibus, in *Fragments* 2002, pp. 27-84.
Nisser 1934 = W. Nisser, *Mathias Palbitzki som connoisseur och tecknare*, Uppsala 1934.
Norman 1953 = A. F. Norman, *An Identification in Suidas*, "The Classical Quarterly" n.s. 3 (1953), pp. 171-172.
Ochoa 1990 = J. A. Ochoa, *La transmisión de la Historia de Eunapio*, (Erytheia. Estudios y Textos 1) Madrid 1990
Odorico 1990 = P. Odorico, *La cultura della Συλλογή. 1) Il cosiddetto enciclopedismo bizantino. 2) Le tavole del sapere di Giovanni Damasceno*, "Byzantinische Zeitschrift" 83 (1990), pp. 1-21.
Omont 1916 = H. Omont, *Minoide Mynas et ses missions en Orient*, "Mémoires de l'Academie des Instructions et Belles Lettres" 40 (1916).
Paschoud 1985 = *Le début de l'ouvrage historique d'Olympiodore*, "Arctos", suppl. II, *Studia in honorem Iiro Kajanto*, Helsinki 1985, pp. 185-196
Pasini 2004 = C. Pasini, *Giovanni Donato Ferrari e i manoscritti greci dell'Ambrosiana (con note su Francesco Bernardino e Ottavio Ferrari e sui manoscritti di Ottaviano Ferrari all'Ambrosiana)*, "Νέα Ῥώμη" 1 (2004), pp. 351-386.
Pérez Martín 2002 = I. Pérez Martín, *Nuevas tendencias en historiografía bizantina*, in *Memoria. Seminarios de Filología e Historia*, ed. C. López Ruiz -S. Torallas Tovar, (Madrid, Consejo Superior de Investigaciones Científicas 2002) pp. 133–137.
Pittia 2002 = S. PITTIA, *Pour un nouveau classement des fragments historiques de Denys d'Halicarnasse (Antiquités Romaines, Livres 14-20)*, in *Fragments d'Historiens* 2002, pp. 85-227.

Pohl 1992 = W. Pohl, *Konfliktverlauf und Konfliktbewältigung: Römer und Barbaren im frühen Mittelalter*, "Frühmittelalterliche Studien" 26 (1992), pp. 165-207.

Roberto 2001 = U. Roberto, *Note sulla memoria e sull'uso della storia antica nel Lessico della Suda*, "Mediterraneo antico" 4 (2001), pp. 249-270.

Id. 2003 = U. Roberto, *Prisco e una fonte romana del V secolo*, "Romanobarbarica" 18 (2003).

Šašel 1994 = M. Šašel Kos, *The Embassy of Romulus to Attila. One of the last citations of Poetovio in classical literature*, "Tyche" 9 (1994), pp. 99-111

Schettino 1999 = M.T. Schettino, *Gli storici di età romana nella Suda*, in *Il lessico Suda e la memoria del passato a Bisanzio.* Atti della giornata di studio (Milano 29 aprile 1998) a cura di G. Zecchini, Bari 1999, pp. 113-138.

Schmitt 1970 = W. O. Schmitt, *Zur Biographie des Geschichtsschreibers Priskos bei Raffaele Maffei di Volterra*, "Klio" 52 (1970), pp. 389-393.

Schöne 1898 = H. Schöne, *Über den Mynascodex der griechischen Kriegsschriftsteller in der Pariser Nationalbibliothek*, "Rheinisches Museum" 53 (1898), pp. 432-445

Schulze 1866 = E. Schulze, *De excerptis Constantinianis quaestiones criticae*, Bonnae 1866

Sosower 1993 = M. Sosower, *A Forger revisited: Andreas Darmarios and Beinecke 269*, "Jahrbuch der Österreichische Byzantinistik" 45 (1993), pp. 289-306.

Id. 2004 = M. Sosower, *Signa officinarum chartariarum in codicibus graecis saeculo sexto decimo fabricatis in bibliothecis Hispaniae*, Amsterdam 2004.

Szadeczky-Kardoss 1972 = S. Szadeczky-Kardoss, *Literarische Reminiszenz und historische Realität bei Priskos Rhetor (fr. 30)*, in *Actes de la XIIe Conf. internat. du Comité d'études classiques "Eirene"*, Cluj 2-7 Octobre 1972, Amsterdam 1975, pp. 96-97.

Thompson 1945*Camp* = E. A. Thompson, *The camp of Attila*, "Journal of Hellenic Studies", 65 (1945), pp. 112-115.

Id. 1945 = E. A. Thompson, *Priscus of Panium, fragment 1b*, "Classical Quarterly" 39 (1945), pp. 92-94.

Id. 1947 = E. A. Thompson, *Notes on Priscus Panites*, ibid. 41 (1947), pp. 61-65.

Id. 1948 = E. A. Thompson, *A History of Attila and the Huns*, Oxford 1948.
Id. 1956 = E. A. Thompson, *A Note on Ricimer*, "Classical Review" 1956, p. 106.
Torallas Tovar 1994 = S. Torallas Tovar, *De codicibus graecis Upsalensibus olim Escurialensibus*, "Erytheia" 15 (1994), pp. 191-258.
Vári 1908 = R. Vári, *Zum historischen Exzerptenwerke des Konstantinos Porphyrogennetos*, "Byzantinische Zeitschrift" 17 (1908), pp. 75-85.
Wescher 1898 = C. Wescher, *Fragments inédits de l'historien grec Priscus relatifs au siège de Noviodunum et à la prise de Naïssos*, "Revue Archeologique" n.s. 18 (1868), 86-98
Wirth 1967 = G. Wirth, *Attila und Byzanz. Zur Deutung einer fragwürdigen Priscusstelle*, "Byzantinische Zeitschrift" 60 (1967), pp. 41-69.
Zecchini 1999 = Zecchini G., *La storia romana nella Suda*, in *Il lessico Suda e la memoria del passato a Bisanzio.* Atti della giornata di studio (Milano 29 aprile 1998) a cura di G. Zecchini, Bari 1999, pp. 75-88.
Zuckerman 1994 = C. Zuckerman, *L'empire d'Orient et les Huns. Notes sur Priscus*, "Travaux et Mémoires" 12 (1994) 159-182.

SIGLA ATQVE BREVIATA

a) Codices Manuscripti
ELG = Excerpta Constantiniana de Legationibus Gentium ad Romanos
ELR = Excerpta Constantiniana de Legationibus Romanorum ad Gentes
A = Ambrosianus N 135 sup. (ELG)
B1 = Bruxellensis 11301-16 (ELR)
B2 = Bruxellensis 11317-21 (ELG)
β = B1M1P1 consensus
C = Cantabrigiensis Collegii SS.Trinitatis O.3.23 (ELR)
E1 = Scorialensis R.III.14 (ELR)
E3 = Scorialensis R.III.13 (ELG)
M1 = Monacensis gr. 267 (ELR)
M2 = Monacensis graecus 185 (ELG)
P1 = Vaticanus Palatinus gr. 413 (ELR)
P2 = Vaticanus Palatinus graecus 411 (ELG)
ω = ELR codicum (E1CM1B1P1) consensus

Pa_{607} = Parisinus Suppl. gr. 607 (Exc. de obsidionibus)

b) Prisci editores et emendatores
Bekk. = I. Bekker
Blockl. = R. C. Blockley
Bornm. = F. Bornmann
Bury = J. B. Bury
Cantocl. = C. Cantoclarus (Chanteclair)
Class. = J. Classen
de B. = C. de Boor
Dind. = L. Dindorf
Ed. Par. = Editio Parisina 1648
Hoesch. = D. Hoeschel
Kraš = M. N. Krašeninnikov
Malt. = E. V. Maltese
Müll. = C. Müller
Nieb. = B. G. Niebuhr
Šašel = M. Šašel Kos
Vales. = H. Valesius

c) Aliorum editores et emendatores
Bergm. = Bergmüller
Cr. = Cramer
de B. = de Boor
Fou. = G. Fournier de Moujan
Giunt.-Grill. = F. Giunta-A. Grillone
Kahlén = H. Kahlén
Mo. = Th. Mommsen
Roberto = U. Roberto

d) Alia breviata
ac. = ante correctionem
acc. = accentu
add. = addidit/addiderunt
app. = apparatus/apparatum/apparatu
appos. = apposuit/apposuerunt
cett. = ceteri
ci. = coniecit
codd. = codices/codicum/codicibus
corrig. = corrigendum
corr. = correxit/correxerunt
edd. = editores
ext. = extat
fort. = fortasse
i.e. = id est
in l. = in linea
in mg. = in margine
in ras. = in rasura
lat. = latina
m. = manu
pc. = post correctionem
praeb. = praebuit
propos. = proposuit/proposuerunt
recep. = recepit
reiec. = reiecit
restit. = restituit/restituerunt
rell. = reliqui
scil. = scilicet

secl. = seclusit
serv. = servavit/servaverunt
sl. = supra lineam
subscr. = subscriptum
suppl. = supplet
transp. = transposuit
text. = textui/textum/textu
trad. = traditum
v.l. = varia lectio
vv. ll. = variae lectiones

TESTIMONIA DE PRISCO

Suid. Π 2301
Πρίσκος, Πανίτης, σοφιστής, γεγονὼς ἐπὶ τῶν χρόνων Θεοδοσίου τοῦ μικροῦ· ἔγραψεν Ἱστορίαν Βυζαντιακὴν καὶ τὰ κατὰ Ἀττήλαν ἐν βιβλίοις ὀκτώ, μελέτας τε ῥητορικὰς καὶ ἐπιστολάς.

Evagr. *hist. eccl.* I 17
Ἐν τούτοις τοῖς χρόνοις ὁ πολὺς τῷ λόγῳ πόλεμος ἐκεκίνητο Ἀττίλα τοῦ τῶν Σκυθῶν βασιλέως· ὃν περιέργως καὶ ἐς τὰ μάλιστα λογίως Πρίσκος ὁ ῥήτωρ γράφει, μετὰ πολλῆς τῆς κομψείας διηγούμενος ὅπως τε κατὰ τῶν ἑῴων καὶ ἑσπερίων ἐπεστράτευσε μερῶν, οἵας τε καὶ ὅσας πόλεις ἑλὼν κατήγαγε, καὶ ὅσα πεπραχὼς τῶν ἐντεῦθεν μετέστη.

Ἀττήλαν] ἄτταλον codd.: corr. Müll. Adl.

ΠΕΡΙ ΠΡΕΣΒΕΩΝ
ΕΚ ΤΗΣ ΙΣΤΟΡΙΑΣ
ΠΡΙΣΚΟΥ ΡΗΤΟΡΟΣ ΚΑΙ ΣΟΦΙΣΤΟΥ

Exc. **1** *Ὅτι Ῥούα βασιλεύοντος Οὔννων,* †Ἀμιλζούροις καὶ Ἰτιμάροις a.434
καὶ Τούνσουρσι καὶ Βοΐσκοις καὶ ἑτέροις ἔθνεσι προσοικοῦσι τὸν Ἴ-
στρον καὶ ἐς τὴν Ῥωμαίων ὁμαιχμίαν καταφυγγάνουσιν ἐς μάχην ἐλθεῖν προῃρημένος, ἐκπέμπει Ἥσλαν, εἰωθότα ἐπὶ τοῖς διαφόροις αὐτῷ
τε καὶ Ῥωμαίοις διακονεῖσθαι, λύειν τὴν προϋπάρχουσαν εἰρήνην ἀ-
πειλῶν, εἰ μή γε πάντας τοὺς παρὰ σφᾶς καταφυγόντας ἐκδοῖεν. 2
Βουλευομένων δὲ Ῥωμαίων στεῖλαι πρεσβείαν παρὰ τοὺς Οὔννους,
πρεσβεύειν μὲν ἤθελον Πλίνθας καὶ Διονύσιος, Πλίνθας μὲν τοῦ Σκυθικοῦ, Διονύσιος δὲ τοῦ Θρᾳκίου γένους, ἀμφότεροι δὲ στρατοπέδων
ἡγούμενοι καὶ ἄρξαντες τὴν ὕπατον παρὰ Ῥωμαίοις ἀρχήν. Ἐπειδὴ δὲ 3
ἐδόκει Ἥσλαν παρὰ τὸν Ῥούαν ἀφικνεῖσθαι πρότερον τῆς ἐκπεμφθη-
σομένης πρεσβείας, συνεκπέμπει Πλίνθας Σηγγίλαχον, ἄνδρα τῶν
ἐπιτηδείων, πεῖσαι τὸν Ῥούαν αὐτῷ καὶ μὴ ἑτέροις Ῥωμαίων ἐς λόγους ἐλθεῖν.

Exc. 1 In ELR (E1CM1B1P1) servatum. Frg. **1** Müll. *FHG* IV pp. 71/2 = Dind. *HGM* I pp. 276/7 = ELR exc. **1**, p. **121** de B. = **1** Bornm. p. 9 = 2 Blockl. p. 224.

---

3 Inscriptioni τῆς γοτθικῆς add. **ω**: reiec. Bornm. p. XIV, ELG collatis. **4** ἀμιλζούροις E1CB1: ἀμιλαζούροις M1P1: *Alpidzuros Alcildzuros* Jordanis codd. (Get. **126**, v. infra exc. 45), quas ex uno nomine vv. ll. putabat Kraš. **1915**, p. 42 n.**1**: ἀλπιλζούροις Maench.-H. p. 402, sed hoc, etsi quodammodo turcicum videtur, ex faciliore Jordanis v.l. ductum est: fort. ΑΛΧΙΛΖΟΥΡΟΙC vel ΑΛCΙΛΖΟΥΡΟΙC? De χ/ς confusione v. infra 8, **171** ἠρνάχ / ἠρνᾶς. | Ἰτιμάροις] οὐτιμάρος B1 ac. **5** Τούνσουρσι] τού$^{\nu}$σουρσα (in l.) σι (in mg.) E1: τουώσουρσι C**β**: *Tuncarsos* Jord. *Get.* 126 (v. infra Exc. 45): τονώσσουρσι Hoesch.: corr. de B.: Τούνσαρσι (Tunsares in Jord.) Kraš **1915**, pp. 41/5: Τόγγουρσι dubitanter Maench.-H. p. 438/9. **7** προῃρημένος] προειρημένος **ω**: corr. Hoesch. | Ἥσλαν] εἴσλαν E1CB1 ἴσλαν M1P1 (et infra) **9** βουλομένων M1P1 **16** πεῖσαι **ω** fort. ab excerptore insertum, vel in πείσων corrigendum

a.439/40 Exc. **1.1** Τελευτήσαντος δὲ Ῥούα καὶ περιστάσης τῆς Οὔννων βασιλείας ἐς Ἀττήλαν καὶ Βλήδαν, ἐδόκει τῇ Ῥωμαίων βουλῇ Πλίνθαν πρεσβεύεσθαι παρὰ αὐτούς· καὶ κυρωθείσης ἐπ᾿ αὐτῷ παρὰ βασιλέως
ψήφου, ἐβούλετο καὶ Ἐπιγένην ὁ Πλίνθας συμπρεσβεύειν αὐτῷ, ὡς
μεγίστην ἐπὶ σοφίᾳ δόξαν ἐπιφερόμενον, καὶ τὴν ἀρχὴν ἔχοντα τοῦ
κοιαίστορος· χειροτονίας δὲ καὶ ἐπ᾿ αὐτῷ γενομένης, ἄμφω ἐπὶ τὴν
2 πρεσβείαν ἐξώρμησαν καὶ παραγίνονται ἐς Μάργον. Ἡ δὲ πόλις τῶν
ἐν Ἰλλυρίᾳ Μυσῶν πρὸς τῷ Ἴστρῳ κειμένη ποταμῷ, ἀντικρὺ Κων-
σταντίας φρουρίου κατὰ τὴν ἑτέραν ὄχθην διακειμένου, ἐς ἣν καὶ οἱ
βασίλειοι συνῆσαν Σκύθαι καὶ τὴν σύνοδον ἔξω τῆς πόλεως ἐποιοῦντο, ἐπιβεβηκότες ἵππων· οὐ γὰρ ἐδόκει τοῖς βαρβάροις ἀποβᾶσι λο-
γοποιεῖσθαι, ὥστε καὶ τοὺς Ῥωμαίων πρέσβεις, τῆς σφῶν αὐτῶν ἀξίας προνοουμένους, ἀπὸ τῆς αὐτῆς προαιρέσεως ἐς ταὐτὸν τοῖς Σκύθαις ἐλθεῖν, πρὸς τὸ μὴ τοὺς μὲν ἀφ᾿ ἵππων, τοὺς δὲ πεζοὺς διαλέγε-
3 σθαι. * * ⟨οὐ μόνον⟩ * τοὺς ἀπὸ τῆς Σκυθικῆς καταφεύγοντας, ἀλλὰ
καὶ τοὺς ἤδη πεφευγότας σὺν καὶ τοῖς αἰχμαλώτοις Ῥωμαίοις, τοῖς ἄ-
νευ λύτρων ἐς τὰ σφέτερα ἀφιγμένοις, ἐκδίδοσθαι, εἰ μή γε ὑπὲρ ἑκάστου πεφευγότος τοῖς κατὰ πόλεμον κτησαμένοις ὀκτὼ δοθεῖεν χρυ-

---

Exc. 1.1 In ELR (E1CM1B1P1) servatum. Frg. **1** Müll. *FHG* IV p. 72 = Dind. *HGM* I pp. 277/8 = ELR exc. **1**, pp. 121/2 de B. = **1** Bornm. pp. 9-**11** = 2 Blockl. pp. 224/6. Cf. Zuckerman 1994, p. 163.

Exc. 1.1,9 οἱ... 10 Σκύθαι : cf. Hdt. IV 20, 2; 22, 3; 56; 57; 59, **1**; 71, 2.

---

2 εἰς M1P1 | Ἀττήλαν] ἀττίλαν P1 | Βλήδαν] ἀλήδαν **ω**: καὶ ἀλήδαν secl. Hoesch. (denuo καὶ Βλήδαν coni. Nieb. in app.): *f.* βλήδαν E1 (pc. in mg. alia lat. m.). | πλίνθας **ω**: corr. Hoesch. **3** παρ᾿ αὐτοὺς **β** **4** Ἐπιγένην] ἐπιγένειν E1CB1 ἐπιγένει M1P1: corr. Hoesch. **7** ἐξόρμησαν C **8** Μυσῶν] βυσῶν **ω** Hoesch. Ed. Par.: *Mysorum* interpr. Ed. Par.: corr. Nieb. | κειμένει P1 **9** φρου-ρίους P1 | ἑκατέραν P1 | εἰς E1M1P1 **10** Σκύθαι] σκύθαις **ω**: corr. Nieb. **11** ἐπιβεβληκότες P1 **12** ῥωμαίων **ω** (et B1 in mg. pc.) Hoesch. (in mg.) edd. rell.: ῥωμαίους B1 (in l. ac.) Hoesch. (in l.) Ed. Par. **14** **15** | διαλέγεσθαι τοὺς **ω** Hoesch. Ed. Par., ubi lacuna constat: ⟨Ῥωμαίους οὐ μόνον εἰς τὸ μέλλον μὴ δέχεσθαι⟩ ci. Nieb. **16** πεφευγόντας CP1 **17** εἰς M1 | ἐς...ἐκδίδοσθαι iterat P1 **18** πεφευγόντος C· φευγότος (πε- in ras.) M1 | χρυσοῖ] χρυσῶ E1CB1 χρυσῷ M1P1: corr. Hoesch.

σοῖ· ἔθνει δὲ βαρβάρῳ μὴ συμμαχεῖν Ῥωμαίους, πρὸς Οὔννους αἰρο-
μένῳ πόλεμον· εἶναι δὲ καὶ τὰς πανηγύρεις ἰσονόμους, καὶ ἀκινδύ-
νους Ῥωμαίοις τε καὶ Οὔννοις· φυλάττεσθαι δὲ καὶ διαμένειν τὰς συνθήκας ἑπτακοσίων λιτρῶν χρυσίου ἔτους ἑκάστου τελουμένων παρὰ
Ῥωμαίων τοῖς βασιλείοις Σκύθαις· πρότερον δὲ πεντήκοντα καὶ τρια-
κόσιαι αἱ τοῦ τέλους ἐτύγχανον οὖσαι. Ἐπὶ τούτοις ἐσπένδοντο Ῥω- 4
μαῖοί τε καὶ Οὔννοι καί, πάτριον ὅρκον ὁμόσαντες, ἐς τὰ ἀμφότερα
ἐπανῄεσαν.

Οἱ δὲ παρὰ Ῥωμαίους καταφυγόντες ἐξεδόθησαν βαρβάροις, ἐν οἷς 5
καὶ παῖδες Μάμα, καὶ Ἀτακὰμ τοῦ βασιλείου γένους, οὓς ἐν Καρσῷ
φρουρίῳ Θρᾳκίῳ οἱ παρειληφότες ἐσταύρωσαν, δίκας αὐτοὺς πρατ-
τόμενοι τῆς φυγῆς.

Οἱ δὲ περὶ Ἀττήλαν καὶ Βλήδαν, τὴν εἰρήνην πρὸς Ῥωμαίους θέμενοι, 6
διεξῄεσαν τὰ ἐν τῇ Σκυθικῇ ἔθνη χειρούμενοι καὶ πόλεμον πρὸς Σο-
ρόσγους συνεστήσαντο.

---

1 ante ἔθνει circiter III litterae in ras. (fort. σὺν) P1 | αἰρομένῳ] αἱρουμένους **ω**: αἰρομένους Nieb.-Bekk. (in l.): αἱρουμένους Dind. de B. (cf. Dind. Praef. p. LXVII): corr. (in app. tantum) Nieb. **5** τριακόσια P1 **6** ἐσπένδοντο] ἐσπεύδοντο B1M1(ac.)P1 **7** ὁμώσαντες P1 **9** ῥωμαίοις **ω**: corr. Hoesch. **10** Καρσῷ] καιρῷ E1 **13** ἀττίλαν B1M1

ΕΚ ΤΩΝ ΠΡΙΣΚΟΥ ΠΟΛΙΟΡΚΙΑΙ

Exc. **1a** *Ἐκ τῶν Πρίσκου· πολιορκία πόλεως Νοβιδούνου.* Οὐάλιψ, ὁ
πάλαι τοὺς Ῥούβους τοῖς Ῥωμαίοις ἐπαναστήσας τοῖς ἑῴοις, καταλα-
βὼν Νοβίδουνον, πόλιν πρὸς τῇ ὄχθῃ κειμένην τοῦ ποταμοῦ, τινάς τε
τῶν πολιτῶν διεχειρίσατο καὶ, σύμπαντα τὰ ἐν τῷ ἄστει ἀθροίσας
χρήματα, κατατρέχειν τὴν Θρᾳκῶν καὶ Ἰλλυριῶν παρεσκευάζετο με-
2 τὰ τῶν νεωτερίζειν σὺν αὐτῷ ἑλομένων. Τῆς δὲ παραστησομένης αὐτὸν πεμφθείσης ἐκ βασιλέως δυνάμεως, τειχήρης οὖν γενόμενος, τοὺς
πολιορκοῦντας ἐκ τῶν περιβόλων ἠμύνετο, ἐφ᾽ ὅσον αὐτῷ τε καὶ τοῖς
3 ἀμφ᾽ αὐτὸν οἷά τε ἦν καρτερεῖν. Ἡνίκα γὰρ ἀπηγορεύοντο πόνῳ δια-
δοχῆς τὸ Ῥωμαικὸν μάχεσθαι πλῆθος, ἐς τὰς ἐπάλξεις τοὺς παῖδας
τῶν αἰχμαλώτων ἱστῶντες, τὴν τῶν ἐναντίων βελῶν ἐπεῖχον φοράν·
φίλοι γὰρ τῶν Ῥωμαικῶν παίδων, οἱ στρατιῶται οὔτε ἔβαλλον εἰς
4 τοὺς ἐπὶ τοῦ τείχους οὔτε ἠκόντιζον. Καὶ οὕτως αὐτῷ τριβομένου
τοῦ χρόνου, ἐπὶ συνθήκαις ἡ πολιορκία ἐλύετο.

Exc. 1a In excerpta ms. Parisini graeci suppl. 607 (Pa607) servatum. Exc. de strateg., *Poliorcetica*, p. 304 Wescher = Fr. **1**a Müll. *FHG* V p. 24 = Dind. *HGM* I p. 278 = **1**a Bornm. pp. **11/2** = 5 Blockl. p. 228.

Exc. 1a,1] cf. Suid. T 458, Τειχήρεις (I 4, p. 536 Adler); A 3**145** Ἀπηγόρευον (I **1**, p. 282 Adler).

---

3 Νοβιδούνου] ΟΒΙΔΟΥΝΑΙ Pa607: corr. Müll. (qui urbem Novas in Moesia inferiore putabat) Bornm. Blockl. (qui Noviodunum in Scythia Minore maluit) **5** Νοβίδουνον] οβιδουνον Pa607: corr. Müll. Bornm. Blockl. **8** αὐτὸν] αὐτῶν Pa607: corr. Müll. **9** τειχήρης οὖν γενόμενος Suid.: τειχρησ γενομενη^{οι}σ Pa607 **10** ἐφ᾽ ὅσον] ἐφοσόν Pa607: corr. Wescher **16** ἡ πολιορκία] ἣ πολιορκίαισ Pa607: corr. Wescher

Exc. **1b** *Ἐκ τῶν Πρίσκου· Ναϊσσοῦ πολιορκία.*

Ἐπολιόρκουν οἱ Σκύθαι τὴν Ναϊσσόν· πόλις δὲ αὕτη τῶν Ἰλλυριῶν ἐπὶ 1
†Δανούβα κειμένη ποταμῷ. Κωνσταντῖνον αὐτῆς εἶναι οἰκιστήν φα-
σιν, ὃς καὶ τὴν ὁμώνυμον ἑαυτῷ πόλιν ἐπὶ τῷ Βυζαντίῳ ἐδείματο. 2
Οἷα δὴ οὖν πολυάνθρωπόν τε πόλιν αἱρήσειν οἱ βάρβαροι μέλλοντες
καὶ ἄλλως ἐρυμνήν, διὰ πάσης ἐχώρουν πείρας. Τῶν δὲ ἀπὸ τοῦ ἄ- 3
στεως οὐ θαρρούντων ἐπεξιέναι πρὸς μάχην, τὸν ποταμὸν ὥστε ῥᾳδίαν εἶναι πλήθει τὴν διάβασιν ἐγεφύρωσαν κατὰ τὸ μεσημβρινὸν μέρος, καθ᾽ ὃ καὶ τὴν πόλιν παραρρεῖ, καὶ μηχανὰς τῷ περιβόλῳ προσῆγον, πρῶτον μὲν δοκοὺς ἐπὶ τροχῶν κειμένας διὰ τὸ πρόχειρον αὐτῶν εἶναι τὴν προσαγωγήν, αἷς ἐφεστῶτες ἄνθρωποι ἐς τοὺς ἀπὸ τῶν
ἐπάλξεων ἀμυνομένους ἐτόξευον, τῶν ἐξ ἑκατέρας κεραίας ἑστώτων
ἀνδρῶν ὠθούντων τοῖς ποσὶ τοὺς τροχοὺς καὶ προσαγόντων ὅπῃ καὶ
δέοι τὰς μηχανάς, ὡς ἂν εἴη βάλλειν ἐπίσκοπα διὰ τῶν ἐν ταῖς ἐφε-
στρίσι πεποιημένων θυρίδων· ὥστε γὰρ ἐν τοῖς ἐπὶ τῆς δοκοῦ ἀνδράσιν ἀκίνδυνον εἶναι τὴν μάχην, λύγοις διαπλόκοις ἐκαλύπτοντο, δέρ-
ρεις καὶ διφθέρας ἐχούσαις, κώλυμα τῶν τε ἄλλων βελῶν καὶ ὅσα ἐπὶ
σφᾶς πυρφόρα ἐκπέμποιτο. Πολλῶν δὲ τῷ τρόπῳ τούτῳ ἐπιτειχι- 4
σθέντων ὀργάνων τῇ πόλει, ὥστε διὰ πλῆθος βελῶν ⟨ἐν⟩δοῦναι καὶ

Exc. 1b In excerpta ms. Parisini graeci suppl. 607 (Pa607) servatum. Exc. de strateg., *Poliorcetica*, pp. 305/6 Wescher = Fr. **1b** Müll. *FHG* V pp. 25/6 = Dind. *HGM* I pp. 278/9 = **1**b Bornm. pp. **12**/4 = 6,2 Blockl. pp. 230/2.

Exc. 1b,1] De priscana imitatio cf. Thompson **1**945; Bornmann **1**974; Blockley 1972, pp. **18**/27; id. I p. 54. **2** Ἐπολιόρκουν… τῶν] Dexipp. frg. 29, **1** Jacoby. **3** Κωνσταντῖνον…4 ἐδείματο] cf. id., frg. 27, **1** Jacoby. **9** μηχανὰς… προσῆγον] Thuc. II 76, 4; Dexipp. frg. 29, **1** Jacoby. **14** βάλλειν ἐπίσκοπα] Hdt. III 35, 4. | βάλλειν… 16 ἐκαλύπτοντο] cf. Dexipp. frg. 29, 3/4 Jacoby, (= Suid. sv. Ἐφεστρίς I 2, p. 484 Adler) ἐξ ὧν οἱ τοξόται ταῖς ἐφεστρίσι καλυπτόμενοι βάλλουσι τοὺς ἐπὶ τῶν τειχῶν. **15** θυρίδων] Dexipp. frg. 29, 3 Jacoby. | ὥστε… 16 μάχην] Thuc. II 75, 5. **16** δέρρεις… 17 διφθέρας] Thuc. II 75, 5. **17** κώλυμα] Dexipp. frg. 29, **1**. | ὅσα… 18 πυρφόρα] cf. Dexipp. frg. 29, 2; πυρφόρα Thuc. II 75, 5

---

2 Ναϊσσόν] αἴσσον Pa607: corr. Wescher **3** Δανούβα Pa607: excerptori errorem tribuit Müll. **9** παραρρεῖ] παραρει Pa607: corr. Wescher **16** λύγοις] αὐτοῖς Pa607: corr. Müll. **19** δοῦναι Pa607: corr. Müll.

ὑποχωρῆσαι τοὺς ἐπὶ τῶν ἐπάλξεων, προσήγοντο καὶ οἱ καλούμενοι κριοί· μεγίστη δὲ ἄρα καὶ ἥδε ἡ μηχανή, δοκὸς ἐκ ξύλων πρὸς ἄλληλα νευόντων χαλαραῖς ἀπῃωρημένη ἁλύσεσιν, ἐπιδορατίδα καὶ προκαλύμματα, ὃν εἴρηται τρόπον, ἔχουσα ἀσφαλείας ἕνεκα τῶν ἐργα-
5 ζομένων. Καλῳδίοις γὰρ ἐκ τῆς ὄπισθεν κεραίας εἷλκον βιαίως ἄνδρες αὐτὴν εἰς τὸ ἐναντίον τοῦ δεξομένου τὴν πληγὴν καί, μετὰ ταῦτα, ἠφίεσαν, ὥστε τῇ τε ῥύμῃ πᾶν τὸ ἐμπῖπτον τοῦ τείχους ἀφανίζε-
6 σθαι μέρος. Οἱ δὲ ἀπὸ τῶν τειχῶν ἀμυνόμενοι ἁμαξιαίους λίθους, πρὸς τοῦτο ἤδη παρεσκευασμένους, ἡνίκα τῷ περιβόλῳ προσαχθείη τὰ ὄργανα ἐνέβαλλον· καί τινα μὲν αὐτοῖς ἀνδράσι συνέτριψαν, πρὸς
7 δὲ τὸ πλῆθος οὐκ ἀντήρκουν τῶν μηχανῶν. Καὶ γὰρ δὴ προσῆγον καὶ κλίμακας ὥστε, πῃ μὲν ἐκ τῶν κριῶν λυθέντος τοῦ τείχους, πῃ δὲ τῶν ἐν ταῖς ἐπάλξεσι βιαζομένων ὑπὸ τοῦ πλήθους τῶν μηχανῶν, ἁλῶναι τὴν πόλιν, τῶν βαρβάρων ἐσφρησάντων κατὰ τὸ ῥαγὲν τὸ πε-
8 ριβόλου μέρος ἐκ τῆς τοῦ κριοῦ πληγῆς. Τοῦτο δὲ καὶ διὰ τῶν κλιμάκων, αἳ τῷ μήπω πεσόντι τοῦ τείχους προσήγοντο. [*Prisci excerptorum de obsidionibus finis*]

---

20 προσήγοντο…21 μηχανή] Thuc. II 76, 4; cf. IV 100, 2. **21** δοκὸς] Thuc. II 76, 4; **22** νευόντων] cf. Thuc. IV 100, 2. | χαλαραῖς…ἁλύσεσιν] Thuc. II 76, 4; cf. IV 100, 2. | προκαλύμματα] Thuc. II 75, 5. **23** ἀσφαλείας…ἐργαζομένων] Thuc. II 75, 5; cf. III 22, 2. **24** ἐκ…κεραίας] cf. ἀπὸ τῆς κεραίας Thuc. IV 100, 2. | εἷλκον] cf. ἀνελκύσαντες Thuc. II 76, 4. | βιαίως] cf. Thuc. III 23, 4? **26** ἠφίεσαν…ἐμπῖπτον] Thuc. II 76, 4 | τὸ…ἀφανίζεσθαι] Thuc. II 75, 6 **27** ἁμαξιαίους λίθους] Xen. *Hell.* II 4, 27; Dexipp. frg. 27, 6. **28** πρὸς…παρεσκευασμένους] cf. Thuc. III 22, 8. **29** τινα…συνέτριψαν] Dexipp. frg. 27, 6. **30** ἀντήρκουν] Dexipp. frg. 29, 2. **32** ἁλῶναι] cf. Thuc. IV 100, 4?

---

5 Καλῳδίοις] καλοδίοις Pa607: corr. Wescher **7** ῥύμῃ] τύμῃ Pa607: corr. Müll. **16** τῷ] των̶ Pa607: τῷ Wescher

Exc. 2 *Ὅτι* τῶν Σκυθῶν κατὰ τὸν τῆς πανηγύρεως καιρὸν καταστρα- a.441
τηγησάντων Ῥωμαίους καὶ πολλοὺς ἀνελόντων, οἱ Ῥωμαῖοι ἐπέστελ-
λον πρὸς τοὺς Σκύθας, ἐν αἰτίᾳ σφᾶς ποιούμενοι τῆς τοῦ φρουρίου
αἱρέσεως ἕνεκεν καὶ τῆς τῶν σπονδῶν ὀλιγωρίας. Οἱ δὲ ἀπεκρίναντο 2
ὡς οὐκ ἀρξάμενοι ἀλλ᾽ἀμυνόμενοι ταῦτα δράσειαν· τὸν γὰρ τῆς
Μάργου ἐπίσκοπον, εἰς τὴν αὐτῶν διαβεβηκότα γῆν καὶ διερευνησά-
μενον τὰς παρὰ σφίσι βασιλείους θήκας, σεσυληκέναι τοὺς ἀποκειμέ-
νους θησαυρούς. Καὶ εἰ μὴ τοῦτον ἐκδοῖεν, ἐκδοῖεν δὲ καὶ τοὺς φυ- 3
γάδας κατὰ τὰ ὑποκείμενα (εἶναι γὰρ παρὰ Ῥωμαίοις πλείστους) τὸν
πόλεμον ἐπάξειν. Ῥωμαίων δὲ τὴν αἰτίαν οὐκ ἀληθῆ φαμένων εἶναι, 4
ἐν τοῖς σφετέροις λόγοις τὸ πιστὸν οἱ βάρβαροι θέμενοι, κρίσεως μὲν
τῶν ἀμφιβόλων κατωλιγώρουν, πρὸς πόλεμον δὲ ἐτράπησαν καί, περαιωθέντες τὸν Ἴστρον, πόλεις καὶ φρούρια πλεῖστα ἐπὶ τῷ ποταμῷ
ἐκάκωσαν, ἐν οἷς καὶ τὸ Βιμινάκιον εἷλον· πόλις δὲ αὕτη τῶν ἐν Ἰλλυριοῖς Μυσῶν.
Ὧν γινομένων καί τινων λογοποιούντων ὡς ὁ τῆς Μάργου ἐπίσκοπος 5
ἐκδοθείη, ὥστε μὴ ἑνὸς ἀνδρὸς πέρι τῷ παντὶ Ῥωμαίων τὸν ἐκ τοῦ
πολέμου ἐπαχθῆναι κίνδυνον, ὑποτοπήσας ὁ ἄνθρωπος ἐκδοθήσε-
σθαι, λαθὼν τοὺς ἐν τῷ ἄστει, πρὸς τοὺς πολεμίους παραγίνεται καὶ
αὐτοῖς παραδώσειν ὑπισχνεῖται τὴν πόλιν εἴ γε ἐπιεικές τι οἱ τῶν
Σκυθῶν βουλεύσαιντο βασιλεῖς. Οἱ δὲ ἔφασαν πάντα ποιήσειν τὰ ἀ- 6
γαθά, εἰ τὴν αὐτοῦ ἄγοι ἐς ἔργον ὑπόσχεσιν· δεξιῶν τε καὶ ὅρκων ἐπὶ
τοῖς εἰρημένοις δοθέντων μετὰ βαρβαρικῆς πολυπληθίας, ἐς τὴν Ῥωμαικὴν ἐπάνεισι γῆν καὶ ταύτην προλοχίσας ἀντικρὺ τῆς ὄχθης,
νυκτὸς διανίστησιν ἐκ συνθήματος καὶ ὑπὸ τοῖς ἀντιπάλοις τὴν πόλιν

Exc. 2 In ELG (A et descriptis) servatum. Frg. 2 Müll. *FHG* IV pp. 72/3 = Dind. *HGM* I pp. 280/1 = ELG exc. **1**, pp. 575/6 de B. = 2 Bornm. pp. 14/5 = 6,1 Blockl. p. 230.

Exc. 2,4 Οἱ…5 δράσειαν] Thuc. I 144, 2 (Bornm. 1975, p. 37) | Οἱ…8 θησαυρούς] cf. Thuc. I 144, 2 (Bornmann 1975, p. 37). **9** κατὰ…ὑποκείμενα] cf. Polyb. XV 8, 13 (Maltese 1977, pp. 263/4). **12** πρὸς…ἐτράπησαν] cf. Thuc. VI 1, 3; 5, 4; 6, 2 et saepe. **25** διανίστησιν…συνθήματος] cf. Hdt. VI 121, 1.

4 ἀποκρίναντο A: corr. B2 Hoesch. **20** ἐπιεικές] εἰπιεικές A: corr. B2 Hoesch. **24** ἐπάνεισι] ἐπανίησι A: corr. Nieb.-Bekk.

7 ποιεῖ. Δῃωθείσης δὲ τῆς Μάργου τὸν τρόπον τοῦτον, ἐπὶ μεῖζον ηὐξήθη τὰ τῶν βαρβάρων πράγματα.

a.447in. Exc. **3** *Ὅτι ἐπὶ Θεοδοσίου τοῦ μικροῦ βασιλέως* Ἀττήλας *ὁ τῶν Οὔννων βασιλεύς,* τὸν οἰκεῖον στρατὸν ἀγείρας, γράμματα στέλλει παρὰ τὸν βασιλέα τῶν τε φυγάδων καὶ τῶν φόρων πέρι, ὅσοι προφάσει τοῦδε τοῦ πολέμου οὐκ ἐδέδοντο, τὴν ταχίστην οἱ ἐκπέμπεσθαι παρακελευόμενος· συντάξεως δὲ ἕνεκα μέλλοντος φόρου παρ᾽αὐτὸν πρέσβεις τοὺς διαλεξομένους ἀφικνεῖσθαι, ὡς εἰ μελλήσειαν ἢ πρὸς πόλεμον ὁρμήσειαν, οὐδὲ αὐτὸν ἔτι ἐθέλοντα τὸ Σκυθικὸν ἐφέξειν πλῆθος.

2 Ταῦτα ἀναγνόντες, οἱ ἀμφὶ τὰ βασίλεια οὐδαμῶς τοὺς παρὰ σφᾶς καταφυγόντας ἐκδώσειν ἔφασαν, ἀλλὰ σὺν ἐκείνοις τὸν πόλεμον ὑποστήσεσθαι· πέμψειν δὲ πρέσβεις τοὺς τὰ διάφορα λύσοντας.

3 Ὡς δὲ τῷ Ἀττήλᾳ τὰ δεδογμένα Ῥωμαίοις ἠγγέλλετο, ἐν ὀργῇ τὸ πρᾶγμα ποιούμενος, τὴν Ῥωμαικὴν ἐδῄου γῆν καί, φρούριά τινα καθελών, τῇ Ῥατιαρίᾳ προσέβαλλε, μεγίστῃ καὶ πολυανθρώπῳ.

a.450 Exc. **3a** *Ὡσαύτως δὲ καὶ ὁ Ἀττήλας τελευτᾷ καταφορᾷ αἵματος διὰ τῶν ῥινῶν ἐνεχθεὶς νυκτὸς μετὰ Οὔννας παλλακίδος αὐτοῦ*

Exc. 3 In ELG (A et descriptis) servatum. Frg. 3 Müll. *FHG* IV p. 73 = Dind. *HGM* I p. 281 = ELG exc. 2, p. 576 de B. = 3 Bornm. p. **16** = 9,**1** Blockl. p. 234.
Exc. 3a In *Chron. Pasch.* p. 588 Dindorf servatum; cf. (cum vv.ll.) Joh. Mal. **14**, **10** pp. 279/281 Thurn; Theoph. *Chron. AM* 5937; Suid. Θ 145, Κ 2776; Nic. Call. *hist. eccl.* XIV 57. Frg. 3a Müll. *FHG* IV p. 73 = Dind. *HGM* I p. 282 = 3a Bornm. pp. **16/7** = cf. **21**,**1** + 8 (Joh. Malal. = frg. dubium 60* Carolla) Blockl. pp. 308 + 234.

---

26 Δῃωθείσης…τοῦτον] cf. Hdt. III 39, 3; Thuc. I **10**. **Exc. 3,5** μέλλοντος] cf. Maltese 1977, pp. 264/7. **11** τοὺς…λύσοντας] cf. Thuc. I 78, 4. **Exc. 3a,1** Ὡσαύτως…4 Θρᾷξ] Joh. Malal. *chron.*, **14**, **10**, p. 279, 59-62 Thurn: Ὡσαύτως δὲ καὶ ὁ Ἀττιλᾶς ἐτελεύτησεν, καταφορὰ αἵματος διὰ τῶν ῥινῶν ἐνεχθεῖσα νυκτός, μετὰ Οὔννας παλλακίδος αὐτοῦ καθεύδων· ἥτις κόρη καὶ ὑπενοήθη, ὅτι αὐτὴ αὐτὸν ἀνεῖλεν.
Περὶ οὗ πολέμου συνεγράψατο ὁ σοφώτατος Πρίσκος ὁ Θρᾷξ.

---

7 μέλλοντος A: corrupt. putabant Nieb.-Bekk. Müll. Dind. deB.: ⟨τοῦ⟩ Malt. p. 267 | παρ᾽αὐτὸν] παραυτόν A: corr. B2Hoesch. **8** μελλήσειαν ἢ] μελλήσειεν A: corr. Bekk. **9** ὁρμήσειαν] ὁρμήσειαν A: corr. Bekk. **14** τὸ] τὰ A: corr. B2Hoesch.

καθεύδων, ἥτις κόρη καὶ ὑπενοήθη ὅτι αὐτὴ ἀνεῖλεν αὐτόν· περὶ οὗ πολέμου συνεγράψατο ὁ σοφώτατος Πρίσκος ὁ Θρᾴξ.
Λέγει ὅτι Κῦρος προεβλήθη ἐν Κωνσταντινουπόλει ἔπαρχος πραιτωρίων καὶ ἔπαρχος πόλεως. Καὶ προῄει μὲν ὡς ἔπαρχος πραιτωρίων εἰς τὴν καροῦχαν τῶν ἐπάρχων· ἀνεχώρει δὲ καθήμενος εἰς τὴν καροῦχαν τοῦ ἐπάρχου τῆς πόλεως· ἐκράτησεν γὰρ τὰς δύο ἀρχὰς ἐπὶ χρόνους τέσσαρας, διότι καθαρὸς ἦν πάνυ· καὶ αὐτὸς ἐπενόησεν τὰ ἑσπερινὰ φῶτα ἅπτεσθαι εἰς τὰ ἐργαστήρια, ὁμοίως καὶ τὰ νυκτερινά. Καὶ ἔκραξαν αὐτῷ τὰ μέρη εἰς τὸ Ἱππικὸν ὅλην τὴν ἡμέραν, Κωνσταντῖνος ἔκτισεν, Κῦρος ἀνενέωσε.
Καὶ ἐχόλησεν αὐτῷ ὁ βασιλεύς, ὅτι ταῦτα ἔκραξαν, καὶ διεδέξατο αὐτὸν δημεύσας καὶ ἐποίησεν αὐτὸν κληρικὸν καὶ ἔπεμψεν αὐτὸν ἐπίσκοπον εἰς Σμύρναν τῆς Ἀσίας· ἦσαν γὰρ οἱ τῆς πόλεως ἐκείνης ἤδη τέσσαρας ἐπισκόπους φονεύσαντες· καὶ ἵνα καὶ αὐτὸν Κῦρον ἀνέλωσιν.

Exc. **4** *Ὅτι Θεοδόσιος* ἔπεμπε Σηνάτορα, ἄνδρα ὑπατικόν, παρὰ τὸν a.447
Ἀττήλαν πρεσβευσόμενον, ὃς οὐδὲ τὸ τοῦ πρεσβευτοῦ ἔχων ὄνομα ἐθάρρησε πεζὸς παρὰ τοὺς Οὕννους ἀφικέσθαι· ἀλλ᾽ἐπὶ τὸν πόντον καὶ τὴν Ὀδυσσηνῶν ἔπλευσε πόλιν, ἐν ᾗ καὶ Θεόδουλος στρατηγὸς ἐκπεμφθεὶς διέτριβεν.

Exc. **5** *Ὅτι μετὰ τὴν ἐν Χερρονήσῳ μάχην Ῥωμαίων πρὸς Οὕννους ἐ-* a.447ex.
γίνοντο καὶ αἱ συμβάσεις, Ἀνατολίου πρεσβευσαμένου, καὶ ἐπὶ τοῖσδε ἐσπένδοντο, ὅπως ἐκδοθεῖεν μὲν τοῖς Οὕννοις οἱ φυγάδες καὶ ἓξ χιλιάδες χρυσίου λιτρῶν ὑπὲρ τῶν πάλαι συντάξεων δοθεῖεν αὐτοῖς· **2**

Exc. 4 In ELR (E1CM1B1P1) servatum. Frg. 4 Müll. *FHG* IV p. 74 = Dind. *HGM* I p. 282 = ELR exc. 2, p. 122 de B. = 4 Bornm. pp. 17/8 = 9,2 Blockl. p. 236. **Exc. 5** In ELG (A et descriptis) servatum. Frg. 5 Müll. *FHG* IV pp. 74/5 = Dind. *HGM* I pp. 282/5 = ELG exc. 3, pp. 576/8 de B. = 5 Bornm. pp. 18/21 = 9,3 Blockl. pp. 236/40.

---

5 Λέγει... **17** ἀνέλωσιν] V. infra Frg. 60* Joh. Malal. *chron.*, 14, 16, pp. 281/2 Thurn. **Exc. 5,1** ἐγίνοντο... **2** συμβάσεις] cf. Thuc. III 28, 2.

---

4 προῄει...ὡς] προειημένος V: προειρημένος P: corr. Dind. **9** καὶ Κωνσταντῖνος P **11** ἐχώλεσεν P: ἐχόλεσεν V: corr. Dind. **19** τὴν] τῶν C | ὀδυσσηνῶν **ω**: Ὀδησσηνῶν Nieb.-Bekk. Müll. Dind.: restit. de B. Bornm., Proc. *aed.* IV **11**, 20 et Theoph. (p. 359, 9 de B.) collatis.

φόρον δὲ ἔτους ἑκάστου δισχιλίας καὶ ἑκατὸν λίτρας χρυσοῦ σφίσιν
3 τεταγμένον εἶναι· ὑπὲρ δὲ αἰχμαλώτου Ῥωμαίου φεύγοντος καὶ ἐς τὴν
σφετέραν γῆν ἄνευ λύτρων διαβαίνοντος δώδεκα χρυσοῦς εἶναι ἀποτίμησιν, μὴ καταβάλλοντας δὲ τοὺς ὑποδεχομένους ἐκδιδόναι τὸν
φεύγοντα· μηδένα δὲ βάρβαρον Ῥωμαίους κατὰ σφᾶς φεύγοντα δέ-
4 χεσθαι. Ταύτας προσεποιοῦντο μὲν ἐθελονταὶ Ῥωμαῖοι τὰς συνθήκας
τίθεσθαι.
5 Ἀνάγκῃ δέ, ὑπερβάλλοντι δέει, ὅπερ κατεῖχε τοὺς σφῶν ἄρχοντας,
πᾶν ἐπίταγμα, καίπερ ὂν χαλεπόν, τυχεῖν τῆς εἰρήνης ἐσπουδακότες,
ἠσμένιζον καὶ τὴν τῶν φόρων σύνταξιν, βαρυτάτην οὖσαν, προσίεν-
το, τῶν χρημάτων αὐτοῖς καὶ τῶν βασιλικῶν θησαυρῶν οὐκ εἰς δέον
ἐκδεδαπανημένων, ἀλλὰ περὶ θέας ἀτόπους καὶ φιλοτιμίας οὐκ εὐλό-
γους καὶ ἡδονὰς καὶ δαπάνας ἀνειμένας, ἃς οὐδεὶς τῶν εὖ φρονούν-
των οὐδὲ ἐν εὐπραγίαις ὑποσταίη· μήτι γε δὴ οἱ τῶν ὅπλων ὀλιγωρή-
σαντες, ὥστε μὴ μόνον Σκύθαις, ἀλλὰ γὰρ καὶ τοῖς λοιποῖς βαρβάροις, τοῖς παροικοῦσι τὴν Ῥωμαίων, ὑπακούειν ἐς φόρου ἀπαγωγήν.
6 Τούτων τῶν συντάξεων καὶ τῶν χρημάτων πέρι, ἅπερ ἔδει τοῖς Οὔννοις ἐκπέμπεσθαι, συνεισφέρειν πάντας ἠνάγκασαν, δασμὸν εἰσπραττομένους καὶ τοὺς κατὰ χρόνον τινὰ τὴν βαρυτάτην κουφισθέν-
τας τῆς γῆς ἀποτίμησιν, εἴτε δικαστῶν κρίσει, εἴτε βασιλέων φιλοτιμί-
7 αις. Συνεισέφερον δὲ ῥητὸν χρυσίον καὶ οἱ ἐν τῇ γερουσίᾳ ἀναγε-
γραμμένοι ὑπὲρ τῆς σφῶν αὐτῶν ἀξίας καὶ ἦν πολλοῖς ἡ λαμπρὰ τύχη βίου μεταβολή· ἐσεπράττοντο γὰρ μετὰ αἰκισμῶν ἅπερ ἕκαστον ἀ-
πεγράψαντο οἱ παρὰ βασιλέως τοῦτο ποιεῖν ἐπιτεταγμένοι, ὥστε τὸν
κόσμον τῶν γυναικῶν καὶ τὰ ἔπιπλα τοὺς πάλαι εὐδαίμονας προτιθέ-
8 ναι ἐν ἀγορᾷ. Τοῦτο μὲν μετὰ τὸν πόλεμον τὸ κακὸν Ῥωμαίους ἐδέξατο, ὥστε πολλούς, ἢ ἀποκαρτερήσαντας ἢ βρόχων ἀψαμένους, τὸν
βίον ἀπολιπεῖν· τοτε δέ, ἐκ τοῦ παραχρῆμα τῶν θησαυρῶν ἐξαντλη-
θέντων, τό τε χρυσίον καὶ οἱ φυγάδες ἐπέμποντο, Σκόττα ἐπὶ ταύτην
τὴν πρᾶξιν ἀφιγμένου, ὧν πλείστους Ῥωμαῖοι ἀπέκτειναν
ἀπειθοῦντας πρὸς τὴν ἔκδοσιν, ἐν οἷς καὶ τῶν βασιλικῶν ὑπῆρχον

---

20 ἐς…ἀπαγωγήν] Hdt. I 6, 2; 27, **1**; II 182, 2.

---

8 δέ] ⟨καὶ⟩ Nieb. (in app. tantum propos.) **11** εἰς] εἰς τὰ A, ubi lineola ad secludend.: εἰς B2Hoesch. **18** ἠναγκάσαν AB2: ἠναγκάσαι M2: ἠνάγκασε Hoesch.: corr. Nieb. (in app. tantum) **21** δὲ] καὶ **ω**: corr. Bekk. (in app. tantum) **22** ἦν…τύχη] ἐν πολλοῖς aut τῇ λαμπρᾷ τύχῃ fort. scribendum

Σκυθῶν οἵ, ὑπὸ Ἀττήλᾳ τάττεσθαι ἀνηνάμενοι, παρὰ Ῥωμαίους ἀφίκοντο. Τοῖς δὲ αὐτοῦ ὁ Ἀττήλας προστιθεὶς ἐπιτάγμασι, καὶ Ἀση- 9
μουντίους ἐκέλευσεν ἐκδιδόναι ὅσους αἰχμαλώτους ὑπῆρχον ἔχοντες,
εἴτε Ῥωμαίους εἴτε βαρβάρους.
Ἀσημοῦς δέ ἐστι φρούριον καρτερόν, οὐ πολὺ μὲν ἀπέχον τῆς Ἰλλυρί- 10
δος, τῷ δὲ Θρᾳκίῳ προσκείμενον μέρει, ὅπερ οἱ ἐνοικοῦντες ἄνδρες
πολλὰ δεινὰ τοὺς ἐχθροὺς εἰργάσαντο, οὐκ ἀπὸ τειχῶν ἀμυνόμενοι,
ἀλλ' ἔξω τῆς τάφρου μάχας ὑφιστάμενοι πρός τε ἄπειρον πλῆθος καὶ
στρατηγούς, μέγιστον παρὰ Σκύθαις ἔχοντας κλέος, ὥστε τοὺς μὲν
Οὔννους ἀπορρεύσαντας τοῦ φρουρίου ὑπαναχωρῆσαι, τοὺς δὲ
ἐπεκτρέχοντας καὶ περαιτέρω τῶν οἰκείων γινομένους, ἡνίκα ἀπήγ-
γελλον αὐτοῖς οἱ σκοποὶ διιέναι τοὺς πολεμίους, λείαν Ῥωμαικὴν
ἀπάγοντας, ἀδοκήτοις τε ἐμπίπτειν καὶ σφέτερα τὰ ἐκείνων ποιεῖσθαι
λάφυρα, πλήθει μὲν λειπομένους τῶν ἀντιπολεμούντων, ἀρετῇ δὲ καὶ
Ῥώμῃ διαφέροντας. Πλείστους τοίνυν οἱ Ἀσημούντιοι ἐν τῷδε τῷ πο- 11
λέμῳ Σκύθας μὲν ἀπέκτειναν, Ῥωμαίους δὲ ἠλευθέρωσαν, τοὺς δὲ
καὶ ἀποδράσαντας τῶν ἐναντίων ἐδέξαντο. Οὐκ ἀπάγειν οὖν ἔφη ὁ 12
Ἀττήλας τὸν στρατόν, οὐδὲ ἐπικυροῦν τὰς τῆς εἰρήνης συνθήκας, εἰ
μὴ ἐκδοθεῖεν οἱ παρ' ἐκείνους καταφυγόντες Ῥωμαῖοι, ἢ καὶ ὑπὲρ αὐτῶν δοθεῖεν ἀποτιμήσεις, ἀφεθείησαν δὲ καὶ οἱ παρὰ Ἀσημουντίων
ἀπαχθέντες αἰχμάλωτοι βάρβαροι. Ἀντιλέγειν δὲ αὐτῷ ὡς οὐχ οἷός τε 13
ἦν οὔτε Ἀνατόλιος πρεσβευόμενος, οὔτε Θεόδουλος, ὁ τῶν στρατιωτῶν τῶν κατὰ τὸ Θράκιον ταγμάτων ἡγούμενος· οὔτε γὰρ ἔπειθον,
οὔτε τὰ εὔλογα προτείνοντες (τοῦ μὲν γὰρ βαρβάρου τεθαρρηκότος
καὶ προχείρως ἐς τὰ ὅπλα ὁρμῶντος, αὐτῶν δὲ κατεπτηχότων διὰ τὰ
προϋπάρξαντα), γράμματα παρὰ τοὺς Ἀσημουντίους ἔστελλον, ἢ ἐκδιδόναι τοὺς παρ' αὐτοὺς καταφυγόντας αἰχμαλώτους Ῥωμαίους, ἢ
ὑπὲρ ἑκάστου δώδεκα τιθέναι χρυσοῦς, διαφεθῆναι δὲ καὶ τοὺς αἰχμαλώτους Οὔννους.
Οἱ δέ, τὰ αὐτοῖς ἐπεσταλμένα ἀναγνόντες, ἔφασαν τοὺς μὲν παρ' αὐ- 14
τοὺς καταφυγόντας Ῥωμαίους ἀφεῖναι ἐπ' ἐλευθερίᾳ, Σκύθας δέ, ὅ-

11 ἐπ' ἐκτρέχοντας A: corr. Hoesch. | ἀπέγγελον A: corr. B2Hoesch. **16** τοὺς] τὰς A: corr. B2Hoesch. **22** στρατιωτῶν] στρατιωτικῶν Nieb. Bekk. **24** εὐλογαπροτείνοντες A: corr. B2Hoesch. **26** ἢ] ὡς add. Nieb. (in app. tantum) **28** διαφεθῆναι] δεῖ, ἀφεθῆναι Nieb. (in app. tantum) **30** παρ' αὐτοῖς A: corr. Hoesch.

σους αἰχμαλώτους ἔλαβον, ἀνῃρηκέναι· δύω δὲ συλλαβόντας ἔχειν,
διὰ τὸ καὶ τοὺς πολεμίους, μετὰ τὴν γενομένην ἐπὶ χρόνον πολιορκίαν ἐξ ἐνέδρας ἐπιθεμένους, τῶν πρὸ τοῦ φρουρίου νεμόντων παίδων ἁρπάσαι τινάς, οὓς εἰ μὴ ἀπολάβοιεν, οὐδὲ σφᾶς τοὺς νόμῳ πολέμου κτηθέντας ἀποδώσειν.
15 Ταῦτα ἀπαγγειλάντων τῶν παρὰ τοὺς Ἀσημουντίους ἀφιγμένων, τῷ
τε Σκυθῶν βασιλεῖ καὶ τοῖς Ῥωμαίοις ἄρχουσιν ἐδόκει μὲν ἀναζητεῖσθαι οὓς οἱ Ἀσημούντιοι ἔφασαν ἡρπάσθαι παῖδας· οὐδενὸς δὲ φανέντος, οἱ παρὰ τοῖς Ἀσημουντίοις βάρβαροι ἀπεδόθησαν, πίστεις
16 τῶν Σκυθῶν δόντων ὡς παρ᾽ αὐτοῖς οἱ παῖδες οὐκ εἴησαν. Ἐπωμνύον-
το δὲ καὶ οἱ Ἀσημούντιοι ὡς οἱ παρὰ σφᾶς καταφυγόντες Ῥωμαῖοι
ἐπ᾽ ἐλευθερίᾳ ἀφείθησαν. Ὤμνυον δέ, καίπερ παρὰ σφίσιν ὄντων Ῥω-
μαίων· οὐ γὰρ ἐπίορκον ᾤοντο ὅρκον ὀμνύναι, ἐπὶ σωτηρίᾳ τῶν ἐκ
τοῦ σφετέρου γένους ἀνδρῶν.

a.448 Exc. **6** *Ὅτι,* γενομένων τῶν σπονδῶν, Ἀττήλας αὖθις παρὰ τοὺς ἑῴους ἔπεμψε πρέσβεις, φυγάδας αἰτῶν· οἱ δὲ τοὺς πρεσβευομένους δεξάμενοι καὶ πλείστοις δώροις θεραπεύσαντες ἀπέπεμψαν, φυγάδας
μὴ ἔχειν φήσαντες.
2 Ὁ δὲ πάλιν ἑτέρους ἔπεμψε· χρηματισαμένων δὲ καὶ αὐτῶν, τρίτη πα-
3 ρεγένετο πρεσβεία καὶ τετάρτη μετ᾽ αὐτήν. Ὁ γὰρ βάρβαρος, ἐς τὴν
Ῥωμαίων ἀφορῶν φιλοτιμίαν, ἣν ἐποιοῦντο εὐλαβείᾳ τοῦ μὴ παρα-
βαθῆναι τὰς σπονδάς, ὅσους τῶν ἐπιτηδείων εὖ ποιεῖν ἐβούλετο
ἔπεμπε παρ᾽ αὐτούς, αἰτίας τε ἀναπλάττων καὶ προφάσεις ἐφευρί-
4 σκων κενάς. Οἱ δὲ παντὶ ὑπήκουον ἐπιτάγματι καὶ δεσπότου ἡγοῦντο
τὸ πρόσταγμα, ὅπερ ἂν ἐκεῖνος παρεκελεύσατο· οὐ γὰρ μόνον τὸν
πρὸς αὐτὸν ἀνελέσθαι πόλεμον εὐλαβοῦντο, ἀλλὰ καὶ Παρθυαίους
ἐν παρασκευῇ τυγχάνοντας ἐδεδίεσαν καὶ Βανδήλους τὰ κατὰ θάλασσαν ταράττοντας καὶ Ἰσαύρους πρὸς τὴν λῃστείαν διανισταμέ-

---

Exc. 6 In ELG (A et descriptis) servatum. Frg. 6 Müll. *FHG* IV pp. 75/6 = Dind. *HGM* I pp. 285/6 = ELG exc. 4, p. 579 de B. = 6 Bornm. p. 22 = 10 Blockl. pp. 240/2.

---

3 ἐξενέδρας A: corr. Hoesch. **4** ἁρπᾶσαι A: corr. B2Hoesch. | νόμῳ A, ubi tamen -ᾳ videtur (sicut saepe in Darmario) **9** πείστεις A: corr. B2Hoesch. **11** ἀσημοῦντι οἱ A: corr. Hoesch. | ὧς A: corr. Hoesch. **12** ἐπ᾽ ἐλευθερίᾳ A: corr. B2Hoesch. | ὄντων] οὔ των A: corr. B2Hoesch. **19** χρῆμα τισαμένων A: corr. Hoesch. **24** κένας A: corr. B2Hoesch. **27** βανδίλους A

νους καὶ Σαρακηνοὺς τῆς αὐτῶν ἐπικρατείας τὴν ἕω κατατρέχοντας
καὶ τὰ Αἰθιοπικὰ ἔθνη συνιστάμενα. Διὸ δὲ τεταπεινωμένοι τὸν μὲν 5
Ἀττήλαν ἐθεράπευον, πρὸς δὲ τὰ λοιπὰ ἔθνη ἐπειρῶντο παρατάττε-
σθαι, δυνάμεις τε ἀθροίζοντες καὶ στρατηγοὺς χειροτονοῦντες.

Exc. 7 *Ὅτι* καὶ αὖθις Ἐδέκων ἧκε πρέσβις, ἀνὴρ Σκύθης μέγιστα κατὰ a.448ex.
πόλεμον ἔργα διαπραξάμενος, σὺν Ὀρέστῃ, ὅς, τοῦ Ῥωμαικοῦ γένους
ὤν, ᾤκει τὴν πρὸς τῷ Σάῳ ποταμῷ Παιόνων χώραν, τῷ βαρβάρῳ κατὰ τὰς Ἀετίου, στρατηγοῦ τῶν ἑσπερίων Ῥωμαίων, συνθήκας ὑπα-
κούουσαν. Οὗτος ὁ Ἐδέκων, ἐς τὰ βασίλεια παρελθών, ἀπεδίδου τὰ 2
παρὰ Ἀττήλα γράμματα, ἐν οἷς ἐποιεῖτο τοὺς Ῥωμαίους ἐν αἰτίᾳ τῶν
φυγάδων πέρι, ἀνθ' ὧν ἠπείλει ἐπὶ τὰ ὅπλα χωρεῖν εἰ μὴ ἀποδοθεῖεν
αὐτῷ καὶ ἀφέξονται Ῥωμαῖοι τὴν δοριάλωτον ἀροῦντες· εἶναι δὲ μῆκος μὲν αὐτῆς κατὰ τὸ ῥεῦμα τοῦ Ἴστρου ἀπὸ τῆς Παιόνων ἄχρι Νο-
βῶν τῶν Θρᾳκίων, τὸ δὲ βάθος πέντε ἡμερῶν ὁδόν. Καὶ τὴν ἀγορὰν 3
τὴν ἐν Ἰλλυριοῖς μὴ πρὸς τῇ ὄχθῃ τοῦ Ἴστρου ποταμοῦ γίνεσθαι, ὥσπερ καὶ πάλαι, ἀλλ' ἐν Ναϊσσῷ, ἣν ὅριον, ὡς ὑπ' αὐτοῦ δῃωθεῖσαν, τῆς
Σκυθῶν καὶ Ῥωμαίων ἐτίθετο γῆς, πέντε ἡμερῶν ὁδὸν εὐζώνῳ ἀνδρὶ
τοῦ Ἴστρου ἀπέχουσαν ποταμοῦ. Πρέσβεις δὲ ἐκέλευσε πρὸς αὐτὸν 4
ἀφικνεῖσθαι τοὺς περὶ τῶν ἀμφιβόλων διαλεξομένους, οὐ τῶν ἐπιτυ-
χόντων, ἀλλὰ τῶν ὑπατικῶν ἀνδρῶν τοὺς μεγίστους, οὓς εἰ ἐκπέμπειν εὐλαβηθεῖεν, αὐτὸν δεξάμενον σφᾶς ἐς τὴν Σερδικὴν διαβήσε-
σθαι.

Τούτων ἀναγνωσθέντων βασιλεῖ τῶν γραμμάτων, ὡς ὑπεξῆλθεν ὁ Ἐ- 5
δέκων σὺν τῷ Βιγίλᾳ ἑρμηνεύσαντι ὅσαπερ ὁ βάρβαρος ἀπὸ στόματος ἔφρασε τῶν Ἀττήλᾳ δεδογμένων καὶ ἐς ἑτέρους οἴκους παρεγένε-

---

Exc. 7 In ELG (A et descriptis) servatum. Frg. 7 Müll. *FHG* IV pp. 76/7 = Dind. *HGM* I pp. 286/9 = ELG exc. 5, pp. 579/81 de B. = 7 Bornm. pp. 23/6 = **11,1** Blockl. pp. 242/6.

Exc. 7,13 εὐζώνῳ ἀνδρὶ] v. infra Exc. 8, 5; Hdt. I 72, 3; II 34, 2; et saepissime.

---

5 πρέσβυς A: corr. Hoesch. **7** Παιόνων] παγόνων A: corr. Hoesch. **16** ἣν A: corr. Hoesch. | ὑπ' αὐτοῦ] ἐπ' αὐτοῦ A: corr. Maltese 1977, p. 273. **21** δεξάμενον A Hoesch. Ed.Par.: δεξόμενον Bekk. (in app. tantum) de B. Bornm. Blockl. | Σερδικὴν] βερδεκὴν A Hoesch.: Σαρδικὴν Ed.Par. Nieb. Müll. Dind.: corr. de B. **23** ὥς A: corr. M2Hoesch. | ὅ A: corr. Hoesch. **24** ἀποστόματος A: corr. B2M2Hoesch.

το, ὥστε αὐτὸν Χρυσαφίῳ τῷ βασιλέως ὑπασπιστῇ, οἷα δὴ τὰ μέγιστα δυναμένῳ, ἐς ὄψιν ἐλθεῖν, ἀπεθαύμασε τὴν τῶν βασιλείων οἴκων
6 περιφάνειαν. Βιγίλας δέ, ὡς τῷ Χρυσαφίῳ ἐς λόγους ἦλθεν ὁ βάρβαρος ἔλεγεν ἑρμηνεύων ὡς ἐπαινοίη ὁ Ἐδέκων τὰ βασίλεια καὶ τὸν παρὰ σφίσι μακαρίζοι πλοῦτον· ὁ δὲ Χρυσάφιος ἔφασκεν ἔσεσθαι καὶ
αὐτὸν οἴκων τε χρυσοστέγων καὶ πλούτου κύριον, εἴ γε περιίδοι μὲν
7 τὰ παρὰ Σκύθαις, ἕλοιτο δὲ τὰ Ῥωμαίων. Τοῦ δὲ ἀποκριναμένου ὡς
τὸν ἑτέρου δεσπότου θεράποντα ἄνευ τοῦ κυρίου οὐ θέμις τοῦτο
ποιεῖν, ἐπυνθάνετο ὁ εὐνοῦχος εἴ γε ἀκώλυτος αὐτῷ ἡ παρὰ τὸν Ἀτ-
8 τήλαν εἴη εἴσοδος καὶ δύναμιν παρὰ Σκύθαις ἔχοι τινά. Τοῦ δὲ ἀποκριναμένου ὡς καὶ ἐπιτήδειος εἴη τῷ Ἀττήλᾳ καὶ τὴν αὐτοῦ ἅμα τοῖς
εἰς τοῦτο ἀποκεκριμένοις λογάσιν ἐμπιστεύεται φυλακήν (ἐκ διαδο-
χῆς γὰρ κατὰ ῥητὰς ἡμέρας ἕκαστον αὐτῶν ἔλεγε μεθ᾽ὅπλων φυλάττειν τὸν Ἀττήλαν), ἔφασκεν ὁ εὐνοῦχος, εἴπερ πίστεις δέξοιτο, μέγιστα αὐτῷ ἐρεῖν ἀγαθά· δεῖσθαι δὲ σχολῆς, ταύτην δὲ αὐτῷ ὑπάρχειν,
εἴ γε παρ᾽αὐτὸν ἐπὶ δεῖπνον ἔλθοι χωρὶς Ὀρέστου καὶ τῶν ἄλλων συμ-
πρεσβευτῶν.
9 Ὑποσχόμενος δὲ τοῦτο ποιεῖν, ἐπὶ τὴν ἑστίασιν πρὸς τὸν εὐνοῦχον
παραγενόμενος καὶ ὑπὸ τῷ Βιγίλᾳ ἑρμηνεῖ δεξιᾶς καὶ ὅρκους ἔδο-
σαν, ὁ μὲν εὐνοῦχος ὡς οὐκ ἐπὶ κακῷ τῷ Ἐδέκωνι, ἀλλ᾽ἐπὶ μεγίστοις
ἀγαθοῖς τοὺς λόγους ποιήσοιτο, ὁ δὲ ὡς οὐκ ἐξείποι τὰ αὐτῷ ῥηθη-
10 σόμενα, εἰ καὶ μὴ πέρατος κυρήσοι. Τότε δὴ ὁ εὐνοῦχος ἔλεγε τῷ Ἐ-
δέκωνι, εἰ διαβὰς ἐς τὴν Σκυθικὴν ἀνέλοι τὸν Ἀττήλαν καὶ παρὰ Ῥωμαίους ἥξει, ἔσεσθαι αὐτῷ βίον εὐδαίμονα καὶ πλοῦτον μέγιστον· τοῦ
δὲ ὑποσχομένου καὶ φήσαντος ἐπὶ τῇ πράξει δεῖσθαι χρημάτων, οὐ
πολλῶν δέ, ἀλλὰ πεντήκοντα λιτρῶν χρυσίου δοθησομένων τῷ
ὑπ᾽αὐτὸν τελοῦντι πλήθει, ὥστε αὐτῷ τελείως συνεργῆσαι πρὸς τὴν
ἐπίθεσιν, καὶ τοῦ εὐνούχου τὸ χρυσίον παραχρῆμα δώσειν ὑποσχομένου, ἔλεγεν ὁ βάρβαρος ἀποπέμπεσθαι μὲν αὐτὸν ἀπαγγελοῦντα τῷ
Ἀττήλᾳ περὶ τῆς πρεσβείας, συμπέμπεσθαι δ᾽αὐτῷ Βιγίλαν, τὴν παρὰ
11 τοῦ Ἀττήλα ἐπὶ τοῖς φυγάσιν ἀπόκρισιν δεξάμενον. Δι᾽αὐτοῦ γὰρ
περὶ τοῦ αὐτοῦ χρυσίου μηνύσειν καὶ ὃν τρόπον τοῦτο ἐκπεμφθήσε-

4 ὥς A: corr. Hoesch. | παρασφίσι A: corr. B2Hoesch. **6** περῒ ἴδοι A: corr. B2Hoesch. **10** ἔχοι] ἔχειν A: ἔχει E2 (pc. m. lat.): corr. Nieb.-Bekk. **13** μεθόπλων A: corr. B2M2Hoesch. **23** ῥωμαίοις A: corr. Hoesch. **31** δεξόμενον ci. Bekk. (in app. tantum)

ται· ἀπεληλυθότα γάρ, ὥσπερ καὶ τοὺς ἄλλους, πολυπραγμονῆσαι τὸν Ἀττήλαν τίς τε αὐτῷ δωρεὰ καὶ ὁπόσα παρὰ Ῥωμαίων δέδοται χρήματα, μὴ οἷόν τε δὲ ταῦτα ἀποκρύπτειν διὰ τοὺς συμπορευομένους.

Ἔδοξε δὴ τῷ εὐνούχῳ εὖ λέγειν καί, τῆς γνώμης τὸν βάρβαρον ἀπο- 12
δεξάμενος, ἀποπέμπει μετὰ τὸ δεῖπνον καὶ ἐπὶ βασιλέα φέρει τὴν βουλήν, ὃς Μαρτιάλιον, τὴν τοῦ μαγίστρου διέποντα ἀρχήν, προσμεταπεμψάμενος ἔλεγε τὰς πρὸς τὸν βάρβαρον συνθήκας. Ἀνάγκῃ δὲ 13
ἐθαρρεῖτο τῆς ἀρχῆς· πασῶν γὰρ τῶν βασιλέως βουλῶν ὁ μάγιστρός ἐστι κοινωνός, οἷα δὴ τῶν τε ἀγγελιαφόρων καὶ ἑρμηνέων καὶ στρατιωτῶν τῶν ἀμφὶ τὴν βασιλέως φυλακὴν ὑπ᾽αὐτὸν ταττομένων.

Ἐδόκει δὲ αὐτοῖς, βουλευομένοις τῶν προκειμένων πέρι, μὴ μόνον Βι- 14
γίλαν, ἀλλὰ γὰρ καὶ Μαξιμῖνον ἐκπέμπειν πρεσβευόμενον παρὰ τὸν Ἀττήλαν.

Exc. **8** *Ὅτι τοῦ Χρυσαφίου τοῦ εὐνούχου παραινέσαντος Ἐδέκωνα ἀ-* a.449in.
νελεῖν τὸν Ἀττήλαν, ἐδόκει *τῷ βασιλεῖ Θεοδοσίῳ καὶ τῷ μαγίστρῳ Μαρτιαλίῳ,* βουλευομένοις τῶν προκειμένων πέρι, μὴ μόνον Βιγίλαν, ἀλλὰ καὶ Μαξιμῖνον ἐκπέμπειν πρεσβευόμενον παρὰ τὸν Ἀττήλαν· καὶ Βιγίλαν μέν, τῷ φαινομένῳ τὴν τοῦ ἑρμηνέως ἐπέχοντα τάξιν, πράττειν ἅπερ Ἐδέκωνι δοκεῖ, τὸν δὲ Μαξιμῖνον, μηδὲν τῶν αὐτοῖς βουλευθέντων ἐπιστάμενον, τὰ βασιλέως ἀποδιδόναι γράμματα.

Exc. 8 In ELR (E1CM1B1P1) servatum. Frg. 8 Müll. *FHG* IV pp. 77/95 = Dind. *HGM* I pp. 289/322 = ELR exc. 3, pp. 122/48 de B. = 8 Bornm. pp. 26/66 = **11**,2; **12**,1; **13**,1; **13**,3; **14** Blockl. pp. 246/78; 280; 282/6; 288; 288/294.

---

1 πολυπραγμονῆσαι A: πολυπραγμονήσειν Bekk. de B. Bornm. Blockl. **2** δέδωται A: corr. Hoesch. **8** ἀνάγκη A: corr. Bekk. **9** ἐθαρρεῖτο] ἐθάρρει τό Bekk. | μάγιστρος ἔστι AB2M2: corr. E2deB.: ἐστι om. Hoesch. Ed.Par. Nieb. Müll. **10** διὰ A: corr. Bekk. **15** Ἐδέκωνα] Ἐδέκωνι Hoesch. **16** ἀττίλαν M1 **17** βιγίλῳ **ω**: corr. Hoesch. **20** ἐδόκων E1CB1 ἐδέκων M1P1: corr. Hoesch. **21** post γράμματα

2 Ἀντεγέγραπτο δέ, τῶν πρεσβευομένων ἀνδρῶν ἕνεκα, ὡς ὁ μὲν Βιγίλας ἑρμηνεύς, ὁ δὲ Μαξιμῖνος, μείζονος ἤπερ ὁ Βιγίλας ἀξίας, γένους
τε περιφανοῦς καὶ ἐπιτήδειος ἐς τὰ μάλιστα βασιλεῖ· ἔπειτα ὡς οὐ
δεῖ, παρασαλεύοντα τὰς σπονδάς, τῇ Ῥωμαίων ἐμβατεύειν γῇ· φυγάδας δέ, μετὰ τοὺς ἤδη ἐκδοθέντας, ἑπτακαίδεκα ἀπεστάλκασι, ὡς ἑ-
3 τέρων οὐκ ὄντων. Καὶ ταῦτα μὲν ἦν ἐν τοῖς γράμμασιν· φράζειν δὲ
τὸν Μαξιμῖνον ἀπὸ στόματος τῷ Ἀττήλᾳ μὴ χρῆναι αἰτεῖν πρέσβεις
μεγίστης ἀξίας παρ᾽αὐτὸν διαβῆναι. Τοῦτο γὰρ οὐδὲ ἐπὶ τῶν αὐτοῦ
προγόνων, οὐδὲ ἐπὶ ἑτέρων τῶν ἀρξάντων τῆς Σκυθικῆς γενέσθαι,
ἀλλὰ πρεσβεύσασθαι τόν τε ἐπιτυχόντα στρατιώτην καὶ ἀγγελιαφό-
4 ρον. Εἰς δὲ τὸ διευκρινῆσαι τὰ ἀμφιβαλλόμενα, ἐδόκει πέμπειν Ὀνηγήσιον παρὰ Ῥωμαίους· μὴ οἷόν τε γὰρ αὐτὸν, Σερδικῆς δῃωθείσης,
σὺν ὑπατικῷ ἀνδρὶ ἐς αὐτὴν προϊέναι.
5 Ἐπὶ ταύτην τὴν πρεσβείαν ἐκλιπαρήσας πείθει με Μαξιμῖνος αὐτῷ
συναπᾶραι· καὶ δῆτα, ἅμα τοῖς βαρβάροις ἐχόμενοι τῆς ὁδοῦ, ἐς Σερδικὴν ἀφικνούμεθα, τρισκαίδεκα ὁδὸν ἀνδρὶ εὐζώνῳ τῆς Κωνσταντίνου ἀπέχουσαν, ἐν ᾗ καταλύσαντες καλῶς ἔχειν ἡγησάμεθα ἐπὶ ἑστί-
6 αν Ἐδέκωνα καὶ τοὺς μετ᾽αὐτοῦ βαρβάρους καλεῖν. Πρόβατα οὖν καὶ

Exc. 8,8 Ἀντεγέγραπτο δέ] cf. ἀντενεγέγραπτο δὲ τάδε (ci. Herwerden, 128, 6 collato: ἀντεπέγραπτο *CG*: ἀντεγέγραπτο *β*) Thuc. I 129, 3; **13** Καὶ…γράμμασιν] cf. Thuc. I 129 **1** τοσαῦτα μὲν ἡ γραφὴ ἐδήλου. **17** τόν…ἐπιτυχόντα] cf. Hdt. II 2, 2. | ἀγγελιαφόρον] cf. Hdt. I 120, 2; III **118**, 2; 126, 2; IV **71**, 4; Cass. D. LXXVIII **15**, **1**; 39, 3; Herodian. III 5, 8; Synes. *ep.* 133, p. 25, 24 et saepe. **18** διευκρινῆσαι…ἀμφιβαλλόμενα] cf. Polyb. XXXIX 5, 2; XXXI 8, **1**. **22** ἐχόμενοι…ὁδοῦ] cf. Hdt. VII 163, **1** (ubi aliud significat); Herodian. II **11**, 2; III 6, 8; VII 8, 9; et saepe. **23** ἀνδρὶ εὐζώνῳ] v. supra Exc. 7, 3; Hdt. I 72, 3; II 34, 2; et saepissime.

---

1 Ἀντεγέγραπτο] αὐταγέγραπτο B1 (unde ἀναγέγραπτο ci. Hoesch.): antea breve spatium praebent CM1: excerpti finem E1P1. **2** ἤπερ] εἴπερ **ω**: corr. Nieb.-Bekk. **3** τε om. E1 **5** τοὺς] τὰς E1β | ἀπεστάλκασι scripsi: ἀπέσταλκέ σοι CM1 Hoesch. Ed. Par.: ἀπέσταλκέν σοι E1B1P1: ἀπέσταλκεν οἵ Vales. ἀπέσταλκέν οἱ de B. Bornm. (cf. Bornm. **1974**, pp. **115**-6 et Hdt. III **147**, **1** Δαρεῖός οἱ ἀποστέλλων ἐνετέλλετο): ἀπέσταλκά σοι Nieb. Müll. Dind. Blockl. **7** ἀποστόματος E1 | ἀττίλᾳ **ω**: corr. de B. **10** ἐπιτυχόντα] ἐπιτυσόντα M1 **11** πέμπει P1 **15** συνεπάραι **ω**: corr. Nieb.

βόας ἀποδομένων τῶν ἐπιχωρίων ἡμῖν, κατασφάξαντες ἠριστοποιού-
μεθα· καὶ παρὰ τὸν τοῦ συμποσίου καιρόν, τῶν μὲν βαρβάρων τὸν
Ἀττήλαν, ἡμῶν δὲ τὸν βασιλέα θαυμαζόντων, ὁ Βιγίλας ἔφη ὡς οὐκ
εἴη θεὸν καὶ ἄνθρωπον δίκαια συγκρίνειν, ἄνθρωπον μὲν τὸν Ἀττήλαν, θεὸν δὲ τὸν Θεοδόσιον λέγων. Ἤσχαλλον οὖν οἱ Οὖννοι καί, κα- 7
τὰ μικρὸν ὑποθερμαινόμενοι, ἐχαλέπαινον. Ἡμῶν δὲ ἐς ἕτερα τρε- 8
ψάντων τὸν λόγον καὶ φιλοφροσύνῃ τὸν σφῶν αὐτῶν καταπραϋνάν-
των θυμόν, μετὰ τὸ δεῖπνον ὡς διανέστημεν, δώροις ὁ Μαξιμῖνος Ἐ-
δέκωνα καὶ Ὀρέστην ἐθεράπευσε, σηρικοῖς ἐσθήμασι καὶ λίθοις Ἰνδι-
κοῖς.

Ἀναμείνας δὲ τὴν Ἐδέκωνος Ὀρέστης ἀναχώρησιν, πρὸς τὸν Μαξιμῖ- 9
νον φράζει ὡς σοφός τε εἴη καὶ ἄριστος, μὴ ὅμοια σὺν τοῖς ἀμφὶ τὰ
βασίλεια πλημμελήσας· χωρὶς γὰρ αὐτοῦ ἐπὶ δεῖπνον τὸν Ἐδέκωνα
καλοῦντες, δώροις ἐτίμων. Ἀπόρου δὲ τοῦ λόγου, ὡς μηδὲν ἐπιστα- 10
μένοις, φανέντος καὶ ἀνερωτήσασιν ὅπως καὶ κατὰ ποῖον καιρὸν πε-
ριῶπται μὲν αὐτός, τετίμηται δὲ ὁ Ἐδέκων, οὐδὲν ἀποκρινάμενος
ἐξῆλθεν.

Τῇ δὲ ὑστεραίᾳ, ὡς ἐβαδίζομεν, φέρομεν ἐπὶ Βιγιλᾳ ἅπερ ἡμῖν Ὀρέσ- 11
της εἰρήκει, ὃς δὲ ἐκεῖνον ἔλεγεν μὴ δεῖν χαλεπαίνειν, ὡς τῶν αὐτῶν
Ἐδέκωνι μὴ τυγχάνοντα· αὐτὸν μὲν γὰρ ὀπάονά τε καὶ ὑπογραφέα
εἶναι Ἀττήλα, Ἐδέκωνα δὲ τὰ κατὰ πόλεμον ἄριστον καί, τοῦ Οὔννου
γένους, ἀναβεβηκέναι τὸν Ὀρέστην πολύ. Ταῦτα εἰπὼν καί, τῷ Ἐδέ- 12

---

37 σοφός…ἄριστος] Hdt. VIII **110**, 3. **40** ἀνερωτήσασιν] ἀνερωτάω cf. e.g. *Od.* IV 251; Hdt. VIII 89, **1**; Xen. *An.* II 3, 4; IV 5, 34; *Cyr.* I 4, 3; Jos. *ant. Jud.* VI 58, 2; 158, 2; Appian. *bell. civ.* IV 10, 81; Arr. *Ind.* 35, 7, 3. **45** ὀπάονα] cf. e.g. Hdt. V **111**, 2; IX 50; 51, 4; Philostr. *imag.* p. 396, 23 Kayser. **47** ἀναβεβηκέναι] cf. e.g. Ach. Tat. I 7, **1**; Joh. Lyd. *ost.* 22.

---

1 ἠριστοποιούμεθα **ω**: ἀριστοποιούμεθα Hoesch. Ed.Par. Nieb. Müll. Dind.: corr. et restit. de B. **3** ἀττίλαν **M1** | τὸν] ταν (sic) **M1** | Βιγίλας] βογίλας **M1** **4** ἀττίλαν **M1** **7** τὸν[2]] om. **M1** | καταπραϋνάντων] καταπραυνόντων **B1** καταπραΰνειν **E1**(ac.) **8** τὸ] τὸν **M1** **14** δώροις iterat **P1** | δὲ iterat **P1** **16** τετίμηται δὲ ὁ Ἐδέκων] ὁ ἐδέκων δὲ τετίμηται **C**
18 ὑστερέα **ω**: corr. Hoesch. | βιγίλα **E1CB1P1**: βιγίλᾳ **M1**: Βιγίλαν edd. **20** ἐδέκων **ω**: corr. Nieb. **21** τοῦ Οὔννου] τουούννου (sic) **B1** **22** εἰπεῖν **ω**: corr. Hoesch.

κωνι ἰδιολογησάμενος, ἔφασκεν ὕστερον πρὸς ἡμᾶς, εἴτε ἀληθιζόμε-
νος, εἴτε ὑποκρινόμενος, ὡς εἴποι μὲν αὐτῷ τὰ εἰρημένα, μόγις δὲ αὐτὸν καταπραῦναι, τραπέντα ἐπὶ τοῖς λεχθεῖσιν εἰς ὀργήν.
13 Ἀφικόμενοι δὲ ἐς Ναϊσσόν, ἔρημον μὲν εὕρομεν ἀνθρώπων τὴν πόλιν, ὡς ὑπὸ τῶν πολεμίων ἀνατραπεῖσαν, ἐν δὲ τοῖς ἱεροῖς καταλύμα-
14 σι τῶν ὑπὸ νόσων κατεχομένων τινὲς ἐτύγχανον ὄντες. Μικρὸν δὲ ἄ-
νω τοῦ ποταμοῦ ἐν καθαρῷ καταλύσαντες (σύμπαντα γὰρ τὰ ἐπὶ τῇ
ὄχθῃ ὀστέων ἦν πλέα τῶν ἐν πολέμῳ ἀναιρεθέντων) τῇ ἐπαύριον
πρὸς Ἀγίνθεον, τὸν ἐν Ἰλλυριοῖς ταγμάτων ἡγούμενον, ἀφικόμεθα, οὐ
πόρρω ὄντα τῆς Ναϊσσοῦ, ἐφ᾽ ᾧ τὰ παρὰ βασιλέως ἀγγεῖλαι καὶ τοὺς
φυγάδας παραλαβεῖν· τοὺς γὰρ ε´ τῶν ιζ´ περὶ ὧν Ἀττήλας ἐγέγρα-
15 πτο, αὐτὸν ἔδει παραδιδόναι. Ἤλθομεν οὖν ἐς λόγους καὶ τοὺς ε´ φυγάδας παραδοῦναι αὐτὸν τοῖς Οὔννοις παρεσκευάσαμεν, οὓς φιλοφρονησάμενος σὺν ἡμῖν ἀπέπεμψε.
16 Διανυκτερεύσαντες δὲ καὶ ἀπὸ τῶν ὁρίων τῆς Ναϊσσοῦ τὴν πορείαν
ποιησάμενοι ἐπὶ τὸν Ἴστρον ποταμόν, ἔς τι χωρίον ἐσβάλλομεν συνη-
ρεφές, καμπὰς δὲ καὶ ἑλιγμοὺς καὶ περιαγωγὰς πολλὰς ἔχον, ἐν ᾧ-

---

48 εἴτε…49 ὑποκρινόμενος] cf. e.g. Plut. *Mar.* 17, 5. | ἀληθιζόμενος] cf. e.g. Hdt. I 136, 2; III 72, 4-5; Cass. D. LVI 41, 8; cf. Proc. *bell.* II **1**, 15 (de Hunnis) εἰ μέντοι ταῦτα λέγοντί οἱ ἀληθίζεσθαι ξυνέβαινεν, οὐκ ἔχω εἰπεῖν; I 5, 33 et saepe. **51** ἔρημον…ἀνθρώπων] Hdt. IV 17, 2; 20, 2 (de Scythia). Cf. Arr. *peripl.* 21, 2; Jos. *ant.Jud.* I 204; Eus. *hist. eccl.* VII **11**, **16**; Proc. *bell* I 17, 25 et saepissime. **54** ἐν καθαρῷ] *Il.* VIII 491 (Bornmann 1974, p. 116). **55** τῇ ἐπαύριον] cf. e.g. Polyb. III 53, 6; 54, 4; 65, 3; 102, 9 etc.; apud historicos ante Priscum non invenitur, postea a Theophylact. Sim., Georg. mon., Mich. Attal., Anna Comn. laudatur. **62** Διανυκτερεύσαντες] cf. e.g. Xen. *Hell.* V 4, 3. πορείαν ποιησάμενοι] Xen. *An.* I 7, 20; III 5, 18; IV **1**, 13; V 6, 12; VI 2, **11**; 13; 4, 12; et saepe. **64** καμπὰς] Hdt. I 185, 6; cf. Diod. I 32, 2-3; 5, unde Anna Comn. *Alex.* XIV **1**, 7. | ἑλιγμοὺς] Hdt. II 148, 6 (de labyrintho Aegyptiaco); cf. etiam Xen. *Cyr.* I 3, 4; Diod. V 37, 3; Jos. *bell.Jud.* VII 282, 3; Arr. *cyn.* 21, 3. A Diodoro hausit Psell. *chron.* VII b 36 (Criscuolo ad l., II p. 456 adn. 404), unde Anna Comn. *Alex.* IV 8, 4.

---

1 ἀληθιζόμενον M1 **2** εἴποι μὲν] εἴποιμεν E1CM1B1 εἴπομεν P1: corr. Cantocl. **3** λεχθεῖσιν] ἐλεχθεῖσιν P1 | εἰς] ἐς C **6** νόσων] νόσου M1 (pc. sl.) μικρόν M1 (pc. sl.) μικρῶν cett. **7** τὴν ὄχθη E1CP1 τὴν ὄχθην M1B1 **13** παρεσκευάσαμεν] παρασκευάσομεν E1 **17** ἑλιγμοὺς] ἐλιγασούς ω: corr. Hoesch.

περ, τῆς ἡμέρας διαφανούσης, οἰομένοις ἐπὶ δυσμὰς πορεύεσθαι, ἡ τοῦ ἡλίου ἀνατολὴ κατεναντίον ὤφθη, ὥστε τοὺς ἀπείρως ἔχοντας τῆς τοῦ χωρίου θέσεως ἀναβοῆσαι, οἷα δὴ τοῦ ἡλίου τὴν ἐναντίαν ποιουμένου πορείαν καὶ ἕτερα παρὰ τὰ καθεστῶτα σημαίνοντος· ὑπὸ δὲ τῆς τοῦ τόπου ἀνωμαλίας ἐπὶ ἀνατολὰς ἐκεῖνο τὸ μέρος ἔβλεπεν τῆς ὁδοῦ.

Μετὰ δὲ τὴν δυσχωρίαν ἐν πεδίῳ καὶ αὐτῷ ὑλώδει παρεγενόμεθα· ἐν- **17**
τεῦθεν βάρβαροι πορθμεῖς ἐν σκάφεσι μονοξύλοις, ἅπερ αὐτοὶ δέν-
δρα ἐκτέμνοντες καὶ διαγλύφοντες κατασκευάζουσιν, ἐδέχοντο ἡμᾶς
καὶ διεπόρθμευον τὸν ποταμόν, οὐχ ἡμῶν ἕνεκα παρασκευασάμενοι,
ἀλλὰ διαπορθμεύσαντες πλῆθος βαρβαρικόν, ὅπερ ἡμῖν κατὰ τὴν ὁ-
δὸν ἀπηντήκει, οἷα δὴ βουλομένου ὡς ἐπὶ θήραν Ἀττήλα διαβαίνειν
ἐς τὴν Ῥωμαίων γῆν. Τοῦτο δὲ ἦν πολέμου παρασκευὴν ποιουμένῳ **18**
τῷ βασιλείῳ Σκύθῃ, προφάσει τοῦ μὴ πάντας αὐτῷ τοὺς φυγάδας δεδόσθαι.

---

65 τῆς ... διαφανούσης] cf. Hdt. III 86, **1** ἅμ' ἡμέρῃ δὲ διαφωσκούσῃ (διαφαυσκούσῃ v.l. codd.) (Bornm. ad l., p. 29, ad correctionem διαφαυούσης in Prisco defendendam); ad Prisci locum, cf. potius VII 219, **1** διαφαινούσης ἡμέρης (de impervia semita ad Thermopylas). **72** βάρβαροι ... μονοξύλοις] Arr. *An.* I 3, 6 μονόξυλα πλοῖα ... τούτοις χρῶνται οἱ πρόσοικοι τῷ Ἴστρῳ, unde etiam Cass. D. XLIX 37, 6; Prisc. exc. 8, 64 τούτους μὲν ἐπεραιώθημεν τοῖς μονοξύλοις πλοίοις οἷς οἱ προσοικοῦντες τοὺς ποταμοὺς κέχρηνται. Cf. etiam Xen. *An.* V 4, **11**; Polyb. III 42, 2-3; 43, 3; unde Cass. D. XIV, ut vid., cf. Zon. VIII 23, 2. **73** διαγλύφοντες] A Prisco hausit Psell. *chron.* VI 91, 16-19 ὑλοτομήσαντες ἄνωθεν καὶ σφάφη μικρά τε καὶ μείζω διαγεγλυφότες καὶ λανθανόντως κατὰ βραχὺ ἱκανῶς παρασκευασάμενοι, μεγάλῳ δὴ στόλῳ ἐπὶ τὸν Μιχαὴλ καταπλεῖν ἔμελλον; cf. etiam ἔγγλυφος Prisc. 8, 129; Hdt. II 148, 7.

---

1 διαφανούσης **ω** Hoesch. Ed. Par. Blockl.: διαφαινούσης Nieb.Bekk.: διαφαυούσης de B. Bornm. | οἰομένους **ω**: corr. Hoesch. | ἡ E1 om. CM1B1P1: denuo ci. Bekk. **2** ἀνατολὴ E1(p.c.)M1P1 ἀνατολῇ E1(a.c.) ἀνατολῇ CB1 **4** post ποιουμένου iterat κατεναντίον ὤφθη **ω**: hic ὤφθη secl. E1 (fort. alia manu): corr. Nieb.Bekk. **5** ἀνομαλίας **ω** Hoesch. Ed. Par.: corr. Nieb.Bekk. **7** παρεγενόμεθα] παραγενόμεθα **ω**: παραγινόμεθα Nieb. Bekk. Müll. de B. Bornm.: corr. Dind. Blockl. **12** βουλόμενον **ω**: corr. Nieb.Bekk. | ἀττίλα M1 **13** παρασκευὴν ποιουμένῳ **ω** (cf. Bornm. 1974, p. **117**): παρασκευὴ ποιουμένη Bekk. (in app. tantum) **14** σκύθῃ] σκύθο E1

19 Περαιωθέντες δὲ τὸν Ἴστρον καὶ σὺν τοῖς βαρβάροις ὡς ο΄ πορευθέντες σταδίους, ἐν πεδίῳ τινί ἐπιμένειν ἠναγκάσθημεν, ὥστε τοὺς ἀμφὶ
τὸν Ἐδέκωνα τῷ Ἀττήλα γενέσθαι τῆς ἡμετέρας ἀφίξεως μηνυτάς.
20 Καταμεινάντων δὲ σὺν ἡμῖν καὶ τῶν ξεναγησάντων ἡμᾶς βαρβάρων,
ἀμφὶ δείλῃ ὀψίᾳ δεῖπνον ἡμῶν αἱρουμένων, κρότος ἵππων ὡς ἡμᾶς
ἐρχομένων ἠκούετο· καὶ δὴ ἄνδρες β΄ Σκύθαι παρεγίνοντο ὡς τὸν
Ἀττήλαν ἡμᾶς ἀπιέναι παρακελευόμενοι.
21 Ἡμῶν δὲ πρότερον ἐπὶ τὸ δεῖπνον αὐτοὺς ἐλθεῖν αἰτησάντων, ἀπο-
βάντες τῶν ἵππων εὐωχήθησαν καὶ ἡμῖν τῆς ὁδοῦ τῇ ὑστεραίᾳ ἡγή-
22 σαντο. Παραγενομένων δὲ ἐς τοῦ Ἀττήλα σκηνὰς ἀμφὶ θ$^{\eta'}$ τῆς ἡμέρας
ὥρᾳ (πολλαὶ δὲ αὗται ἐτύγχανον οὖσαι) ἐπί τε λόφου τινὸς σκηνο-
ποιῆσαι βουληθέντων, οἱ ἐπιτυχόντες διεκώλυσαν βάρβαροι, ὡς τῆς
Ἀττήλα ἐν χθαμαλῷ ὑπαρχούσης σκηνῆς.
23 Καταλυσάντων δὲ ὅπου τοῖς Σκύθαις ἐδόκει, Ἐδέκων καὶ Ὀρέστης
καὶ Σκόττας καὶ ἕτεροι τῶν ἐν αὐτοῖς λογάδων ἧκον ἀνερωτῶντες,
24 τίνων τυχεῖν ἐσπουδακότες τὴν πρεσβείαν ποιούμεθα. Ἡμῶν δὲ τὴν
ἄλογον ἀποθαυμαζόντων ἐρώτησιν καὶ ἐς ἀλλήλους ὁρώντων, διετέ-
25 λουν πρὸς ὄχλου τῆς ἀποκρίσεως ἕνεκα γενόμενοι. Εἰπόντων δὲ Ἀττήλᾳ καὶ οὐκ ἑτέροις λέγειν βασιλέα παρακελεύσασθαι, χαλεπήνας ὁ
Σκόττας ἀπεκρίνατο τοῦ σφῶν αὐτῶν ἡγουμένου ἐπίταγμα εἶναι· οὐ
26 γὰρ ἂν πολυπραγμοσύνῃ σφετέρᾳ παρ᾽ ἡμᾶς ἐληλυθέναι. Φησάντων
δὲ μὴ τοῦτον ἐπὶ τοῖς πρέσβεσι κεῖσθαι τὸν νόμον, ὥστε, μὴ ἐντυγχά-
νοντας μηδὲ ἐς ὄψιν ἐρχομένους παρ᾽ οὓς ἐστάλησαν, δι᾽ ἑτέρων ἀνα-
κρίνεσθαι ὧν ἕνεκα πρεσβεύοιντο, καὶ τοῦτο μηδὲ αὐτοὺς ἀγνοεῖν
Σκύθας, θαμινὰ παρὰ βασιλέα πρεσβευομένους (χρῆναι δὲ τῶν ἴσων
κυρεῖν, μὴ γὰρ ἄλλως τὰ τῆς πρεσβείας ἐρεῖν), ὡς τὸν Ἀττήλαν ἀνέζευξαν.

---

3 ἀττίλαν **M1** | μηνυτής **β** **4** ξεναγησάντων **E1**: ξυναγησάντων cett. **5** ἀμφὶ δείλῃ ὀψίᾳ scripsi (utpote difficiliorem lect., v. infra par. 22 ἀμφὶ ... ὥρᾳ): ἀμφεὶ δείλην ὀψία **E1**: ἀμφὶ δείλην ὀψία **C** (pc.): ἀμφὶ δείλην ὀψίαν **C** (ac.) **M1B1P1** edd. (cf. infra, par. 66 περὶ δείλην ὀψίαν). **6** β΄] δύο **M1** **9** ἡγήσατο **P1** **10** τοῦ] τὰς Bekk. | θ$^{\eta'}$ (i.e. ἐνάτῃ) **ω**: θ$^{\eta\nu}$ (i.e. ἐνάτην) Kraš. **15** σκόττας] σκότας **β** | ἀνερωτῶντες] ἀνερῶντες **β** **18** ἀττίλα **M1** **20** Σκόττας] κόττας (in l.) σκο (in mg.) **E1**: σκότας **M1P1** **24** ὧν ἕνεκα **E1B1** ὧν ἕτεροι **C** ὧν οὕνεκα **M1** ὧν οὕνεκα **P1** **25** ἴσων] ἴσην **P1** **26** ἀττίλαν **P1**: ἀττήλα **E1CB1**: ἀττίλα **M1**: corr. Hoesch.

Καὶ αὖθις ἐπανῆκον, Ἐδέκωνος χωρίς, καὶ ἅπαντα περὶ ὧν ἐπρεσβευ- 27
όμεθα ἔλεγον, προστάττοντες τὴν ταχίστην ἀπιέναι, εἰ μὴ ἕτερα φράζειν ἔχοιμεν· ἐπὶ δὲ τοῖς λεχθεῖσι πλέον ἐπαποροῦντες (οὐ γὰρ ἦν ἐφι-
κτὸν γινώσκειν, ὅπως ἔκδηλα ἐγεγόνει τὰ ἐν παραβύστῳ δεδογμένα
βασιλεῖ) συμφέρειν ἡγούμεθα μηδὲν περὶ τῆς πρεσβείας ἀποκρίνε-
σθαι, εἰ μὴ τῆς παρὰ τὸν Ἀττήλαν εἰσόδου τύχοιμεν. Διὸ ἐφάσκομεν, 28
εἴτε τὰ εἰρημένα τοῖς Σκύθαις, εἴτε καὶ ἕτερα ἥκομεν πρεσβευόμενοι,
τοῦ σφῶν αὐτῶν ἡγουμένου τὴν πεῦσιν εἶναι καὶ μηδαμῶς ἄλλοις
τούτου χάριν διαλεχθήσεσθαι. Οἱ δὲ ἡμᾶς παραχρῆμα ἀναχωρεῖν 29
προσέταττον.

Ἐν παρασκευῇ δὲ τῆς ὁδοῦ γενομένης, τῆς ἀποκρίσεως ἡμᾶς ὁ Βιγί- 30
λας κατεμέμφετο. «Ἐπὶ ψεύδει ἁλῶναι ἄμεινον λέγω, ἢ ἀπράκτους ἀ-
ναχωρεῖν· εἰ γὰρ ἐς λόγους τῷ Ἀττήλᾳ ἔτυχον» φησίν «ἐληλυθώς,
ἐπεπείκειν ῥᾳδίως ἂν αὐτὸν τῆς πρὸς Ῥωμαίους ἀποστῆναι διαφορᾶς, οἷα δὴ ἐπιτήδειος αὐτῷ ἐν τῇ κατὰ Ἀνατόλιον πρεσβείᾳ γενόμενος». Ταῦτα εὔνουν * αὐτῷ τὸν Ἐδέκωνα ὑπάρχειν ἔφασκεν, ὥστε 31
λόγῳ τῆς πρεσβείας καὶ τῶν ὁπωσοῦν, εἴτε ἀληθῶς εἴτε ψευδῶς
ῥηθησομένων, προφάσεως τυχεῖν ἐπὶ τῷ βουλεύσασθαι περὶ τῶν αὐτοῖς κατὰ Ἀττήλα δεδογμένων καὶ ὅπως τὸ χρυσίον, οὗπερ ἔφασκεν
δεῖσθαι ὁ Ἐδέκων, κομίσαι τὸ διανεμηθησόμενον ταττομένοις ἀνδράσιν.

---

110 ἐν παραβύστῳ] Dem. XXIV 47 etc. A Prisco hausit Men. Prot. frg. 20, 2, p. 188 (Blockl., ad l.)

---

2 ἕτερα] ἑτέρα **ω**: corr. Hoesch. **4** ἐν παραβύστῳ] ἐν παραβύστα E1C θν (i.e. θεόν) παραβύστα **β**: θεῶν παράβυστα Hoesch. Ed. Par.: corr. Nieb. **6** διὸ] δι᾽ὃ E1 **7** τοῖς E1CM1(pc.) ταῖς **β** **9** διελεχθήσεσθαι M1P1 **10** προσέταττον] προσέττατον CM1B1 **11** γενομένης **ω**: γενομένους edd. **12** ψεύδει] ψευδεῖ E1C ψευδῆ **β**: corr. Class. | λέγω **ω**: λέγων Ed. Par. Bornm. **14** ῥωμαίας E1 **16** Ταῦτα…ἔφασκεν] post εὔνουν lacunam posui (fort. ⟨νομίζων⟩, cf. infra Romulum de Attila, par. **137** νομίσει ὑπάρχειν; Gothos de Chelchal, exc. 14, 4 εὐνοίᾳ τῇ πρὸς αὐτοὺς ταῦτα τὸν Χελχὰλ εἰρηκέναι νομίσαντες): varie corr. edd., pro sua quisque interpretatione: ⟨διὰ⟩ ταῦτα Hoesch. (in mg.), qui ἔφασκεν secl.: ταῦτα ⟨δ᾽ἔλεγεν ἐλπίζων⟩ Bekk.: cruce post ταῦτα apposita, ἔφασκεν restit. de B. **20** κομίσαι τὸ] κομίσαιτο Vales. | ταττομένοις] ⟨τοῖς ὑπ᾽αὐτὸν⟩ ταττομένοις Bekk. (in app. tantum), quod recep. Blockley (et in text.): crucem appos. de B. Bornm.

32 Προδεδομένος δὲ ἐλελήθει· ὁ γὰρ Ἐδέκων, εἴτε δόλῳ ὑποσχόμενος,
εἴτε καὶ τὸν Ὀρέστην εὐλαβηθείς, μὴ ἐς τὸν Ἀττήλαν ἀγάγοι ἅπερ ἡ-
μῖν ἐν τῇ Σερδικῇ μετὰ τὴν ἑστίασιν εἰρήκει, ἐν αἰτίᾳ ποιούμενος τὸ
χωρὶς αὐτοῦ βασιλεῖ καὶ τῷ εὐνούχῳ ἐς λόγους αὐτὸν ἐληλυθέναι,
καταμηνύει τὴν μελετηθεῖσαν αὐτῷ ἐπιβουλήν καὶ τὸ ποσὸν τοῦ ἐκ-
πεμφθησομένου χρυσίου, ἐκλέγει δὲ καὶ ἐφ᾽ οἷς τὴν πρεσβείαν ἐποιούμεθα.
33 Τῶν δὲ φορτίων ἤδη τοῖς ὑποζυγίοις ἐπιτεθέντων καὶ ἀνάγκῃ τὴν πορείαν κατὰ τὸν τῆς νυκτὸς καιρὸν ποιεῖσθαι πειρώμενοι, μετεξέτεροι
τῶν βαρβάρων, παραγενόμενοι, ἐπιμεῖναι ἡμᾶς τοῦ καιροῦ χάριν παρακελεύσασθαι τὸν Ἀττήλαν ἔλεγον· ἐν αὐτῷ οὖν τῷ χωρίῳ, ὅθεν καὶ
διανέστημεν, ἧκον ἡμῖν βοῦν ἄγοντές τινες καὶ ποταμίους ἰχθύας πα-
34 ρὰ τοῦ Ἀττήλα διαπεμφθέντας. Δειπνήσαντες οὖν ἐς ὕπνον ἐτράπη-
μεν· ἡμέρας δὲ γενομένης, ᾠόμεθα μὲν ἥμερόν τι καὶ πρᾶον παρὰ τοῦ
35 βαρβάρου μηνυθήσεσθαι. Ὁ δὲ πάλιν τοὺς αὐτοὺς ἔπεμπε, παρακε-
λευόμενος ἀπιέναι εἰ μὴ ἔχοιμέν τι παρὰ τὰ αὐτοῖς ἐγνωσμένα λέγειν·
οὐδὲν οὖν ἀποκρινάμενοι πρὸς τὴν ὁδὸν παρεσκευαζόμεθα, καίπερ
τοῦ Βιγίλα διαφιλονεικοῦντος λέγειν εἶναι καὶ ἕτερα ἡμῖν ῥηθησόμενα.
36 Ἐν πολλῇ δὲ κατηφείᾳ τὸν Μαξιμῖνον ἰδών, παραλαβὼν Ῥουστίκιον,
ἐξεπιστάμενον τὴν βαρβάρων φωνήν (ὃς σὺν ἡμῖν ἐπὶ τὴν Σκυθικὴν
ἐληλύθει οὐ τῆς πρεσβείας ἕνεκα, ἀλλὰ κατὰ πρᾶξίν τινα πρὸς Κωνστάντιον, ὃν Ἰταλιώτην ὄντα ὑπογραφέα Ἀττήλα ἀπεστάλκει Ἀέτιος,
ὁ τῶν ἑσπερίων Ῥωμαίων στρατηγός), παρὰ τὸν Σκότταν ἀφικνούμε-
νος (οὐ γὰρ Ὀνηγήσιος τηνικαῦτα παρῆν) καὶ αὐτόν προσειπὼν ὑπὸ

141 ἥμερόν…πρᾶον] cf. Polyb. IX 23, 2; Herodian. II 4, 2; VI **1**, 6; cf. VII **1**, **1**. **147** Ἐν…κατηφείᾳ] Thuc. VII 75, 5, unde Dion. Hal. *ant.* VII 19, 4; X 59, 5; Cass. D. LVIII 10, 4; Proc. *bell.* II 26, 4; Mich. Attal. p. 186, 21.

1 προσδεδομένος E1M1B1P1 προσδεχόμενος C: corr. Vales. | ἐλελήθει] ἐλελύθει ω: corr. Bekk. | Ἐδέκων] ἐδόκων B1 **2** εὐλαβηθείς] εὐλβαβεῖσθαι C in l. εὐλαβεῖσθαι B1 in l.: uterque corr. in mg. **3** ἑστίασιν] ἐστίασιν C | ἐν αἰτίᾳ] ἐναντία ω: corr. Cantocl. **5** καταμινύει M1 | ἐκπεμφθησομ□3νου] ἐκπεμφθῆναι P1 in l.: ipse corr. in mg. **8** ἀνάγκη ω **9** πηρώμενοι M1 **11** ἀττίλα M1 ἀττίλαν P1 **16** ἔχοιμέν] ἔχομέν P1 **17** παρασκευαζόμεθα E1 **22** ἐληλύθη C **23** ἀττίλα P1 | ἀπεστάλη C **24** σκόταν C (ac. in l.) ον C (pc. sl.) σκότον E1M1B1P1: corr. Hoesch.

ἑρμηνεῖ τῷ Ῥουστικίῳ, ἔλεγον δῶρα πλεῖστα παρὰ τοῦ Μαξιμίνου λήψεσθαι, εἴπερ αὐτὸν τῆς παρὰ τὸν Ἀττήλαν εἰσόδου παρασκευάσοι
τυχεῖν· τὴν γὰρ αὐτοῦ πρεσβείαν οὐ μόνον Ῥωμαίοις καὶ Οὔννοις συνοίσειν, ἀλλὰ καὶ Ὀνηγησίῳ, ὃν παρ᾽ αὐτὸν βασιλεὺς ἰέναι βούλεται
καὶ τὰ τοῖς ἔθνεσι διευκρινῆσαι ἀμφίβολα· ἀφικόμενον δὲ μεγίστων
τεύξεσθαι δωρεῶν. Χρῆναι οὖν, μὴ παρόντος Ὀνηγησίου ἡμῖν, μᾶλ- 37
λον δὲ τἀδελφῷ ἐπὶ τῇ ἀγαθῇ συναγωνίζεσθαι πράξει· πείθεσθαι δὲ
καὶ αὐτῷ τὸν Ἀττήλαν μεμαθηκέναι ἔλεγον, οὐκ ἐν ἀκοῇ δὲ ἔσεσθαι
βεβαίως τὰ κατ᾽ αὐτόν, εἰ μή γε πείρᾳ τὴν αὐτοῦ γνοίην δύναμιν. Ὃς 38
δὲ ὑπολαβὼν μηκέτι ἀμφιβόλους εἶναι ἔφη τοῦ καὶ αὐτὸν ἴσα τῷ ἀ-
δελφῷ παρὰ Ἀττήλαν λέγειν τε καὶ πράττειν· καὶ παραχρῆμα, τὸν ἵππον ἀναβάς, ἐπὶ τὴν Ἀττήλα διήλασε σκηνήν.
Πρὸς δὲ τὸν Μαξιμῖνον ἐπανελθών, ἀλύοντα ἅμα τῷ Βιγίλᾳ καὶ δια- 39
πορούμενον ἐπὶ τοῖς καθεστῶσιν ἔλεγον, ἅ τε τῷ Σκόττᾳ διείλεγμαι
καὶ ἅπερ παρ᾽ αὐτοῦ ἠκηκόειν, καὶ ὡς δεῖ τὰ τῷ βαρβάρῳ δοθησόμε-
να παρασκευάζειν δῶρα καὶ τὰ αὐτῷ παρ᾽ ἡμῶν ῥηθησόμενα ἀναλο-
γίζεσθαι. Ἀμφότεροι οὖν ἀναπηδήσαντες (ἐπὶ γὰρ τῷ ἐδάφει καὶ τῆς 40
πόας κεῖσθαι σφᾶς συνέβαινεν) ἐπῄνεσάν τε τὴν πρᾶξιν καὶ τοὺς ἤδη
μετὰ τῶν ὑποζυγίων ἐξορμήσαντας ἀνεκάλουν καὶ διεσκέψαντο ὅ-
πως τε προσείποιεν τὸν Ἀττήλαν καὶ ὅπως αὐτῷ τά τε βασιλέως δῶρα δοῖεν καὶ ἅπερ αὐτῷ ὁ Μαξιμῖνος ἐκόμιζεν. Ἀμφὶ δὲ ταῦτα πο- 41
νουμένους, διὰ τοῦ Σκόττα ὁ Ἀττήλας μετεπέμψατο· καὶ δῆτα εἰς τὴν

---

3 Οὔννοις] οὔννους CB1 | συνοίσειν] ξυνοίσειν B1 **4** ὀνηγησίως E1 βασιλεὺς **ω**: βασιλέα Hoesch., qui fort. male B1 f.146r, l. 17 legebat (hic enim et alibi -εὺς a Sophiano Melisseno simillime ac -εὺν scriptum est, cf. Carolla 2007, Tabella I) Ed. Par. Nieb. (in text.): βασιλεύς ci. Nieb. (in app. tantum) **6** ὀνηγησίῳ M1 **9** γνοίην scripsi: γνοίη **ω**: γνοίημεν coniec. Class., recep. Nieb. (in app. tantum) Müll. de B. Bornm. Blockley **11** Ἀττήλαν] Ἀττήλᾳ Nieb. Bekk. | παρὰ χρῆμα E1M1 **13** ἀναλύοντα P1 | διαπορούμενον] διαποσσούμενον **β** **14** ἅ] ἅτα M1 ἅττα P1 | σκόττα E1B σκότα C σκότᾳ M1P1 **17** ἀναποδήσαντες C | τῷ M1 τοῦ E1CB1P1 **19** ἐξωρμίσαντας M1 ἀνεκάλλουν B1 **22** σκότα **ω**: corr. Hoesch. | μετεπέμψατε B1: μετέπεμψέ τε Hoesch. Ed. Par. | ἐς B1M1

ἐκείνου παρεγενόμεθα, ὑπὸ βαρβαρικοῦ κύκλῳ πεφρουρημένην πλήθους.
42 Ὡς δὲ εἰσόδου ἐτύχομεν, εὕρομεν ἐπὶ ξυλίνου δίφρου τὸν Ἀττήλαν
καθήμενον· στάντων δὲ ἡμῶν μικρὸν ἀπωτέρω τοῦ θρόνου, προσελθὼν ὁ Μαξιμίνος ἠσπάσατο τὸν βάρβαρον τά τε παρὰ βασιλέως
γράμματα δοὺς ἔλεγεν ὡς σῶν εἶναι αὐτὸν καὶ τοὺς ἀμφ᾽αὐτὸν εὔχε-
ται βασιλεύς.
43 Ὁ δὲ ἀπεκρίνατο ἔσεσθαι Ῥωμαίοις ἅπερ αὐτῷ βούλοιντο· καὶ ἐπὶ τὸν
Βιγίλαν εὐθὺς τρέπει τὸν λόγον, θηρίον ἀναιδὲς ἀποκαλῶν, ὅτου χάριν παρ᾽αὐτὸν ἔλθεῖν ἠθέλησεν, ἐπιστάμενος τά τε αὐτῷ καὶ Ἀνατολί-
ῳ ἐπὶ τῇ εἰρήνῃ δόξαντα, ὡς εἴρητο μὴ πρότερον πρέσβεις παρ᾽αὐτὸν
44 ἐλθεῖν, πρὶν ἢ πάντες οἱ φυγάδες ἐκδοθεῖεν βαρβάροις. Τοῦ δὲ
φήσαντος ὡς ἐκ τοῦ Σκυθικοῦ γένους παρὰ Ῥωμαίους οὐκ εἴη φυγάς,
τοὺς γὰρ ὄντας ἐκδεδόσθαι, χαλεπήνας μᾶλλον καὶ αὐτῷ πλεῖστα
λοιδορησάμενος, μετὰ βοῆς ἔλεγεν ὡς αὐτὸν ἀνασκολοπίσας πρὸς
βορὰν οἰωνοῖς ἐδεδωρήκει ἄν, εἰ μή γε τῷ τῆς πρεσβείας θεσμῷ λυ-
μαίνεσθαι ἐδόκει καὶ ταύτην αὐτῷ ἐπὶ τῇ ἀναιδείᾳ καὶ τῇ τῶν λόγων
ἰταμότητι ἐπιθεῖναι δίκην· φυγάδας γὰρ τοῦ σφετέρου ἔθνους παρὰ
Ῥωμαίοις εἶναι πολλούς, ὧν ἐκέλευε τὰ ὀνόματα ἐγγεγραμμένα χάρτῃ
45 τοὺς ὑπογραφέας ἀναγινώσκειν. Ὡς δὲ διεξῆλθον ⟨ἅπαντας τοὺς⟩
ἀπόντας, προσέταττε μηδὲν μελλήσαντα ἀπιέναι· συμπέμψειν δὲ αὐ-

175 κύκλῳ πεφρουρημένην] cf. Plat. *resp.* 579b; Dion. Hal. *ant.* V 57, **1**; infra Prisc. exc. 8, par. 64.

1 παραγενόμεθα **ω**: corr. Dind. | ὑπὸ] ἀπὸ P1 | κύκλου **ω**: corr. Nieb. Bekk. πεφρουρημένην] ἐφρουρουμένην **ω**: corr. Hoesch. **6** σῶν] σόν M1 ἀμφ᾽αὐτὸν M1P1 | εὔχεται] ἔχεται M1P1 **8** βασιλεύσιν CM1: βασιλεῦσιν E1B1P1: corr. Nieb. Bekk. | ῥωμαίους **ω**: corr. Hoesch. **12** πάντες] στάντες **ω** Hoesch. Ed. Par.: corr. Nieb. | ἐκδοθοῖεν M1 **15** λοιδωρησάμενος E1CM1 **16** βοράν E1C: βορρᾶν **β**Hoesch.: βορᾶν Vales. Nieb.: corr. Müll. | οἰωνεῖς **ω**: corr. Hoesch. | ἐδεδωρήκει scripsi (cf. δωρέω par. **191**; exc. 14, 4): ἐδεδώρει **ω**: ἐδεδώκει Hoesch. edd. rell.: ἐδεδώρητ᾽ dubitanter de B. (in app. tantum) | θερμῷ M1B1 **17** καὶ[1]] τῷ ci. Class. (in Nieb. app. tantum) **18** ἰταμώτητι E1C | post δίκην excerpti finem ponit E1 **19** πολύς P1 **20** ἅπαντας τοὺς scripsi: ἀπόντας **ω**: ἅπαντας Nieb. edd. rell. **21** μελήσαντα M1

τῷ καὶ Ἤσλαν, Ῥωμαίοις λέξαντα πάντας τοὺς παρὰ σφίσι καταφυγόντας βαρβάρους, ἀπὸ τῶν Καρπιλεόνος χρόνων, ὃς ὡμήρευσε
παρ᾽αὐτῷ, παῖς ὢν Ἀετίου τοῦ ἐν τῇ ἑσπέρᾳ Ῥωμαίων στρατηγοῦ, ἐκπέμψαι παρ᾽αὐτόν· μὴ γὰρ συγχωρήσειν τοὺς σφετέρους θεράποντας
ἀντίον αὐτοῦ ἐς μάχην ἰέναι, καίπερ μὴ δυναμένους ὠφελεῖν τοὺς
τὴν φυλακὴν αὐτοῖς τῆς οἰκείας ἐπιτρέψαντας γῆς. Τίνα γὰρ πόλιν ἢ 46
ποῖον φρούριον σεσῶσθαι -ἔλεγεν- ὑπ᾽ἐκείνων, οὗπερ αὐτὸς ποιῆσαι
τὴν αἵρεσιν ὥρμησεν;
Ἀπαγγείλαντας δὲ τὰ αὐτῷ περὶ τῶν φυγάδων δεδογμένα, αὖθις ἐπα- 47
νήκειν μηνύοντας, πότερον αὐτοὺς ἐκδιδόναι βούλονται ἢ τὸν ὑπὲρ
αὐτῶν ἀναδέχονται πόλεμον. Παρακελευσάμενος δὲ πρότερον καὶ 48
τὸν Μαξιμῖνον ἐπιμένειν, ὡς δι᾽αὐτοῦ περὶ τῶν γεγραμμένων ἀποκρι-
νούμενος βασιλεῖ, ἐπέτρεπε τὰ δῶρα δόντας, ἅπερ ὁ Μαξιμῖνος ἔφε-
ρεν, ὑπεξιέναι.
Δόντες τοίνυν καὶ ἐπανιόντες ἐς τὴν σκηνὴν ἑκάστου τῶν λεχθέντων 49
πέρι ἰδιολογούμεθα· καὶ Βιγίλα θαυμάζοντος, ὅπως πάλαι αὐτῷ πρε-
σβευομένῳ ἤπιός τε καὶ πρᾶος νομισθείς, τότε χαλεπῶς ἐλοιδορήσα-
το, ἔλεγον μήποτέ τινες τῶν βαρβάρων τῶν ἐν Σερδικῇ ἑστιαθέντων
σὺν ἡμῖν δυσμενῆ αὐτῷ τὸν Ἀττήλαν παρεσκεύασαν, ἀπαγγείλαντες
ὡς θεὸν μὲν τὸν Ῥωμαίων ἐκάλει βασιλέα, ἄνθρωπον δὲ τὸν Ἀττήλαν. 50
Τοῦτον τὸν λόγον ὁ Μαξιμῖνος ὡς πιθανὸν ἐδέχετο, οἷα δὴ ⟨μὴ⟩ μέτο-

---

1 Ἤσλαν] εἴσλαν **E1** ἤστλαν **CB1** ἴσλαν **M1** ἴστλαν **P1**: corr. Hoesch. | λέξαντα] λέξαντας **ω**: corr. Hoesch.: λέξοντα Nieb. et edd. rell., sed cf. supra δεξάμενον (part. aor. pro fin.) Exc. 7, 4; 10. **2** βαρβάροις **ω**: corr. Hoesch. | καρπιλεόντος **M1P1** **4** μὴ] καὶ Hoesch. (qui male **B1** f. 148r legebat): | θεράποντας om. **M1** **6** ἐπιτρίψαντας **P1** **7** ἐκείνου **M1P1** **9** ἀπαγγείλαντες **ω**: corr. Nieb. Bekk. **10** τὸν ὑπὲρ αὐτῶν] τὸν ὑπέρ **C**: των[ὸν] ὑπέρ **P1**: τῶν ὑπὲρ αὐτῶν **E1M1B1**: corr. Nieb. Bekk. **13** δόντας... 14 ὑπεξιέναι **E1C**: om. **β** **15** δόντες **ω** (et **B1** in mg. pc.): δόντας **B1** in l. ac. **16** πέρι ἰδιολογούμεθα] περιιδιολογούμεθα **CB1P1** περί ἰδιολογούμεθα **E1M1**: corr. Hoesch. | θαυμάζοντες **ω**: corr. Hoesch. **17** ἐλοιδορήσατο **M1**: ἐλοιδωρήσατο cett. **18** ἑστιαθέντων] αἰτιαθέντων **ω** (et **E1** ac. in l.) Hoesch. Ed. Par. (in text.): corr. confuse **E1** pc. sl. (alia lat. m., quae antea ipsa ἑπτ scripserat, ut vid.): *qui (...) epulati erant* Ed. Par. (vers. lat.): ἑστιαθέντων denuo ci. Class. **20** τὸν[1]] τῶν **C** | ἄνθρωποι **E1** **21** μὴ scripsi: μέτοχος **ω** Hoesch. Ed. Par. (in text.): *Nec enim (...) particeps* Ed. Par. (vers. lat.): ἀμέτοχος Vales. edd. rell.

χος ὢν τῆς συνωμοσίας, ἣν κατὰ τοῦ βαρβάρου ὁ εὐνοῦχος ἐποιήσα-
51 το. Ὁ δὲ Βιγίλας ἀμφίβολός τε ἦν καὶ ἐμοὶ ἐδόκει προφάσεως ἀπο-
ρεῖν, δι᾽ἣν αὐτῷ ὁ Ἀττήλας ἐλοιδορήσατο· οὔτε γὰρ τὰ ἐν Σερδικῇ,
ὡς ὕστερον ἡμῖν διηγεῖτο, οὔτε τὰ τῆς ἐπιβουλῆς εἰρῆσθαι τῷ Ἀττήλᾳ
ἐνόμιζεν, μηδενὸς μὲν ἑτέρου τῶν ἐκ τοῦ πλήθους, διὰ τὸν ἐπικρα-
τοῦντα κατὰ πάντων φόβον, ἐς λόγους αὐτῷ θαρροῦντος ἐλθεῖν, Ἐ-
δέκωνος δὲ πάντως ἐχεμυθήσοντος, διά τε τοὺς ὅρκους καὶ τὴν ἀδη-
λίαν τοῦ πράγματος, μήποτε καὶ αὐτός, ὡς τοιούτων μέτοχος λόγων,
ἀνεπιτήδειος νομισθείς, θάνατον ὑφέξει ζημίαν.
52 Ἐν τοιαύτῃ οὖν ἀμφιβολίᾳ τυγχάνουσιν ἐπιστὰς Ἐδέκων καὶ τὸν Βιγίλαν ἔξω τῆς ἡμετέρας ἀπαγαγὼν συνόδου, ὑποκρινάμενός τε ἀληθί-
ζεσθαι τῶν αὐτοῖς βεβουλευμένων ἕνεκα καὶ τὸ χρυσίον κομισθῆναι
παρακελευσάμενος τὸ δοθησόμενον τοῖς ἅμα αὐτῷ περὶ τὴν πρᾶξιν
53 ἐλευσομένοις, ἀνεχώρει. Πολυπραγμονοῦντας δέ, τίνες οἱ τοῦ Ἐδέκωνος πρὸς αὐτὸν λόγοι, ἀπατᾶν ἔσπευδεν ἠπατημένος αὐτὸς καί, τὴν
ἀληθῆ αἰτίαν ἀποκρυψάμενος, ἔφασκε παρ᾽αὐτοῦ Ἐδέκωνος εἰρῆσθαι ὡς καὶ αὐτῷ ὁ Ἀττήλας περὶ τῶν φυγάδων χαλεπαίνοι· ἔδει γὰρ
ἢ πάντας ἀπολαβεῖν ἢ πρέσβεις ἐκ τῆς μεγίστης ἐξουσίας ἀφικέσθαι
πρὸς αὐτόν.
54 Ταῦτα διαλεγομένοις παραγενόμενοί τινες τοῦ Ἀττήλα ἔλεγον μήτε
Βιγίλαν μήτε ἡμᾶς Ῥωμαῖον αἰχμάλωτον ἢ βάρβαρον ἀνδράποδον ἢ
ἵππους ἢ ἕτερόν τι πλὴν τῶν εἰς τροφὴν ὠνεῖσθαι, ἄχρις ὅτου τὰ με-

---

1 συνομοσίας ω: corr. Hoesch. | βαρβάρου] εὐνούχου βαρβάρου B1 (ac.): ipse statim secl. **3** ἐλοιδορήσατο E1M1B1 ἐλοιδωρήσατο CP1 | Σερδικῇ] σαρδικῇ E1M1P1 σαρδικῆ CB1 **4** ἀττίλα P1 **6** αὐτῷ] αὐτοῦ ω: corr. Nieb.Bekk. | Ἐδέκωνος] ἐδέκων E1CM1B1 εἰδέκων P1: corr. Vales. **7** δὴ P1 **8** post μέτοχος inser. et ipse secl. ὢν P1 (cf. supra μέτοχος ὢν) | λόγον B1 **9** ἀνεπιτήδειος E1 (pc., eiusd. Darmarii manu): ἀν ἐπιτήδειος E1 (ac.): ἐπιτήδειος cett. | ὑφέξει] ὑφέξε C: ὑφήξει M1 **10** βιγίλα ω: corr. Hoesch. **11** ἡμετέρας] ἡμέρας M1 ἀπαγαγὼν] ἐπαγαγών M1P1 **15** ἀπατᾶν B1: ἀπατᾳν M1P1 ἀπαντᾳν C (ubi ipse ν secl.): ἀπ᾽αὐτοῦ E1 | ἔσπευδον E1: ἔσπευδεν[ον] P1 **16** ἀποκριψάμενος C **21** βιγίλα E1CM1B1 **22** τροφὴν C: idem iam corr. Hoesch.: στροφήν E1M1B1P1

ταξὺ Ῥωμαίων καὶ Οὔννων ἀμφίβολα διακριθείη. Σεσοφισμένως δὲ 55
ταῦτα καὶ κατὰ τέχνην ἐγένετο τῷ βαρβάρῳ, ὥστε τὸν μὲν Βιγίλαν
ῥᾳδίως ἐπὶ τῇ κατ᾽αὐτοῦ ἁλῶναι πράξει, ἀποροῦντα αἰτίας ἐφ᾽ἧπερ
τὸ χρυσίον κομίζοι· ἡμᾶς δέ, προφάσει ἀποκρίσεως ἐπὶ τῇ πρεσβείᾳ
δοθησομένης, Ὀνηγήσιον ἀπεκδέξασθαι τὰ δῶρα κομιούμενον, ἅπερ
ἡμεῖς τε διδόναι ἐβουλόμεθα καὶ βασιλεὺς ἀπεστάλκει. Συνέβαινε 56
γὰρ αὐτόν, σὺν τῷ πρεσβυτέρῳ τῶν Ἀττήλα παίδων, ἐς τὸ τῶν Ἀκατήρων ἔθνος ἐστάλθαι, ὅ ἐστι Σκυθικὸν ἔθνος, παρέστη δὲ τῷ Ἀττήλᾳ
ἐξ αἰτίας τοιᾶσδε.
Πολλῶν κατὰ φῦλα καὶ γένη ἀρχόντων τοῦ ἔθνους, Θεοδόσιος ὁ βα- 57
σιλεὺς ἐκπέμπει δῶρα, ὥστε ὁμονοίᾳ σφετέρᾳ ἀπαγορεῦσαι μὲν τῇ
τοῦ Ἀττήλα συμμαχίᾳ, τὴν δὲ πρὸς Ῥωμαίους εἰρήνην ἀσπάζεσθαι. Ὁ 58
δὲ τὰ δῶρα ἀποκομίζων οὐ κατὰ τάξιν ἑκάστου τῶν βασιλέων τοῦ
ἔθνους δίδωσιν, ὥστε τὸν Κουρίδαχον, πρεσβύτερον ὄντα τῇ ἀρχῇ,
τὰ δῶρα δεξάμενον δεύτερον, οἷα δὴ περιοφθέντα καὶ τῶν σφετέρων
στερηθέντα γερῶν, ἐπικαλέσασθαι τὸν Ἀττήλαν κατὰ τῶν ξυμβασι-
λευόντων. Τὸν δέ, μὴ μελλήσαντα, πολλὴν ἐκπέμψαι δύναμιν καί, 59
τοὺς μὲν ἀνελόντα, τοὺς δὲ παραστησάμενον, καλεῖν τὸν Κουρίδαχον, τῶν νικητηρίων μεθέξοντα. Τὸν δέ, ἐπιβουλὴν ὑποτοπήσαντα, 60
εἰπεῖν ὡς χαλεπὸν ἀνθρώπῳ ἐλθεῖν ἐς ὄψιν θεοῦ· εἰ γὰρ οὐδὲ τὸν τοῦ
ἡλίου δίσκον ἀτενῶς ἔστιν ἰδεῖν, πῶς τὸν μέγιστον τῶν θεῶν ἀπαθῶς

---

239 Σεσοφισμένως] Xen. *Cyr.* 13, 5; Pall. *hist. Laus. praef.* 4; cf. etiam σοφίζω Hdt. I 80, 4; II 66, 2; III **111**, 3; VIII 27, 3. **256** τοὺς[1] … παραστησάμενον] cf. Hdt. I 6, 2.

---

1 ἐσοφισμένος **ω**: ἐσοφισμένο^{ω}ς **E1** (pc. sl., m. lat.): corr. Hoesch. **2** βιγίλα **E1M1B1P1** **3** ἐφ᾽ἧ περί **ω**: corr. Hoesch. **7** πρεσβυ$^{τ'}$ **E1B1P1**: πρεσβύτη **C**: πρεσβευτῇ **M1**: corr. Hoesch.: de comp. pro superl. v. infra, par. **128** παῖδες ἐγεγόνεισαν τρεῖς, ὧν ὁ πρεσβύτερος: cf. etiam parr. 62; **156**; **180**: cf. *filius Attilae maior natu, nomine Ellac* Jord. *Get.* 262 (tamen infra, Prisc. Exc. 8, **171** τὸν νεώτατον τῶν παίδων, Ἠρνὰχ δὲ ὄνομα τούτῳ). | Ἀκατήρων scripsi: ἀκατζίρων **E1CB1**: ἀκατζόρων **M1P1**: Ἀκατίρων Maench.-H. pp. 434-437 (text. deBooriano confisus): cf. infra, Ἀκατήρων parr.**61**; 99; **128** (ELR): Ἀκατίροις Excc. 30, 5; 37, **1** (ELG) **14** κουριδάχον **E1CB1**: κουρίδαλον **M1P1**: corr. Hoesch. **16** ἀττίλαν **P1**: ἀττίλα **M1** | συμβασιλευόντων **β** **18** παραστησόμενον **P1** | κουρίδαλον **M1P1** **21** θεῶν] θεὸν **B1**

61 τις ὄψοιτο; Οὕτω μὲν οὖν ὁ Κουρίδαχος ἔμεινεν ἐπὶ τοῖς σφετέροις
καὶ διεφύλαξε τὴν ἀρχήν, τοῦ λοιποῦ παντὸς τοῦ Ἀκατήρων ἔθνους
62 τῷ Ἀττήλᾳ παραστάντος. Οὗπερ ἔθνους βασιλέα τὸν πρεσβύτερον
τῶν παίδων καταστῆσαι βουλόμενος, Ὀνηγήσιον ἐπὶ ταύτην ἐκπέμπει
τὴν πρᾶξιν· διὸ δὴ καὶ ἡμᾶς, ὡς εἴρηται, ἐπιμεῖναι παρακελευσάμενος, τὸν Βιγίλαν διαφῆκεν ἅμα Ἤσλᾳ προφάσει μὲν τῶν φυγάδων ἐς
τὴν Ῥωμαίων διαβησόμενον, τῇ δὲ ἀληθείᾳ τῷ Ἐδέκωνι τὸ χρυσίον
κομιοῦντα.
63 Τοῦ δὲ Βιγίλα ἐξορμήσαντος, μίαν μετὰ τὴν ἐκείνου ἀναχώρησιν ἡμέραν ἐπιμείναντες, τῇ ὑστεραίᾳ ἐπὶ τὰ ἀρκτικώτερα τῆς χώρας σὺν
Ἀττήλᾳ ἐπορεύθημεν καὶ ἄχρι τινὸς τῷ βαρβάρῳ συμπροελθόντες,
ἑτέραν ὁδὸν ἐτράπημεν, τῶν ξεναγούντων ἡμᾶς Σκυθῶν τοῦτο ποιεῖν
παρακελευσαμένων, ὡς τοῦ Ἀττήλα ἐς κώμην τινὰ παρεσομένου, ἐν
ᾗ γαμεῖν θυγατέρα Ἐσκὰμ ἐβούλετο, πλείστας μὲν ἔχων γαμετάς,
ἀγόμενος δὲ καὶ ταύτην κατὰ νόμον τὸν Σκυθικόν.
64 Ἐνθένδε ἐπορευόμεθα ὁδὸν ὁμαλὴν ἐν πεδίῳ κειμένην, ναυσιπόροις
τε προσεβάλομεν ποταμοῖς, ὧν οἱ μέγιστοι, μετὰ τὸν Ἴστρον, ὅ τε
Δρήκων λεγόμενος καὶ ὁ Τίγας καὶ ὁ Τιφήσας ἦν· καὶ τούτους μὲν
ἐπεραιώθημεν τοῖς μονοξύλοις πλοίοις οἷς οἱ προσοικοῦντες τοὺς ποταμοὺς κέχρηνται, τοὺς δὲ λοιποὺς ταῖς σχεδίαις διεπλεύσαμεν, ἃς
65 ἐπὶ τῶν ἁμαξῶν οἱ βάρβαροι διὰ τοὺς λιμνάζοντας φέρουσι τόπους.
Ἐχορηγοῦντο δὲ ἡμῖν κατὰ κώμας τροφαί, ἀντὶ μὲν σίτου κέγχρος,
ἀντὶ δὲ οἴνου ὁ μέδος ἐπιχωρίως καλούμενος· ἐκομίζοντο δὲ καὶ οἱ
ἑπόμενοι ἡμῖν ὑπηρέται κέγχρον καὶ τὸ ἐκ κριθῶν χορηγούμενοι πό-
μα· κάμον οἱ βάρβαροι καλοῦσιν αὐτό.

---

1 οὗτος μὲν οὖν E1C: οὖν om. **β** Hoesch., quapropter οὕτως μὲν ci. Cantocl. Nieb.: corr. de B. | κορίδαχος B1: κορίδαλος M1: κουρίδαλος P1 **2** Ἀκατή-ρων scripsi: κατζίρων **ω**: Ἀκατίρων Maench.-H., v. supra **3** πρεσβύτερον **ω**, de quo v. supra **4** Ὀνηγήσιον] ὃν ἡγήσιον **ω**: corr. Hoesch. **6** ἤσλα E1: ἤσλαν (ipse ν secl.) C: ἤστλα B1: ἴσλα M1P1 **7** τὴν] τὴν τῶν C **9** ἐξορμίσαντος **ω**: corr. Hoesch. **10** ὑστερέᾳ E1 | σὺν] συν E1 **11** συμπροελθόντες] συνπροελ-θόντες E1 **12** ξυναγόντων C: ξεναγόντων β Hoesch.: corr. Nieb. Bekk. (iam-pridem in E1 **13** ἀττίλα M1 **16** ἐνθένδεν M1 **17** Ἴστρον] οἴστρον B1P1: corr. Hoesch. **19** προσοικοῦντες] προσηκούντες E1 **21** ἁμαξῶν] ἀμαζῶν B1 **22** κέγχρος C: κέχρος E1M1B1P1 **23** καλούμενος ἐπιχωρίως **24** κέγχρον] κέγχρου E1 **25** αὐτό] αὐτοί **ω**: corr. Hoesch.

Μακρὰν δὲ ἀνύσαντες ὁδόν, περὶ δείλην ὀψίαν κατεσκηνώσαμεν 66
πρὸς λίμνῃ τινί, πότιμον ὕδωρ ἐχούσῃ, ὅπερ οἱ τῆς πλησίον ὑδρεύον-
το κώμης. Πνεῦμα δὲ καὶ θύελλα ἐξαπίνης διαναστᾶσα, μετὰ βρον- 67
τῶν καὶ συχνῶν ἀστραπῶν καὶ ὄμβρου πολλοῦ, οὐ μόνον ἡμῶν ἀνέ-
τρεψε τὴν σκηνήν, ἀλλὰ καὶ τὴν κατασκευὴν σύμπασαν ἐς τὸ ὕδωρ
ἐκύλισε τῆς λίμνης. Ὑπὸ δὲ τῆς κρατούσης τὸν ἀέρα ταραχῆς καὶ τοῦ 68
συμβάντος δειματωθέντες, τὸ χωρίον ἀπελείπομεν καὶ ἀλλήλων χω-
ριζόμεθα, ὡς ἐν σκότῳ καὶ ὑετῷ, τραπέντες ὁδὸν ἣν αὐτῷ ῥᾳδίαν ἕ-
καστος ἔσεσθαι ᾤετο. Ἐς δὲ τὰς καλύβας τῆς κώμης παραγενόμενοι 69
(τὴν αὐτὴν δὲ πάντες διαφόρως ἐτράπημεν) ἐς ταὐτὸν συνήειμεν καὶ
τῶν ἀπολειπομένων σὺν βοῇ τὴν ζήτησιν ἐποιούμεθα. Ἐκπηδήσαντες 70
δὲ οἱ Σκύθαι διὰ τὸν θόρυβον, τοὺς καλάμους, οἷς πρὸς τῷ πυρὶ κέχρηνται, ἀνέκαιον, φῶς ἐργαζόμενοι, καὶ ἀνηρώτων ὅτι βουλόμενοι
κεκράγαμεν. Τῶν δὲ σὺν ἡμῖν βαρβάρων ἀποκριναμένων ὡς διὰ τὸν 71
χειμῶνα ταραττόμεθα, πρὸς σφᾶς τε αὐτοὺς καλοῦντες ὑπεδέχοντο
καὶ ἀλέαν παρεῖχον, καλάμους πλείστους ἐναύοντες.
Τῆς δὲ ἐν τῇ κώμῃ ἀρχούσης γυναικός (μία δὲ αὕτη τῶν Βλήδα γυ- 72
ναικῶν ἐγεγόνει) τροφὰς ἡμῖν διαπεμψαμένης καὶ ἐπὶ συνουσίᾳ γυναῖκας εὐπρεπεῖς (Σκυθικὴ δὲ αὕτη τιμή), τὰς μὲν γυναῖκας ἐκ τῶν
προκειμένων ἐδωδίμων φιλοφρονησάμενοι, τῇ πρὸς αὐτὰς ὁμιλίᾳ
ἀπαγορεύσαντες, ἐγκαταμείναντες δὲ ταῖς καλύβαις, ἅμα ἡμέρᾳ ἐς
τὴν τῶν σκευῶν ἐτράπημεν ἀναζήτησιν καί, σύμπαντα εὑρηκότες, τὰ
μὲν ἐν τῷ χωρίῳ ᾧπερ ἐν, τῇ προτεραίᾳ, καταλύσαντες ἐτύχομεν, τὰ
δὲ καὶ πρὸς τῇ ὄχθῃ τῆς λίμνης, τὰ δὲ καὶ ἐν αὐτῷ τῷ ὕδατι ἀνελάβομεν καὶ ἐκείνην τὴν ἡμέραν ἐν τῇ κώμῃ διετρίψαμεν, ἅπαντα διατερ-

---

287 βροντῶν…288 πολλοῦ] Thuc. V 70, **1** (Bornmann 1974, *Osservazioni*, p. 117). **290** ταραχῆς…292 ὑετῷ] cf. Thuc. II 4, 2; VIII 42, **1** (Bornm., l. cit.). **292** τραπέντες ὁδὸν] Hdt. V 15, 2; VI **119**, 3; cf. I **112**, 2 (Bornm., ibid.).

---

4 ἀνέτρεψε] αν ἔτρεψε (sic) B**1**: ἔτρεψε Hoesch. **7** ἀπελίπομεν M**1**P**1** **8** αὐτῷ] αὐτῶ **ω**: corr. Nieb. Bekk. **9** καλύβας] χαλύβας B**1** **10** πάντως E**1** **συνήειμεν**] συνίειμεν **ω**: corr. Hoesch. **11** ἀπολιπομένων C **13** ἀνερώτων **ω**: corr. Hoesch. **15** ταραττόμεθα] διαταραττόμεθα **β** **16** ἀλεάν **ω**: corr. Nieb. **20** αὐτὰς] αὐτούς M**1** **23** ᾧπερ ἐν] οὗπερ ἐν Hoesch. Ed.Par. Nieb. Müll. Dind., sed haec anastrophe videtur: dubitanter ἐν ᾧπερ de B. (in app. tantum). **24** ἀνελάβομεν iterat B**1** in folii (non quinionis) principio. **25** διαταρσαίνοντες **ω**: διαταρ<u>α</u>σαίνοντες (ipse α secl.) M**1**: corr. Hoesch.

73 σαίνοντες· ὅ τε γὰρ χειμὼν ἐπέπαυτο καὶ λαμπρὸς ἥλιος ἦν. Ἐπιμελη-
θέντες δὲ καὶ τῶν ἵππων καὶ τῶν λοιπῶν ὑποζυγίων, παρὰ τὴν βασι-
λίδα ἀφικόμεθα, καὶ αὐτὴν ἀσπασάμενοι καὶ δώροις ἀμειψάμενοι,
τρισί τε ἀργυραῖς φιάλαις καὶ ἐρυθροῖς δέρμασι καὶ τῷ ἐξ Ἰνδίας πε-
πέρει καὶ τῷ καρπῷ τῶν φοινίκων καὶ ἑτέροις τρυγήμασι, διὰ τὸ μὴ
ἐπιχωριάζειν τοῖς βαρβάροις οὖσι τιμίοις, ὑπέξιμεν, εὐξάμενοι αὐτῇ
ἀγαθὰ τῆς ξενίας πέρι.
74 Ἡμερῶν δὲ ζ′ ὁδὸν ἀνύσαντες, ἐν κώμῃ τινὶ ἐπεμείναμεν, τῶν ξεναγούντων παρακελευσαμένων Σκυθῶν, οἷα δὴ τοῦ Ἀττήλα ἐς αὐτὴν
ἐμβαλοῦντος τὴν ὁδὸν καὶ ἡμῶν κατόπιν αὐτοῦ πορεύεσθαι ὀφειλόν-
των.
75 Ἔνθα δὴ ⟨ἐν⟩τυγχάνομεν ἀνδράσι τῶν ἑσπερίων Ῥωμαίων, καὶ αὐτοῖς
παρὰ τὸν Ἀττήλαν πρεσβευομένοις, ὧν Ῥωμύλος ἦν, ἀνὴρ τῇ τοῦ κόμητος ἀξίᾳ τετιμημένος, καὶ Προμοῦτος, τῆς Νωρίκων ἄρχων χώρας,
76 καὶ Ῥωμανός, στρατιωτικοῦ τάγματος ἡγεμών. Συνῆν δὲ αὐτοῖς Κωνστάντιος, ὃν ἀπεστάλκει Ἀέτιος παρὰ τὸν Ἀττήλαν, ὑπογραφέως χάριν, καὶ Τατοῦλος, ὁ Ὀρέστου πατὴρ τοῦ μετὰ Ἐδέκωνος, οὐ τῆς πρεσβείας ἕνεκα, ἀλλὰ οἰκειότητος χάριν ἅμα σφίσιν αὐτοῖς τὴν πορείαν
ποιούμενοι, Κωνστάντιος μὲν διὰ ⟨τὴν ἐν⟩ ταῖς Ἰταλίαις προϋπάρξα-
σαν πρὸς τοὺς ἄνδρας γνῶσιν, Τατοῦλος δὲ διὰ συγγένειαν· ὁ γὰρ
αὐτοῦ παῖς, Ὀρέστης, Ῥωμύλου θυγατέρα ἐγεγαμήκει, ἀπὸ Παταβίω-
77 νος τῆς ἐν Νωρίκῳ πόλεως. Ἐπρεσβεύοντο δὲ ἐκμειλιττόμενοι τὸν Ἀτ-

---

4 φυάλαις **ω**: corr. Hoesch. **5** τρυγήμασι **ω**: τραγήμασι edd., fort. recte **12** ἐντυγχάνομεν scripsi: τυγχάνομεν **ω**: ⟨ἐνε⟩τυγχάνομεν edd. **13** πρεσβευομένους E1 | ῥωμῖλος C | κώμητος P1 **14** πριμοῦτος **ω** Hoesch. Ed. Par. Nieb. (Προμῶτος dubitanter Nieb., in app. tantum) Müll.: corr. Dind.. Cf. *PLRE* II p. 926) **15** ῥωμάνος E1B1P1 Hoesch.: Ῥωμανός edd. rell. **19** τὴν ἐν add. Nieb. edd. rell. **21** ἀπὸ...22 πόλεως] νορικωπόλεως E1CM1B1: νορικῷ πόλεως P1: corr. Hoesch.: edd. hic lacunam posuerunt (post πόλεως Nieb. Bekk. Müll. Dind., ante ἀπό Παταβίωνος de B. Blockl., utrimque Bornm.: cf. denuo Šašel Kos 1994, pp. 108/9, sed ἀπό iter post nuptias, scil. a Poetovio ad Hunnicam Pannoniam [cf. supra Exc. 7, 1 de Oreste], significare potest), quia omnes δέ fugit: nam ἐπρεσβεύοντο δὲ novam sententiam incipit (cf. e.g. infra, par. 64 ἐχορηγοῦντο δέ: ibid. ἐκομίζοντο δέ: et saepe). **22** δὲ] om. M1B1 Hoesch. edd. rell. | ἐκμειλιττόμενοι] ἐκμελιττόμενοι **β**: iam corr. Hoesch.

τήλαν, ἐκδοθῆναι αὐτῷ βουλόμενον Σιλβανόν, ἀργυροτραπέζης κατὰ τὴν Ῥώμην προεστῶτα, ὡς φιάλας χρυσᾶς παρὰ Κωνσταντίου δεξάμενον, ὃς ἐκ Γαλατῶν μὲν τῶν ἐν τῇ ἑσπέρᾳ ὡρμᾶτο, ἀπέσταλτο δὲ
καὶ αὐτὸς παρὰ Ἀττήλαν τε καὶ Βλήδαν, ὥσπερ ὁ μετ᾽ αὐτὸν Κωνστάντιος, ὑπογραφέως χάριν· κατὰ δὲ τὸν χρόνον ἐν ᾧ ὑπὸ Σκυθῶν
ἐν τῷ Παιόνων ἐπολιορκεῖτο τὸ Σίρμιον, τὰς φιάλας παρὰ τοῦ τῆς
πόλεως ἐπισκόπου ἐδέξατο ἐφ᾽ ᾧ αὐτὸν λύσασθαι, εἴ γε περιόντος
αὐτοῦ ἁλῶναι τὴν πόλιν συμβαίη, ἤ, ἀναιρεθέντος, ὠνήσασθαι τοὺς
αἰχμαλώτους ἀπαγομένους τῶν ἀστῶν. Ὁ δὲ Κωνστάντιος, μετὰ τῆς 78
πόλεως ἀνδραποδισμόν, ὀλιγωρήσας τῶν συνθηκῶν, ἐς τὴν Ῥώμην
κατὰ πρᾶξίν τινα παραγίνεται καὶ κομίζεται παρὰ τοῦ Σιλβανοῦ χρυσίον, τὰς φιάλας δούς, ὥστε, ῥητοῦ χρόνου ἐντός, ἢ ἀποδόντα τὸ ἐκ-
δανεισθὲν χρυσίον ἀναλαβεῖν τὰ ἐνέχυρα, ἢ αὐτοῖς τὸν Σιλβανὸν ἐς
ὅτι βούλοιτο χρήσασθαι. Τοῦτον δὴ τὸν Κωνστάντιον, ἐν ὑποψίᾳ 79
προδοσίας ποιησάμενοι, Ἀττήλας τε καὶ Βλήδας ἀνεσταύρωσαν· μετὰ δὲ χρόνον, τῷ Ἀττήλᾳ ὡς τὰ περὶ τῶν φιαλῶν ἐμηνύθη, ἐκδοθῆναι
αὐτῷ τὸν Σιλβανόν, οἷα δὴ φῶρα τῶν αὐτοῦ γενόμενον, ἐβούλετο. 80
Πρέσβεις τοίνυν παρὰ Ἀετίου καὶ τοῦ βασιλεύοντος τῶν ἑσπερίων
Ῥωμαίων ἐστάλησαν, ἐροῦντες ὡς χρήστης Σιλβανὸς Κωνσταντίου
γενόμενος τὰς φιάλας ἐνέχυρα καὶ οὐ φώρια λαβὼν ἔχοι καὶ ὡς ταύτας, ἀργυρίου χάριν, ἱερεῦσι καὶ τοῖς ἐπιτυχοῦσιν ἀπέδοτο· οὔτε γὰρ
θέμις ἀνθρώποις εἰς σφετέραν διακονίαν κεχρῆσθαι ἐκπώμασιν ἀνα-
τεθεῖσι θεῷ. Εἰ οὖν μὴ τῆς εὐλόγου προφάσεως καὶ εὐλαβείᾳ τοῦ θεί- 81
ου ἀποσταίη τοῦ τὰς φιάλας αἰτεῖν, ἐκπέμπειν τὸ ὑπὲρ αὐτῶν

---

1 ἀργυροτραπέζης scripsi (cf. Just. *Edict.* IX 2.1 τοὺς ἀργυροτραπέζης προεστῶτας): ἁρμίου τραπέζης ω: ἀργυρίου iam ci. Vales.: text. trad. servav. Hoesch. Nieb. Müll. Dind.: crucem pos. de B. Bornm.: ἀσήμου Bury (I, p. 282 nt. 2) Blockl. **2** προεστῶτας P1 **4** καὶ αὐτὸς] om. C **6** σίρβιον ω: corr. Hoesch. **7** ἐδέξαντο ω Hoesch.: corr. Ed. Par. | περιόντος Hoesch. edd. rell.: *Lege* παρόντος *vel* περιόντος E1 (pc. m. lat. sl.): πενόντος E1 (ac.) CM1B1: <u>παϊο</u>παινόντος (ipse παιο secl.) P1 **9** ἀστῶν] ναστῶν C **10** πόλεως] πόλεως τὸν (sic) M1P1 | ὀλιγορήσας ω: corr. Hoesch. | συνθηκῶν] σκυθικῶν ω: corr. Nieb. **12** ἐκδανεισθὲν] ἐκδανησθὲν B1: ἐκδαπανησθέν P1 **13** αὐτοῖς] ἐν αὐτοῖς M1P1 **16** ἀττίλα M1 **17** γενομένων ω (et E1 ac.): corr. Hoesch. E1(pc.) **20** ταύτας] ταύτης C **23** μὴ τῆς] μετὰ τῆς dubitanter Nieb. (in app.): μὴ μετὰ τῆς Blockl.: crucem pos. Bornm. (τῇ dubitanter in app., v. infra) | εὐλόγου προφάσεως] εὐλόγῳ προφάσει Bornm. (dub. in app.)

χρυσίον, τὸν Σιλβανὸν παραιτουμένους· οὐ γὰρ ἐκδώσειν ἄνθρωπον
ἀδικοῦντα οὐθέν.
82 Καὶ αὕτη μὲν αἰτία τῆς τῶν ἀνδρῶν πρεσβείας· καὶ παρείποντο ὅτι
καὶ ἀποκρινόμενος ἀποπέμψοι σφᾶς ὁ βάρβαρος.
83 Ἐπὶ τῆς αὐτῆς οὖν ὁδοῦ γενόμενοι, προπορευθῆναι αὐτὸν ἀναμείναν-
τες, σὺν τῷ παντὶ ἐπηκολουθήσαμεν πλήθει καί, ποταμούς τινας δια-
βάντες, ἐν μεγίστῃ παρεγινόμεθα κώμῃ, ἐν ᾗ τὰ τοῦ ἀττήλα οἰκήματα
περιφανέστερα τῶν ἁπανταχοῦ εἶναι ἐλέγετο, ξύλοις τε καὶ σανίσιν
εὐξέστοις ἡρμοσμένα καὶ περιβόλῳ ξυλίνῳ κυκλούμενα, οὐ πρὸς
84 ἀσφάλειαν, ἀλλὰ πρὸς εὐπρέπειαν συλλαμβάνοντι. Μετὰ δὲ τὰ τοῦ
βασιλέως ἦν τὰ τοῦ Ὀνηγησίου διαπρεπῆ καὶ περίβολον μὲν ἐκ ξύλων
καὶ αὐτὰ ἔχοντα, οὐχ ὁμοίως δὲ ὥσπερ ὁ Ἀττήλα πύργοις ἐκοσμεῖτο·
βαλανεῖον δὲ ἦν, οὐ πόρρω τοῦ περιβόλου, ὅπερ Ὀνηγήσιος, μετὰ
τὸν Ἀττήλαν παρὰ Σκύθαις ἰσχύων, μέγα ᾠκοδόμει, λίθους ἐκ τῆς
85 Παιόνων διακομίσας γῆς. Οὐδὲ γὰρ οὐδὲ λίθος, οὐ δένδρον παρὰ
τοῖς ἐκεῖνο τὸ μέρος οἰκοῦσι βαρβάροις ἐστίν, ἀλλὰ ἐπεισάκτῳ τῇ ὕ-
86 λῃ κέχρηνται ταύτῃ. Ὁ δὲ ἀρχιτέκτων τοῦ βαλανείου, ἀπὸ τοῦ Σιρμί-
ου αἰχμάλωτος ἀχθείς, μισθὸν τοῦ εὑρήματος ἐλευθερίαν λήψεσθαι
προσδοκῶν, ἔλαθε μείζονι πόνῳ περιπεσὼν τῆς παρὰ Σκύθαις δου-
λείας· βαλανέα γὰρ αὐτὸν Ὀνηγήσιος κατέστησεν καὶ λουομένῳ αὐτῷ τε καὶ τοῖς ἀμφ᾽αὐτὸν διηκονεῖτο.
87 Ἐν ταύτῃ τῇ κώμῃ εἰσιόντα τὸν Ἀττήλαν ἀπήντων κόραι, στοιχηδὸν
πορευόμεναι ὑπὸ ὀθόναις λεπταῖς τε καὶ λευκαῖς, ἐπὶ πολὺ ἐς μῆκος
παρατεινούσαις, ὥστε ὑπὸ μιᾷ ἑκάστῃ ὀθόνῃ, ἀνεχομένῃ ταῖς χερσὶ
τῶν παρ᾽ἑκάτερα γυναικῶν, κόρας ζ´ ἢ καὶ πλείους βαδιζούσας (ἦ-
σαν δὲ πολλαὶ τοιαῦται τῶν γυναικῶν ὑπὸ ταῖς ὀθόναις τάξεις) ᾄδειν
ᾄσματα Σκυθικά.
88 Πλησίον δὲ τῶν Ὀνηγησίου οἰκημάτων γενόμενον (δι᾽αὐτῶν γὰρ ἡ ἐπὶ
τὰ βασίλεια ἦγεν ὁδός) ὑπεξελθοῦσα ἡ τοῦ Ὀνηγησίου γαμετὴ μετὰ
πλήθους θεραπόντων, τῶν μὲν ὄψα, τῶν δὲ καὶ οἶνον φερόντων

---

362 ἐν[1]…365 συλλαμβάνοντι] v. infra Exc. 9 (Jord. *Get.* 178-179).
370 Οὐδὲ…δένδρον] cf. Hdt. IV 16,1 οὐδὲ γὰρ οὐδέ ... οὐδὲ οὗτος.

---

1 ἐκδώσεις ω: corr. Vales. **4** ἀποκρινάμενος M1P1 **6** ἐπικολουθήσαμεν E1 **12** ἀττήλας ω: corr. Hoesch. **15** οὐδὲν γὰρ M1P1 **18** εὑρέματος ω: corr. Dind. **21** ἀμφ᾽αὐτὸν CB1 **23** πορευόμεναι] προπορευόμεναι B1P1 **25** βαδιζούσαις **β**Hoesch.: corr. Nieb. Bekk (iampridem in E1C)

(μεγίστη δὲ αὕτη παρὰ Σκύθαις ἐστί τιμή) ἠσπάζετο τε καὶ ἠξίου μεταλαβεῖν ὧν αὐτῷ φιλοφρονουμένη ἐκόμισεν· ὃς δέ, ἐπιτηδείου ἀνδρὸς χαριζόμενος γαμετῇ, ἤσθιεν ἐπὶ τοῦ ἵππου ἥμενος, τῶν παρεπομένων τὸν πίνακα (ἀργύρεος δὲ ἦν οὗτος) ἐς ὕψος ἀράντων βαρβάρων. Ἀπογευσάμενος δὲ καὶ τῆς προσενεχθείσης αὐτῷ κύλικος, ἐς τὰ 89
βασίλεια ἐχώρει, ὄντα τῶν ἄλλων ὑπέρτερα καὶ ἐν ὑψηλῷ διακείμενα
χωρίῳ.
Ἡμεῖς δὲ ἐν τοῖς Ὀνηγησίου, ἐκείνου παρακελευσαμένου, ἐγκατεμεί- 90
ναμεν· (ἐπανεληλύθη γὰρ σὺν τῷ Ἀττήλα παιδί) ⟨καὶ δὴ⟩ ἠριστοποιη-
σάμεθα, δεξιωσαμένης ἡμᾶς τῆς τε γαμετῆς καὶ τῶν κατὰ γένος αὐτῷ
διαφερόντων. Αὐτὸς γάρ, τῷ Ἀττήλᾳ μετὰ τὴν ἐπάνοδον τότε πρῶτον ἐς ὄψιν ἐλθὼν καὶ αὐτῷ τὰ ἐπὶ τῇ πράξει, ἐφ᾽ἣν ἔσταλτο, ἀπαγ-
γέλλων καὶ τὸ πάθος τὸ τῷ Ἀττήλα παιδὶ συνενεχθέν (τὴν γὰρ δεξιὰν
χεῖρα ἐξολισθήσας κατέαξεν), συνευωχεῖσθαι ἡμῖν οὐκ ἦγε σχολήν.
Μετὰ δὲ τὸ δεῖπνον, ἀπολιπόντες τὰ τοῦ Ὀνηγησίου οἰκήματα, πλη- 91
σίον τῶν Ἀττήλα κατεσκηνώσαμεν ἐπιτραπέντες ὥστε, καιροῦ καλοῦντος, ᾖ παρὰ τὸν Ἀττήλαν ἐσιέναι τὸν Μαξιμῖνον ἤγουν, καὶ τοῖς
ἄλλοις τοῖς ἀμφ᾽αὐτὸν ἐς λόγους ἰέναι ὀφείλοντα, μὴ πολλῷ κεχωρί-
σθαι διαστήματι. Διαγόντων δὲ ἡμῶν ἐκείνην τὴν νύκτα ἐν ᾧπερ κα- 92
τελύσαμεν χωρίῳ, ὑποφαινούσης ἡμέρας ὁ Μαξιμῖνος στέλλει με παρὰ τὸν Ὀνηγήσιον τὰ δῶρα δώσοντα, ἅ τε αὐτὸς ἐδίδου ἅ τε βασιλεὺς ἀπεστάλκει, καὶ ὅπως γνοίη οἷ βούλεται αὐτῷ καὶ ὁπότε ἐς λόγους ἐλθεῖν. Παραγενόμενος δὲ ἅμα τοῖς κομίζουσιν αὐτῷ ὑπηρέταις 93

---

1 τιμή] τομὴ P1 | τε] δὲ **ω**: corr. Hoesch. **5** κυλίκου **ω**: corr. Hoesch. **6** ὑψιλῷ E1CB1P1 **9** ἐπανεληλύθει **β** | καὶ δὴ scripsi (post παιδί facile omissa): καὶ suppl. Hoesch. Nieb. Müll. Dind.: δὲ (post ἠριστοποιησάμεθα) de B. Bornm. Blockl. **11** ἀττίλᾳ P1 **13** ἀττίλᾳ P1 **14** συνευοχεῖσθαι **ω**: corr. Hoesch. **15** τὰ ... **17** καλοῦντος E1: τὰ τοῦ ... ἐπιτραπέντες om. C: ἐπιτραπέντες ... καλοῦντος om. **β**: integrum text. primus de B. praeb. **17** ἐσιέναι E1C: ἐπιέναι B1 (π ex σ corr., ut vid.) M1P1 Hoesch.: εἰσιέναι Nieb. (in app. tant.) | Μαξιμῖνον] μάξιμον **ω**: corr. Ed. Par. **18** ἀμφ᾽αὐτὸν CB1 | ὀφείλοντας M1 **20** ὑποφανούσης M1 **22** οἷ βούλεται] οἱ βουλευταὶ **ω** (et E1 ac. in l.): οἷα βουλευτέα (E1 pc. sl. m. lat.): οἳ βουλευταὶ Hoesch.: εἰ Bekk. (et in text.) Müll.: οἷ Dind. de B. Bornm. Blockl.: βούλεται Vales. (v. infra, idem par. **117**) Nieb. Müll. de B. Bornm. Blockl. | λόγους] λόθους B1P1 **23** ὑπηρέτης M1P1

προσεκαρτέρουν, ἔτι τῶν θυρῶν κεκλεισμένων, ἄχρις ὅτου τις, ὑπεξελθών, τὴν ἡμετέραν μηνύσειεν ἄφιξιν.
94 Διατρίβοντι δέ μοι καὶ περιπάτους ποιουμένῳ πρὸ τοῦ περιβόλου
τῶν οἰκημάτων προσελθών τις, ὃν βάρβαρον ἐκ τῆς Σκυθικῆς ᾠήθην
εἶναι στολῆς, Ἑλληνικῇ ἀσπάζεταί με φωνῇ, «Χαῖρε» προσειπών,
ὥστε με θαυμάζειν, ὅτι γε δὴ ἑλληνίζει Σκύθης ἀνήρ· ξύγκλυδες γὰρ
ὄντες, πρὸς τῇ σφετέρᾳ βαρβάρῳ γλώσσῃ ζηλοῦσιν ἢ τὴν Οὔννων ἢ
τὴν Γότθων ἢ καὶ τὴν Αὐσονίων, ὅσοις αὐτῶν πρὸς Ῥωμαίους ἐπιμι-
ξία, καὶ οὐ ῥᾳδίως τις σφῶν ἑλληνίζει τῇ φωνῇ, πλὴν ὧν ἀπήγαγον
95 αἰχμαλώτων ἀπὸ τῆς Θρᾳκίας καὶ Ἰλλυρίδος παράλου. Ἀλλ᾽ἐκεῖνοι
μὲν γνώριμοι τοῖς ἐντυγχάνουσιν ἐτύγχανον ἔκ τε τῶν διερρωγότων
ἐνδυμάτων καὶ τοῦ αὐχμοῦ τῆς κεφαλῆς, ὡς ἐς τὴν χείρονα μεταπε-
σόντες τύχην· οὗτος δὲ τρυφῶντι ἐῴκει Σκύθῃ, εὐείμων τε ὢν καὶ
ἀποκειράμενος τὴν κεφαλὴν περιτρόχαλα.
96 Ἀντασπασάμενος δὲ ἀνηρώτων τίς ὢν καὶ πόθεν ἐς τὴν βάρβαρον
παρῆλθε γῆν καὶ βίον ἀναιρεῖται Σκυθικόν· ὁ δὲ ἀπεκρίνατο, ὅτι βου-
97 λόμενος ταῦτα γνῶναι ἐσπούδακα. Ἐγὼ δὲ ἔφην αἰτίαν πολυπραγμο-
σύνης εἶναί μοι τὴν Ἑλλήνων φωνήν· τότε δὴ γελάσας ἔλεγεν Γραικὸς
μὲν εἶναι τὸ γένος, κατ᾽ἐμπορίαν δὲ εἰς τὸ Βιμινάκιον ἐληλυθέναι, τὴν
πρὸς τῷ Ἴστρῳ ποταμῷ Μυσῶν πόλιν, πλεῖστον δὲ ἐν αὐτῇ διατρίψαι
98 χρόνον καὶ γυναῖκα γήμασθαι ζάπλουτον. Τὴν δὲ ἐντεῦθεν εὐπραγί-
αν ἐκδύσασθαι, ὑπὸ τοῖς βαρβάροις τῆς πόλεως γενομένης, καὶ διὰ
τὸν ὑπάρξαντα πλοῦτον αὐτῷ Ὀνηγησίῳ ἐν τῇ τῶν λαφύρων προκρι-
θῆναι διανομῇ· τοὺς γὰρ ἁλόντας ἀπὸ τῶν εὐπόρων, μετὰ τὸν Ἀττήλαν, ἐκκρίτους εἶχον οἱ τῶν Σκυθῶν λογάδες, διὰ τὸ ἐπὶ πλείστοις
99 διατίθεσθαι. Ἀριστεύσαντα δὲ ἐν ταῖς ὕστερον πρὸς Ῥωμαίους μάχαις
καὶ τὸ τῶν Ἀκατήρων ἔθνος, δόντα τῷ βαρβάρῳ δεσπότῃ, κατὰ τὸν

411 Διατρίβοντι ... ποιουμένῳ] Plat. *Phaedr.* 227a (Bornm. 1974, p. 38).
422 ἀποκειράμενος ... περιτρόχαλα] Hdt. III 8, 3 κείρονται δὲ περιτρόχαλα.

2 ἡμετέραν] ἡμέραν M1 | ἄφειξιν E1 **3** περιπάτοις **ω**: corr. Hoesch. **4** προσελθών τις] προσελθόντες B1M1: προελθώντες P1 **7** ἢ[1]] οὐ **β**Hoesch.: corr. Vales. (iampridem servav. E1C) **12** αὐχμοῦ] ἀχμοῦ C (ac.) B1 **13** σκύθει M1B1 **18** τὴν] τῶν **ω**: corr. Bekk. | τότε ... ἔλεγεν iterat C | ἔλεγεν] ἔλεγε de B. Bornm.: ἔφη **β**Hoesch. edd. rell. **19** κατ᾽ἐμπορίαν] κατεμπορεῖαν E1 | εἰς] ἐς M1P1 **20** διατρίψας **ω**: corr. Hoesch. **23** ὀνεγεσίῳ P1 **25** τὸ] τὸν E1 P1(ac.) **27** ἀκατήρων **ω**: Ἀκατίρων Müll. de B. Bornm. Blockl.

παρὰ Σκύθαις νόμον, τὰ κατὰ τὸν πόλεμον αὐτῷ κτηθέντα, ἐλευθερίας τυχεῖν· γυναῖκα δὲ γήμασθαι βάρβαρον, εἶναί τε αὐτῷ παῖδας καί,
Ὀνηγησίῳ τραπέζης κοινωνοῦντα, ἀμείνονα τοῦ προτέρου τὸν πα-
ρόντα βίον ἡγεῖσθαι. Τοὺς μὲν γὰρ παρὰ Σκύθαις, μετὰ τὸν πόλεμον, 100
ἐν ἀπραγμοσύνῃ διατελεῖν, ἑκάστου τῶν παρόντων ἀπολαύοντος καὶ
οὐδαμῶς ἢ ὀλίγα ἐνοχλοῦντος ἢ ἐνοχλουμένου. Τοὺς μέντοι παρὰ 101
Ῥωμαίοις ἐν μὲν πολέμῳ ῥᾳδίως ἀναλίσκεσθαι, εἰς ἑτέρους τὰς τῆς
σωτηρίας ἐλπίδας ἔχοντας, ὡς πάντων διὰ τοὺς τυράννους μὴ χρω-
μένων ὅπλοις, καὶ τοῖς χρωμένοις δὲ σφαλερωτέρα ἡ τῶν στρατηγῶν
κακία μὴ ὑφισταμένων τὸν πόλεμον. Ἐν δὲ εἰρήνῃ ὀδυνηρότερα 102
ὑπάρχειν τὰ συμβαίνοντα τῶν ἐν τοῖς πολέμοις κακῶν, διά τε τὴν βαρυτάτην εἴσπραξιν τῶν δασμῶν καὶ τὰς ἐκ τῶν πονηρῶν βλάβας, τῶν
νόμων οὐ κατὰ πάντων κειμένων, ἀλλὰ εἰ μὲν ὁ παραβαίνων τὸν θεσμὸν τῶν πλουτούντων εἴη, ἐπὶ τῆς ἀδικίας αὐτὸν μὴ διδόναι δίκας·
εἰ δὲ πένης εἴη, οὐκ ἐπιστάμενος χρῆσθαι πράγμασιν, ὑπομένει τὴν
ἀπὸ τοῦ νόμου ζημίαν, εἴπερ μὴ πρὸ τῆς κρίσεως ἀπολείποι τὸν βίον,
μακρὸν ἐπὶ ταῖς δίκαις παρατεινομένου χρόνου καὶ πλείστων ἐκδα-
πανωμένων χρημάτων· ὅπερ τῶν πάντων ἀνιαρότατον εἴη, ἐπὶ μισθῷ
τῶν ἀπὸ τοῦ νόμου τυγχάνειν. Οὐδὲ γὰρ τῷ ἀδικουμένῳ, εἰς δικα- 103
στήριον ⟨ἰόντι⟩, παραδώσει, εἰ μή τι ἀργύριον τῷ τε δικαστῇ καὶ τοῖς
ἐκείνῳ διακονουμένοις κατάθοιτο.

Τοιαῦτα καὶ πλεῖστα ἕτερα προτιθέντος, ὑπολαβὼν ἔφασκον πράως 104
αὐτὸν καὶ τὰ ἐξ ἐμοῦ ἀκούειν. Καὶ δὴ ἔλεγον ὡς οἱ τῆς Ῥωμαίων πο- 105
λιτείας εὑρεταί, σοφοί τε καὶ ἀγαθοὶ ἄνδρες, ὥστε τὰ πράγματα τηνάλλως μὴ φέρεσθαι, τοὺς μὲν τῶν νόμων εἶναι φύλακας, τοὺς δὲ
ποιεῖσθαι τῶν ὅπλων ἐπιμέλειαν ἔταξαν καὶ τὰς πολεμικὰς μελέτας
ἀσκεῖν, πρὸς μηδὲν ἕτερον ἐπαγομένους ἢ ὥστε εἶναι πρὸς μάχην

7 ῥᾳδίως] ῥᾳδίος E1 | ἐς C **9** ὅπλοις...χρωμένοις om. P1 | τοῖς χρωμένοις] χρωμένων E1CM1P1: χρομένων B1: corr. Maltese 1977, pp. 274/5. | χρωμένοις] **10** μὴ] μὴ δὲ M1 | δὲ] δὲ τῇ E1 | εἰρήνης M1P1 **12** εἴσπραξιν] εἴσπαξιν B1 **13** ἀλλὰ εἰ] ἀλλ᾽ἀεὶ P1 **14** ἀδικείας C **15** ὑπομένει M1 ὑπομένη E1CB1P1 **16** τὸν] τὸ M1 **17** παρατινομένου E1C **18** ἀνιαρώτατον **ω**: corr. Müll. | μισθῷ τῶν] μισθωτῶν E1 **19** εἰς **ω**: τις Nieb. edd. rell. | δικαστίριον P1 **20** ἰόντι supplevi. | τότε **ω**: corr. Hoesch. **21** ἐκείνων M1P1 | διακονουμένοις] διακονουμένους P1 ἀδικουμένοις M1 (ac. in l.) **22** πράως] πράος **ω**: πράως Hoesch. **23** αὐτὸν] αὐτὸς E1 **24** ὥστε] οἵγε ἰδόντες Bekk. | τηνάλλως] τὴν ἄλλως E1 **25** μὴ E1 (pc. alia graeca m., ut vid.): om. Cβ

ἑτοίμους καὶ ὡς ἐπὶ τὴν συνήθη γυμνασίαν θαρροῦντας ἐπὶ τὸν πόλεμον ἰέναι, προσαναλωθέντος αὐτοῖς διὰ τῆς μελέτης τοῦ φόβου, τοὺς
δὲ προσκειμένους τῇ γεωργίᾳ καὶ τῇ ἐπιμελείᾳ τῆς γῆς ἑαυτούς ⟨τε
καὶ τοὺς⟩ ὑπὲρ σφῶν αὐτῶν ἀγωνιζομένους τρέφειν.
106 Ἔταξαν δὲ καὶ τοὺς τὸ στρατιωτικὸν εἰσπραττομένους σιτηρέσιον,
ἄλλους δὲ τῶν ἀδικουμένων προνοεῖν· καὶ τοὺς μὲν τοῦ δικαίου
προΐστασθαι ὑπὲρ τῶν δι᾽ἀσθένειαν φύσεως μὴ οἵων τε ὄντων τὰ
σφέτερα προΐσχεσθαι δίκαια, τοὺς δὲ δικάζοντας φυλάττειν ἅπερ ὁ
νόμος βούλεται· μὴ ἐστερῆσθαι δὲ φροντίδος μηδὲ τῶν παραστάντων
τοῖς δικασταῖς, ἀλλὰ κἀκείνων εἶναι τοὺς πρόνοιαν ποιησομένους
ὅπως τοῦ τε δικαίου τεύξοιτο ὁ τῆς τῶν δικαστῶν τυχὼν κρίσεως καὶ
ὁ ἀδικεῖν νομισθεὶς μὴ εἰσπραχθείη πλέον ἤπερ ἡ δικαστικὴ βούλεται
107 ψῆφος. Εἰ γὰρ μὴ ὑπῆρχον οἱ ταῦτα ἐν φροντίδι ποιούμενοι, ἐκ τῆς
αὐτῆς αἰτίας ἑτέρας δίκης ἐγίνετο ἂν πρόφασις, ἢ τοῦ νενικηκότος
χαλεπώτερον ἐπεξιόντος, ἢ τοῦ τὴν χείρονα ἀπενεγκαμένου τῇ ἀδίκῳ
ἐπιμένοντος γνώμῃ.
108 Εἶναι δὲ καὶ τούτοις τεταγμένον ἀργύριον, παρὰ τῶν τὰς δίκας ἀγω-
νιζομένων, ὡς παρὰ τῶν γεωργῶν τοῖς ὁπλίταις (ἢ οὐχ ὅσιον τὸν ἐπι-
κουροῦντα τρέφειν καὶ τῆς εὐνοίας ἀμείβεσθαι, ὥσπερ ἀγαθὸν ἱππεῖ
μὲν ἡ τοῦ ἵππου κομιδή, ἀγαθὸν δὲ βουκόλῳ ἡ τῶν βοῶν καὶ θηρατῇ
ἡ τῶν κυνῶν ἐπιμέλεια καὶ τῶν ἄλλων, ὧν πρὸς σφετέραν φυλακήν
τε καὶ ὠφέλειαν ἔχουσιν ἄνθρωποι;), ὁπότε τὴν δαπάνην τὴν ἐπὶ τῇ
δίκῃ γενομένην ἁλόντες ἐκτίνουσιν, ἀνατιθέντες ἀδικίᾳ σφετέρᾳ καὶ
109 οὐχ ἑτέρῳ τὴν βλάβην. Τὸν δὲ ἐπὶ ταῖς δίκαις μακρότερον, ἂν οὕτω
τύχοι, χρόνον τῆς τοῦ δικαίου προνοίας γίνεσθαι χάριν, ὥστε μή,
σχεδιάζοντας, τοὺς δικαστὰς τῆς ἀκριβείας διαμαρτεῖν, λογιζομέ-
νους ἄμεινον εἶναι ὀψὲ πέρας ἐπιτεθῆναι δίκῃ, ἤ, ἐσπουδακότας, μὴ
μόνον ἄνθρωπον ἀδικεῖν, ἀλλὰ εἰς τοῦ δικαίου εὑρετὴν θεὸν πλημμε-
110 λεῖν. Κεῖσθαι δὲ τοὺς νόμους κατὰ πάντων, ὥστε αὐτοῖς καὶ βασιλέα

---

2 προσαναλωθέντος **P1**: πρὸς ἀναλωθέντος **E1M1B1**: προσαλωθέντος C: προαναλωθέντος Hoesch. (in mg.) edd. rell. **3** προκειμένους **β**: corr. Hoesch. (iampridem in E1C). | ἑαυτούς...4 τοὺς] αὐτοὺς **ω**: corr. et suppl. Bekk. **8** φυλάττειν E1: φυλάττει CM1B1P1 **11** τεύξοντο E1 **14** πράφασις C **15** χαλεπότερον **ω**: corr. Hoesch. | τοῦ τὴν] τῇ τοῦ **β**Hoesch.: τοῦ τὸ Nieb. (in app. tantum) | χείρονος **ω**: χεῖρον Nieb. (in app. tantum) Müll.: corr. de B. (scil. ψῆφον) **21** κυνῶν] κυρῶν **ω**: corr. Hoesch. **23** ἐκτίνουσιν] ἐκτείνουσιν E1C | ἀνατιθέντες] ἀνατιθέντων Vales. **24** ἑτέρῳ] ἑτέρων P1

πείθεσθαι καὶ οὐχ, ὃ τῇ αὐτοῦ ἔνεστιν κατηγορίᾳ, ὅτι γε δὴ οἱ εὔπο-
ροι τοὺς πένητας ἀκινδύνως βιάζοιντο, εἰ μή γε διαλαθών τις φύγοι
τὴν δίκην, ὅπερ οὐκ ἐπὶ τῶν πλουσίων, ἀλλὰ καὶ πενήτων εὕροι τις
ἄν· πλημμελοῦντες γὰρ οὐδὲ αὐτοί, ἀπορίᾳ ἐλέγχων, δοῖεν δίκας (καὶ
τοῦτο παρὰ πᾶσι, καὶ οὐ παρὰ Ῥωμαίοις μόνον, συμβαῖνον). Ἔστι χά- **111**
ριν δὲ ὁμολογεῖν τῇ τύχῃ ἐπὶ τῇ αὐτῷ ὑπαρξάσῃ ἐλευθερίᾳ καὶ μὴ τῷ
ἐπὶ πόλεμον ἐξάγοντι δεσπότῃ, ὥστε αὐτὸν δι᾽ἀπειρίαν ἢ ὑπὸ τῶν
πολεμίων ἀναιρεθῆναι, ἢ φεύγοντα ὑπὸ τοῦ κτησαμένου κολάζεσθαι. **112**
Ἄμεινον δὲ καὶ τοῖς οἰκέταις διατελοῦσι Ῥωμαῖοι χρώμενοι· πατέρων
γὰρ ἢ διδασκάλων ἐς αὐτοὺς ἔργα ἐπιδείκνυνται, ἐφ᾽ᾧ, τῶν φαύλων
ἀπεχομένους, μετιέναι ἅπερ αὐτοῖς καλὰ νενόμισται, σωφρονίζουσι
σφᾶς ἐπὶ τοῖς ἁμαρτήμασιν, ὥσπερ τοὺς οἰκείους παῖδας, οὐδὲ γὰρ
οὐδὲ αὐτοῖς θάνατον, ὥσπερ Σκύθαις, ἐπάγειν θέμις. Ἐλευθερίας δὲ **113**
τρόποι παρ᾽αὐτοῖς πλεῖστοι, ἣν οὐ μόνον περιόντες ἀλλὰ καὶ τελευ-
τῶντες χαρίζονται, διατάττοντες κατὰ τῆς περιουσίας, ὃν βούλονται
τρόπον καὶ νόμος ἐστίν, ὅπερ ἕκαστος τελευτῶν περὶ τῶν προσηκόν-
των βουλεύσοιτο.
Καὶ ὃς δακρύσας ἔφη ὡς οἱ μὲν νόμοι καλοὶ καὶ ἡ πολιτεία Ῥωμαίων **114**
ἀγαθή· οἱ δὲ ἄρχοντες, οὐχ ὅμοια τοῖς πάλαι φρονοῦντες, αὐτὴν δια-
λυμαίνονται.
Ταυτα διαλεγομένων ἡμῶν, προσελθών τις τῶν ἔνδοθεν ἀνοίγει τὰς **115**
θύρας τοῦ περιβόλου, ἐγὼ δὲ προσδραμὼν ἐπυθόμην ὅτι πράττων Ὀ-
νηγήσιος τυγχάνοι· ἀπαγγεῖλαι γὰρ αὐτῷ με βούλεσθαί τι παρὰ τοῦ
Ῥωμαίων ἥκοντος πρεσβευτοῦ. Ὁς δὲ ἀπεκρίνατο αὐτῷ με ἐντεύξε- **116**
σθαι, μικρὸν ἀναμείναντα· μέλλειν γὰρ αὐτὸν ὑπεξιέναι.
Καὶ δή, οὐ πολλοῦ διαγενομένου χρόνου, ὡς προϊόντα εἶδον, **117**
προσελθὼν ἔλεγον ὡς ὁ Ῥωμαίων αὐτὸν ἀσπάζεται πρεσβευτὴς καὶ
δῶρα ἐξ αὐτοῦ ἥκω φέρων σὺν καὶ τῷ παρὰ βασιλέως πεμφθέντι
χρυσίῳ· ἐσπουδακότι δὲ ἐς λόγους ἐλθεῖν, οἷ καὶ πότε βούλεται δια-

---

1 ὃ] ὅς E1M1B1P1: ὅν C: corr. Bekk. (in app. tantum) Müll. de B. Bornm. Blockl.: ὡς Vales. Nieb. **2** βιάζοιτο P1 **6** ὑπαρξάσει E1CB1 **7** διαπειρίαν E1 **10** εἰς M1 | ἐπιδείκνυνται] ἐπιδείκνυονται C **14** ἣν] ἢν E1CP1 **18** ἡ] οἱ C **19** δὲ ἄρχοντες] δ᾽ἄρχοντες **β** | διαλυμαίνοντα P1 **22** ἐπυθόμην] ἐποιθόμην E1C (pc. in l.) B1: ἐπειθόμην M1P1 **23** με E1 (pc. sl.): μοι **ω** **24** με] μοι **ω**: corr. de B. **25** ἀναμείναντα **ω**: ἀναμείναντι Hoesch. (ad μοι retinendum) **27** ἔλεγεν E1 **28** ἥκον E1 **29** οἷ] ᾧ **ω**: corr. Vales.

118 λέγεσθαι.῞Ος δὲ τό τε χρυσίον τά τε δῶρα ἐκέλευσε τοὺς προσήκοντας δέξασθαι, ἐμὲ δὲ ἀπαγγέλλειν Μαξιμίνῳ ὡς ἥξοι αὐτίκα παρ᾽αὐ-
119 τόν. Ἐμήνυον τοίνυν, ἐπανελθών, τὸν Ὀνηγήσιον παραγίνεσθαι· καὶ
εὐθὺς ἧκεν ἐς τὴν σκηνήν.
120 Προσειπὼν δὲ τὸν Μαξιμῖνον ἔφασκεν χάριν ὁμολογεῖν ὑπὲρ τῶν δώρων αὐτῷ τε καὶ βασιλεῖ καὶ ἀνηρώτα ὅτι λέγειν βουλόμενος αὐτὸν
121 μετεπέμψατο.῾Ο δὲ ἔφασκεν ἥκειν καιρὸν ὥστε Ὀνηγήσιον μεῖζον ἐν
ἀνθρώποις ἕξειν κλέος, εἴπερ παρὰ βασιλέα ἐλθὼν διευκρινήσει τὰ
ἀμφίβολα τῇ σφετέρᾳ συνέσει καὶ ὁμόνοιαν Ῥωμαίοις καὶ Οὔννοις
122 καταστήσεται. Γενήσεται γὰρ ἐνθένδε οὐ μόνον τοῖς ἔθνεσιν ἀμφοτέροις συμφέρον, ἀλλὰ καὶ τῷ σφετέρῳ οἴκῳ ἀγαθὰ παρέξει πολλά,
ἐπιτήδειος ἐς ἀεὶ αὐτός τε καὶ οἱ αὐτοῦ παῖδες βασιλεῖ τε καὶ τῷ ἐκείνου ἐσομένῳ γένει.
123 ῾Ο δὲ Ὀνηγήσιος ἔφη· καὶ τί ποιῶν τις κεχαρισμένος βασιλεῖ, ἢ ὅπως
124 παρ᾽αὐτοῦ τὰ ἀμφίβολα λυθείη; Ἀποκριναμένου δὲ ὡς, διαβὰς μὲν
εἰς τὴν Ῥωμαίων, βασιλεῖ τὴν χάριν καταθήσει, διευκρινήσει δὲ τὰ ἀμφίβολα, τὰς αἰτίας διερευνῶν καὶ ταύτας κατὰ ⟨τὸν⟩ τῆς εἰρήνης λύων
θεσμόν, ἔφασκεν ἐκεῖνα ἐρεῖν βασιλεῖ τε καὶ τοῖς ἀμφ᾽αὐτόν, ἅπερ
125 Ἀττήλας βούλεται.῏Η οἴεσθαι -ἔφη- Ῥωμαίους τοσοῦτον ἐκλιπαρήσειν
αὐτόν, ὥστε καταπροδοῦναι δεσπότην καὶ ἀνατροφῆς τῆς παρὰ
Σκύθαις καὶ γαμετῶν καὶ παίδων κατολιγωρήσειν, μὴ μείζονα δὲ
126 ἡγεῖσθαι τὴν παρὰ Ἀττηλᾳ δουλείαν, τοῦ παρὰ Ῥωμαίοις πλούτου;
Συνοίσειν δέ, ἐπιμένοντα τῇ οἰκείᾳ (τὸν γὰρ τοῦ δεσπότου
καταπραΰνειν θυμόν, ἐφ᾽οἷς αὐτὸν ὀργίζεσθαι κατὰ Ῥωμαίων
συμβαίνει), ἤ, παρὰ σφᾶς ἐλθόντα, αἰτίᾳ ὑπάγεσθαι ἕτερα ἤπερ ἐκεί-

528 διευκρινήσει…529 ἀμφίβολα] cf. Exc. 8, 4; Polyb. XXXIX 5, 2; XXXI 8, 1. **536** διευκρινήσει… ἀμφίβολα] v. supra.

1 δὲ] καὶ **β**Hoesch. | ἐκέλευσε] ἐκόλευσε E1 **7** μεταπέμψατο E1 | μεῖζον...8 ἕξειν Hoesch. (in mg.) E1 (pc. in mg. alia lat. m.): μείζονα ἀνθρώποις ἐξῆν **ω** **12** ἐς ἀεὶ] ἐσαεί E1CB1: ἐς ᾀεί M1P1 **13** ἐσομένῳ] ἐσομένει M1P1 **14** ποιῶν…κεχαρισμένος scripsi (scil. εἴη): ποιῶντες κεχαρισμένος C: ποιῶντες καὶ χαρισμένος E1M1B1P1: ποιοῦντες κεχαρισμένως Hoesch. edd. rell.: ποιῶν ἔσται κεχαρισμένος de B. (in app. tantum) **15** λυθείην P1 **17** τὸν suppl. Müll. **18** τοῖς] τούς M1 | ἀμφ᾽αὐτόν CM1B1 **21** κατολιγωρήσεις **ω**: corr. Hoesch. **22** ἀττήλα E1C ἀττήλαν M1B1 ἀττίλαν P1 **23** τὸν] τὴν E1 **25** ὑπάγεσθαι] ἐπάγεσθαι **β** Hoesch. | ἑτέρα **ω**: corr. Nieb.

νῳ δοκεῖ διαπραξάμενον. Ταῦτα εἰρηκὼς κἀμὲ ποιεῖσθαι τὴν πρὸς 127
αὐτὸν εἰσηγησάμενος ἔντευξιν, περὶ ὧν πυνθάνεσθαι αὐτοῦ βουλόμε-
θα (οὐ γὰρ τῷ Μαξιμίνῳ, ὡς ἐν ἀξίᾳ τελοῦντι, ἡ συνεχὴς πρόσοδος
ἦν εὐπρεπής) ἀνεχώρει.
Ἐγὼ δὲ τῇ ὑστεραίᾳ εἰς τὸν Ἀττήλα περίβολον ἀφικνοῦμαι, δῶρα τῇ 128
αὐτοῦ κομίζων γαμετῇ· Κρέκα δὲ ὄνομα αὐτῇ, ἐξ ἧς αὐτῷ παῖδες ἐ-
γεγόνεισαν τρεῖς, ὧν ὁ πρεσβύτερος ἦρχε τῶν Ἀκατήρων καὶ τῶν λοιπῶν ἐθνῶν τῶν νεμομένων τὴν πρὸς τὸν πόντον Σκυθικήν. Ἔνδον δὲ 129
τοῦ περιβόλου πλεῖστα ἐτύγχανεν οἰκήματα, τὰ μὲν ἐκ σανίδων ἐγ-
γλύφων καὶ ἡρμοσμένων εἰς εὐπρέπειαν, τὰ δὲ ἐκ δορῶν κεκαθαρμέ-
νων καὶ πρὸς εὐθύτητα ἀπεξεσμένων, ἐμβεβλημένων δὲ ξύλοις ἀπο-
τελοῦσιν ⟨κύκλους⟩· οἱ δὲ κύκλοι, ἐκ τοῦ ἐδάφους ἀρχόμενοι, ἐς ὕψος
ἀνέβαινον μετρίως. Ἐνταῦθα τῆς Ἀττήλα ἐνδιαιτωμένης γαμετῆς, διὰ 130
τῶν πρὸς τῇ θύρᾳ βαρβάρων ἔτυχον εἰσόδου καὶ αὐτὴν ἐπὶ στρώμα-
τος μαλακοῦ κειμένην κατέλαβον, τοῖς ἐκ τῆς ἐρέας πιλωτοῖς τοῦ ἐ-
δάφους σκεπομένου, ὥστε ἐπ᾽αὐτῶν βαδίζειν. Περιεῖπε δὲ αὐτὴν θε- 131
ραπόντων πλῆθος κύκλῳ καὶ θεράπαιναι, ἐπὶ τοῦ ἐδάφους ἀντικρὺ
αὐτῆς καθήμεναι, ὀθόνας τινάς χρώμασι διεποίκιλλον, ἐπιβληθησο-
μένας πρὸς κόσμον ἐσθημάτων βαρβαρικῶν. Προσελθὼν τοίνυν καὶ 132
τὰ δῶρα μετὰ τὸν ἀσπασμὸν δούς, ὑπεξῄειν καὶ ἐπὶ τὰ ἕτερα ἐβάδι-
ζον οἰκήματα, ἐν οἷς διατρίβειν τὸν Ἀττήλαν ἐτύγχανεν, ἀπεκδεχόμε-

2 εἰσηγησάμενος] ἡγησάμενος **β** Hoesch.: restit. de B. et ss. **3** ἐν ἀξίᾳ] ἀναξία M1P1 | ἡ **ω**: om. edd.: restit. de B. et ss. **4** εὐπρεπεῖς **ω**: corr. Nieb. Bekk.: εὐπρεπῶς Hoesch. (qui antea interpungebat) | ἀνεχώρει] ἀνεχείρει M1 **5** τῇ[1]] τὴν **ω**: corr. Hoesch. | ὑστερέα C | ἐς E1 | ἀττήλαν **β** (-ί- M1P1) **6** Κρέκα] κρέμα M1: Ἡρέκαν (sic) Maench.-H. (p. 408) Blockl. | ἐξ ἧς] ἐξῆς E1M1P1 | ἐγεγόνησαν CB1 **7** ἦρχε] εἶχε M1P1 | Ἀκατήρων **ω** Hoesch. Nieb. : Ἀκατίρων Müll. de B. Bornm. Blockl. **8** τὸν πόντον] τὸ πόν$^{τ'}$ **ω**: corr. Hoesch.: τῷ πόντῳ de B. Bornm. Blockl. **10** δορῶν scripsi: λόγων **ω**: λίθων Hoesch. E1 (pc. in mg. alia lat. m.) Blockl.: δοκῶν Cantocl. (p. 385) Müll. Dind. Thompson 1945, pp. 113/4: λύγων de B.: crucem appos. Bornm. **11** ἀπεξεσμένων E1C Dind. Bornm.: ἐπεξεσμένων **β** edd. rell. **12** κύκλους] ante participium suppl. Bekk. Müll. Dind. de B. Bornm. Blockl.: tamen Prisci usus ordinem mutari concedit. **14** αὐτὴν] αὐτὸν M1 | στρόματος **ω**: corr. Hoesch. **15** κειμένειν M1 **16** βαδίζειν· περι iterat post θεραπόντων et statim ipse secl. M1 **17** θεράπαινα M1 **21** ἐτύγχανεν ἀπεκδεχόμενος] ἐτύγχανον ἀπεκδεχόμενοι **ω**: corr. Hoesch. in mg.

νος ὁπότε ἐπεξέλθοι Ὀνηγήσιος· ἤδη γὰρ ἀπὸ τῶν αὐτοῦ οἰκημάτων
ἐξεληλύθει καὶ ἔνδον ἦν.
133 Μεταξὺ δὲ τοῦ παντὸς ἱστάμενος πλήθους (γνώριμός τε γὰρ ὢν τοῖς
Ἀττήλα φρουροῖς καὶ τοῖς παρεπομένοις αὐτῷ βαρβάροις, ὑπ᾽ οὐδενὸς διεκωλυόμην) εἶδον πλῆθος πορευόμενον καὶ θροῦν καὶ θόρυβον
περὶ τὸν τόπον γενόμενον ὡς τοῦ Ἀττήλα ὑπεξιόντος· προῄει δὲ τοῦ
οἰκήματος, βαδίζων σοβαρῶς, τῇδε κἀκεῖ περιβλεπόμενος.
134 Ὡς δὲ ὑπεξελθὼν σὺν τῷ Ὀνηγησίῳ ἔστη πρὸ τοῦ οἰκήματος, πολλοὶ
δὲ τῶν ἀμφισβητήσεις πρὸς ἀλλήλους ἐχόντων προσῄεσαν καὶ τὴν
αὐτοῦ κρίσιν ἐδέχοντο· εἶτα ἐπανῄει ὡς τὸ οἴκημα καὶ πρέσβεις
παρ᾽ αὐτὸν ἥκοντας βαρβάρους ἐδέχετο.
135 Ἐμοὶ δὲ ἀπεκδεχομένῳ τὸν Ὀνηγήσιον, Ῥωμύλος καὶ Προμοῦτος καὶ
Ῥωμανός, οἱ ἐξ Ἰταλίας ἐλθόντες παρὰ τὸν Ἀττήλαν πρέσβεις τῶν
φιαλῶν ἕνεκα τῶν χρυσῶν, συμπαρόντος αὐτοῖς καὶ Ῥουστικίου τοῦ
κατὰ Κωνστάντιον καὶ Κωνσταντιόλου, ἀνδρὸς ἐκ τῆς Παιόνων χώρας τῆς ὑπὸ Ἀττήλᾳ ταττομένης, ἐς λόγους ἦλθον καὶ ἀνηρώτων πό-
136 τερον διηφείθημεν ἢ ἐπιμένειν ἀναγκαζόμεθα. Καὶ ἐμοῦ φήσαντος
ὡς τούτου χάριν πευσόμενος τοῦ Ὀνηγησίου τοῖς περιβόλοις προσ-
καρτερῶ, καὶ ἀντερωτήσαντος αὐτοῖς ⟨εἰ⟩ ὁ Ἀττήλας ἥμερόν τι καὶ
πρᾶον περὶ τῆς πρεσβείας ἀπεκρίνατο, ἔλεγον μηδαμῶς μετατρέπε-
σθαι τῆς γνώμης, ἀλλὰ πόλεμον καταγγέλλειν εἰ μή γε αὐτῷ Σηλβα-
νὸς ἢ τὰ ἐκπώματα πεμφθείη.
137 Ἀποθαυμαζόντων δὲ ἡμῶν τῆς ἀπονοίας τὸν βάρβαρον, ὑπολαβὼν ὁ
Ῥωμύλος, πρεσβευτὴς ἀνὴρ καὶ πολλῶν πραγμάτων ἔμπειρος, ἔλεγεν
τὴν αὐτοῦ μεγίστην τύχην καὶ τὴν ἐκ τῆς τύχης δύναμιν ἐξαίρειν αὐτόν, ὥστε μὴ ἀνέχεσθαι δικαίων λόγων εἰ μὴ πρὸς αὐτὸν νομίσει
138 ὑπάρχειν αὐτούς. Οὕτῳ γάρ, τῶν πώποτε τῆς Σκυθικῆς ἢ καὶ ἑτέρας

---

573 βαδίζων…περιβλεπόμενος] Jord. *Get.* 182 Erat namque superbus incessu, huc atque illuc circumferens oculos (...).

---

4 αὐτῷ] αὐτοί **ω**: corr. Hoesch. **5** διεκωλυόμην] διεκελευόμην M1 **7** κἀκεῖ] κἀκεῖσε P1 **11** ἥκοντα **ω**: corr. Hoesch. **12** ῥωμῖλος C **13** ἀττίλαν M1 **16** εἰς M1 **18** προσκαρτερῶν M1 **19** εἰ suppl. Bekk.: πότερον Hoesch. | τι] τε **β** **20** τῆς] om. Hoesch.: restit. de B. **21** καταγγέλειν M1 **24** ἔλεγε C **26** αὐτὸν scripsi: αὐτούς **ω**: αὐτόν Hoesch.: αὐτοῦ Nieb. Müll. de B. Bornm. Blockl. νομίσει] νομίσῃ Hoesch. edd. **27** Οὕτῳ γάρ scripsi: οὔπω γάρ ω: οὔπω γάρ ⟨τῳ⟩ dubitanter integrat in app. de B.: οὔπω γάρ ⟨τῷ⟩ Blockl.

ἀρξάντων γῆς, τοσαῦτα ἐν ὀλίγῳ κατεπράχθη, ὥστε καὶ τῶν ἐν τῷ Ὠ-
κεανῷ νήσων ἄρχειν καὶ πρὸς πάσῃ τῇ Σκυθικῇ καὶ Ῥωμαίους ἔχειν
ἐς φόρου ἀπαγωγήν· ἐφιέμενον δὲ πρὸς τοῖς παροῦσι πλειόνων καὶ
ἐπὶ μεῖζον αὔξοντα τὴν ἀρχήν, καὶ ἐς Πέρσας ἐπιέναι βούλεσθαι.
Τῶν δὲ ἐν ἡμῖν τινος πυθομένου ποίαν ὁδὸν τραπεὶς ἐς Πέρσας ἐλ- 139
θεῖν δυνήσεται, ἔλεγεν ὁ Ῥωμύλος μὴ πολλῷ διαστήματι τὴν Μήδων
ἀφεστάναι τῆς Σκυθικῆς· οὐδὲ γὰρ Οὔννους ἀπείρους τῆς ὁδοῦ ταύτης εἶναι, ἀλλὰ πάλαι ἐς αὐτὴν ἐμβεβληκέναι, λιμοῦ τε τὴν χώραν
κρατήσαντος καὶ Ῥωμαίων διὰ τὸν τότε συνιστάμενον πόλεμον μὴ
συμβαλλόντων. Παρεληλυθέναι δὲ ἐς τὴν Μήδων τόν τε Βασὶχ καὶ 140
Κουρσίχ, τοὺς ὕστερον ἐς τὴν Ῥώμην ἐληλυθότας εἰς ὁμαιχμίαν ἄνδρας τῶν βασιλείων Σκυθῶν καὶ πολλοῦ πλήθους ἄρχοντας, καὶ τοὺς
διαβεβηκότας λέγειν ὡς ἔρημον ἐπελθόντες χώραν καὶ λίμνην τινὰ
περαιωθέντες, ἣν ὁ Ῥωμύλος τὴν Μαιῶτιν εἶναι ᾤετο, πεντεκαίδεκα
διαγενομένων ἡμερῶν, ὄρη τινὰ ὑπερβάντες, ἐς τὴν Μηδικὴν
ἐσέβαλον. Ληϊζομένοις δὲ καὶ τὴν γῆν κατατρέχουσιν πλῆθος 141
Περσικὸν ἐπελθὸν τὸν σφῶν ὑπερκείμενον ἀέρα πλῆσαι βελῶν, ὥστε
σφᾶς, δέει τοῦ κατασχόντος κινδύνου, ἀναχωρῆσαι εἰς τοὐπίσω καὶ
τὰ ὄρη ὑπεξελθεῖν, ὀλίγην ἄγοντας λείαν· ἡ γὰρ πλείστη ὑπὸ τῶν
Μήδων ἀφῄρητο. Εὐλαβουμένους δὲ τὴν τῶν πολεμίων δίωξιν, 142
ἑτέραν τραπῆναι ὁδὸν καί, μετὰ τὴν ἐκ τῆς ὑφάλου πέτρας
ἀναπεμπομένην φλόγα, ἐκεῖθεν πορευθέντας ἡμερῶν ὀλίγων ὁδόν, ἐς
τὰ οἰκεῖα ἀφικέσθαι καὶ γνῶναι οὐ πολλῷ διαστήματι τῶν Μήδων
ἀφεστάναι τὴν Σκυθικήν. Τὸν οὖν Ἀττήλαν, ἐπ' αὐτὴν ἰέναι 143
βουλόμενον, οὐ πονήσειν πολλὰ οὔτε μακρὰν ἀνύσειν ὁδὸν ὥστε καὶ
Μήδους καὶ Πάρθους καὶ Πέρσας παραστήσασθαι καὶ ἀναγκάσειν
ἐλθεῖν ἐς φόρου ἀπαγωγήν· παρεῖναι γὰρ αὐτῷ μάχιμον δύναμιν, ἣν
οὐδὲν ἔθνος ὑποστήσεσθαι.

---

1 ἀρξάντων] ἠρξάντων **ω**: corr. Hoesch. | κατεπράχθη] καταπεπρᾶχθαι Bekk. **2** πάσῃ] πάσης E1 **4** ἐπιέναι E1C (pc. in l.) ἀπιέναι C (ac.) **β** **8** τε om. E1C **11** ἐς **β** **13** διαβεβηκότας] διαβεβοηκότας C **14** ἣν] ἢν E1 **15** διὰ γενομένων E1M1P1 **16** ἐσέβαλον] ἐσέβαλλον C: ἐς ἔβαλον E1 κατατρέχουσι M1B1 **19** ἄγοντας E1 (pc. in l., fort. alia m.) B1 (ac.): ἤγοντας E1 (ac.) CM1B1 (pc. in l.) P1 | τῶν] τὸν **ω**: corr. Hoesch. **20** ἀφήρητον M1P1 **22** ἀναπεμπομένην ω (et B1 pc. in mg.) Hoesch. in mg.: ἀναφλεγομένην B1 (ac. in l.) Hoesch. in l. | ὀλίγων om. **β** | εἰς E1 **25** βουλόμενος M1P1 **27** ἣν] ἢν E1

144 Ἡμῶν δὲ κατὰ Περσῶν ἐλθεῖν αὐτὸν ἐπευξαμένων καὶ ἐπ᾽ἐκείνους τρέψαι τὸν πόλεμον, ὁ Κωνσταντίολος ἔλεγεν δεδιέναι μήποτε, καὶ Πέρσας ῥᾳδίως παραστησάμενος, ἀντὶ φίλου δεσπότης ἐπανήξει· νῦν μὲν γὰρ τὸ χρυσίον κομίζεσθαι παρ᾽αὐτῶν τῆς ἀξίας ἕνεκα, εἰ δὲ καὶ Πάρθους καὶ Μήδους καὶ Πέρσας παραστήσοιτο οὐκ ἔτι Ῥωμαίων ἀνέξεσθαι τὴν αὐτοῦ νοσφιζομένων ἀρχὴν ἀλλὰ θεράποντας περιφανῶς ἡγησάμενον χαλεπώτερα ἐπιτάξειν καὶ οὐκ ἀνεκτὰ
145 ἐκείνοις ἐπιτάγματα. Ἦν δὲ ἀξία, ἧς ὁ Κωνσταντίολος ἐπεμνήσθη, στρατηγοῦ Ῥωμαίων, ἧς χάριν ὁ Ἀττήλας παρὰ βασιλέως ἐδέδεκτο, τὸ τοῦ φόρου ἐπικαλύπτοντος ὄνομα, ὥστε αὐτῷ, σιτηρεσίου προφάσει τοῦ τοῖς στρατηγοῖς χορηγουμένου, τὰς συντάξεις ἐκπέμπεσθαι.

146 Ἔλεγεν οὖν μετὰ Μήδους καὶ Πάρθους καὶ Πέρσας, τοῦτο τὸ ὄνομα, ὅπερ αὐτὸν βούλονται Ῥωμαῖοι καλεῖν, καὶ τὴν ἀξίαν, ᾗ αὐτὸν τετιμηκέναι νομίζουσιν, ἀποσεισάμενον, ἀναγκάσας σφᾶς ἀντὶ στρατηγοῦ βασιλέα προσαγορεύειν (ἤδη γὰρ καὶ χαλεπαίνοντα εἰπεῖν ὡς ἐκείνῳ μὲν οἱ αὐτοῦ θεράποντές εἰσιν στρατηγοί, αὐτῷ δὲ οἱ τοῖς βασιλεύουσι Ῥωμαίων ὁμότιμοι), ἔσεσθαι δὲ οὐκ εἰς μακρὰν τῆς παρούσης αὐτῷ δυνάμεως αὔξησιν, σημαίνειν καὶ τοῦτο τὸν θεόν, τὸ τοῦ Ἄρεος ἀναφήναντα ξίφος, ὅπερ, ὂν ἱερὸν καὶ παρὰ τῶν Σκυθικῶν βασιλέων τιμώμενον, οἷα δὴ τῷ ἐφόρῳ τῶν πολεμίων ἀνακείμενον, ἐν τοῖς πάλαι ἀφανισθῆναι χρόνοις, εἶτα διὰ βοὸς εὑρεθῆναι.

147 Καὶ ἑκάστου λέγειν τι περὶ τῶν καθεστώτων βουλομένου, Ὀνηγησίου ὑπεξελθόντος, παρ᾽αὐτὸν ἤλθομεν καὶ ἐπειρώμεθα περὶ τῶν ἐσπουδασμένων μανθάνειν· ὁ δέ τισι πρότερον βαρβάροις διαλεχθείς, πυθέσθαι με παρὰ Μαξιμίνου ἐπέτρεπεν τίνα Ῥωμαῖοι

---

641 τὸ…644 εὑρεθῆναι] cf. Hdt. IV 62, 2 (Moravcsik, p. 58).

---

4 κομίζησθαι **E1** | εἰ] εἰς **M1** **8** ἦν **M1P1** edd.: ἥν **E1C**: ἥ **B1** | δὲ] δὲ ἡ Dind.: δ᾽ ἡ de B. Bornm. Blockl. | ἐπεμνήσθη] ἐμεμνήσθη **E1** **9** ἐδέδοκτο **P1** **10** τοῦ… **11** προφάσει **ω** (σιτηρεσύου **B1**: προφά^{σ} **E1**): om. Hoesch. Ed. Par. Nieb. Müll. Dind.: restit. de B. **11** ξυντάξεις **E1** **18** οἱ] οὐ **β** Hoesch.: corr. Bekk. (iampridem ext. in **E1C**) | ἐς **C** **19** σημαίνειν] συμβαίνειν **ω**: corr. Bekk. edd. rell. **20** τὸ] τὸν **M1P1** | ἀναφήναντα] ἀναφήναντος **β** Hoesch.: corr. Bekk. (iampridem ext. in **E1C**) **21** πολεμίων] πολέμων **CM1B1P1** edd. **25** ὑπεξελθόντος] ὑπελθόντος **E1**: ὑπελ- **C** (ac.)

ἄνδρα τῶν ὑπατικῶν παρὰ τὸν Ἀττήλαν πρεσβευόμενον στέλλουσιν. 148
Ὡς δὲ παρελθὼν εἰς τὴν σκηνὴν ἔφραζον ἅπερ εἴρητό μοι καὶ ὅτι δεῖ
λέγειν ὧν χάριν ὁ βάρβαρος ἡμῶν ἐπύθετο, ἅμα τῷ Μαξιμίνῳ
βουλευσάμενος ἐπανῆλθον ὡς τὸν Ὀνηγήσιον, λέγων ὡς ἐθέλουσι μὲν
Ῥωμαῖοι αὐτὸν παρὰ σφᾶς ἐλθόντα τῶν ἀμφιβόλων ἕνεκα
διαλέγεσθαι· εἰ δὲ τούτου διαμάρτοιεν, ἐκπέμψειν βασιλέα ὃν
βούλεται πρεσβευσόμενον. Καὶ εὐθὺς μετιέναι με τὸν Μαξιμῖνον 149
παρεκελεύσατο· καὶ ἥκοντα αὐτὸν ἦγε παρὰ τὸν Ἀττήλαν καί, μικρὸν
ὕστερον ὑπεξελθών, ὁ Μαξιμῖνος ἔλεγεν ἐθέλειν τὸν βάρβαρον
Νόμον ἢ Ἀνατόλιον ἢ Σενάτορα πρεσβεύεσθαι· μὴ γὰρ ἂν ἄλλον
παρὰ τοὺς εἰρημένους δέξασθαι. Καὶ ὡς αὐτοῦ ἀποκριναμένου μὴ 150
χρῆναι, ἐπὶ τὴν πρεσβείαν τοὺς ἄνδρας καλοῦντα, ὑπόπτους
καθιστᾶν βασιλεῖ, εἰρηκέναι τὸν Ἀττήλαν, εἰ μὴ ἕλοιντο ποιεῖν ἃ
βούλεται, ὅπλοις τὰ ἀμφίβολα διακριθήσεσθαι.
Ἐπανελθόντων δὲ ἡμῶν ἐς τὴν σκηνήν, Τατοῦλος, ὁ τοῦ Ορέστου 151
πατήρ, ἧκε λέγων ὡς ἀμφοτέρους ἡμᾶς Ἀττήλας ἐπὶ τὸ συμπόσιον
παρακαλεῖ· γενήσεσθαι δὲ αὐτὸ περὶ θʹ τῆς ἡμέρας. Ὡς δὲ τὸν καιρὸν 152
ἐφυλάξαμεν καὶ ἐπὶ τὸ δεῖπνον κληθέντες παρεγενόμεθα, ἡμεῖς τε καὶ
οἱ ἀπὸ τῶν ἑσπερίων Ῥωμαίων πρέσβεις ἔστημεν ἐπὶ τοῦ οὐδοῦ ἀντία
Ἀττήλα. Καὶ αʹ κύλικα οἱ οἰνοχόοι κατὰ τὸ ἐπιχώριον ἐπέδοσαν ἔθος, 153
ὡς ἡμᾶς πρὸ τῆς ἕδρας ἐπεύξασθαι· οὗ δὴ γενομένου, τῆς κύλικος
ἀπογευσάμενοι, ἐπὶ τοὺς θρόνους ἤλθομεν, οὗ ἔδει καθεσθέντας
δειπνεῖν.

---

662 τὰ … διακριθήσεσθαι] cf. Exc. 8, 4; Polyb. XXXIX 5, 2; XXXI 8, 1.

---

1 ἀττήλα E1CB1: ἀττίλα M1P1 **7** πρεσβευσάμενον M1P1 **9** ὑπεξελθών] ὑπεξελθόν M1: ὑποξελθών P1 | ἐθέλειν] εἰ θέλειν P1 **10** πρεσβεύεσθαι E1 (acc. traslato) B1 C (pc. sl.): πρεσβεύσασθαι C (ac.) M1P1 **14** διακριθήσεσθαι] διαποκριθήσεσθαι P1 **16** ἡμᾶς] ὑμᾶς E1M1P1 **17** γενήσεται C | αὐτὸ] αὐτῷ B1 (ac.) αὐτῇ (pc. sl.) | θʹ] θ^{ηʹ} M1 θ^{ηνʹ} P1 **18** τὸ] τὸν M1 | παραγενόμεθα E1P1 **19** τοῦ οὐδοῦ] τῆς ὁδοῦ M1P1 **20** αʹ κύλικα scripsi (scil. μίαν κύλικα): ἐπόλικα **ω**: κύλικα Hoesch. E1 (pc. in mg. m. lat.) edd.: archetypi versum totum excidisse inter ἐπό- et -λικα ci. de B. (in app. tantum): mendam quandam Darmarianam (ex repetito ἑσπ-) in **α** ci. Kraš. 1914, p. 108: ἐπότισαν Thompson | ἐπέδωσαν M1 | ἔθος] ἔθνος C (ac.) M1 (ac.) P1 (ac.) **21** ὡς] ὡς καὶ **β** edd. | κίλυκος C

154 Πρὸς δὲ τοῖς τοίχοις τοῦ οἰκήματος πάντες ὑπῆρχον οἱ δίφροι, ἐξ
ἑκατέρας πλευρᾶς, ἐν μεσωτάτῳ δὲ ἧστο ἐπὶ κλίνης ὁ Ἀττήλας,
ἑτέρας ἐξόπισθεν κλίνης ὑπαρχούσης αὐτῷ, μεθ᾽ἣν βαθμοί τινες ἐπὶ
τὴν αὐτοῦ ἀνῆγον εὐνήν, καλυπτομένην ὀθόναις καὶ ποικίλοις
παραπετάσμαιν κόσμου χάριν, καθάπερ ἐπὶ τῶν γαμούντων Ἕλληνές
155 τε καὶ Ῥωμαῖοι κατασκευάζουσι. Καὶ πρώτην μὲν ἐνόμιζον τῶν
δειπνούντων τάξιν τὴν ἐν δεξιᾷ τοῦ Ἀττήλα, δευτέραν δὲ τὴν
εὐώνυμον, ἐν ᾗ ἐτυγχάνομεν ὄντες, προκαθεσθέντος ἡμῶν Βερίχου,
156 παρὰ Σκύθαις εὖ γεγονότος ἀνδρός. Ὁ γὰρ Ὀνηγήσιος ἐπὶ δίφρου
ἧστο ἐν δεξιᾷ τῆς τοῦ βασιλέως κλίνης, ἀντικρὺ δὲ τοῦ Ὀνηγησίου
ἐπὶ δίφρου ἐκαθέζοντο δύο τῶν Ἀττήλα παίδων· ὁ γὰρ πρεσβύτερος
ἐπὶ τῆς ἐκείνου ἧστο κλίνης, οὐκ ἐγγὺς ἀλλ᾽ἐπ᾽ἄκρου, αἰδοῖ τοῦ
πατρὸς βλέπων ἐς γῆν.
157 Πάντων δὲ ἐν κόσμῳ καθεσθέντων, παρελθὼν οἰνοχόος τῷ Ἀττήλᾳ
οἴνου κισσύβιον ἐπιδίδωσιν· δεξάμενος δὲ τὸν τῇ τάξει πρῶτον
158 ἠσπάζετο. Ὁ δὲ τῷ ἀσπασμῷ τιμηθεὶς διανίστατο καὶ οὐ πρότερον
ἵζῆσαι θέμις ἦν, πρὶν ἢ τῷ οἰνοχόῳ, ἀπογευσάμενος ἢ καὶ ἐκπιών,
159 ἀπέδωκε τὸν κισσύβιον. Καθεσθέντα δὲ αὐτὸν τῷ ⟨αὐτῷ⟩ τρόπῳ οἱ
παρόντες ἐτίμων, δεχόμενοι τὰς κύλικας καὶ μετὰ τὸν ἀσπασμὸν
ἀπογευόμενοι· ἑκάστῳ δὲ εἷς οἰνοχόος παρῆν, ὃν ἔδει καταστοῖχον
160 εἰσιέναι, τοῦ Ἀττήλα οἰνοχόου ὑπεξιόντος. Τιμηθέντος δὲ καὶ τοῦ
δευτέρου καὶ τῶν ἑξῆς, καὶ ἡμᾶς τοῖς ἴσοις ὁ Ἀττήλας ἐδεξιώσατο
κατὰ τὴν τῶν θάκων τάξιν· ᾧ δὴ ἀσπασμῷ πάντων τιμηθέντων,
ὑπεξῄεσαν μὲν οἱ οἰνοχόοι, τράπεζαι δὲ μετὰ τὴν τοῦ Ἀττήλα
παρετίθεντο, κατὰ τρεῖς καὶ τέτταρας ἄνδρας ἢ καὶ πλείους, ὅθεν
ἕκαστος οἷός τε ἦν τῶν τῇ μαγίδι ἐπιτιθεμένων μεταλαβεῖν, μὴ
ὑπεξιὼν τῆς τῶν θρόνων τάξεως.

---

2 μεσοτάτῳ B1M1 | ἧστο] ἦστο E1B1 **3** κλίνης om. C | μεθ᾽ἣν] μεθ᾽ἣ P1 **8** ὄντες] post hoc, breve spatium relinquit B1 **9** σκύθας P1 | δίφρου] δήφρου CM1P1 **10** ἧστο] ἦστο E1B1 ἔστω M1P1 | τοῦ[1] om. M1P1 **11** ἀττίλα P1 **12** ἧστο **ω**: corr. Hoesch. **13** ἐς M1P1 **15** κισσύβιον] κισσόβιον **ω**: corr. Hoesch. **18** κισσύβιον] κισσόβιον E1C: κισσίβιον **β**: corr. Hoesch. | αὐτῷ suppl. Bekk. (in app. tantum) edd. rell. **20** εἷς M1: εἵς E1: εἰς CB1P1 | ὃν] οἱ E1 **23** θάκων] θρακῶν **ω**: corr. Vales. **24** ὑπεξῄεσαν E1 (pc.) : ὑπεξέεσαν E1 (ac.) ὑπεξίεσαν CM1B1P1 | ἀττίλα P1 **25** παρετίθοντο P1 **26** διεπιτιθεμένων **β**

Καὶ πρῶτον εἰσῄει ὁ τοῦ Ἀττήλα ὑπηρέτης, κρεῶν πλήρη πίνακα 161
φέρων· καὶ οἱ πᾶσι διακονούμενοι μετ᾽αὐτόν, σῖτον καὶ ὄψα ταῖς
τραπέζαις ἐπέθεαν, ἀλλὰ τοῖς μὲν ἄλλοις βαρβάροις καὶ ἡμῖν
πολυτελῆ δεῖπνα κατεσκεύαστο, κύκλοις ἐπικείμενα ἀργυροῖς, τῷ δὲ
Ἀττήλᾳ ἐπὶ τοῦ ξυλίνου πίνακος ἦν οὐδὲν πλέον κρεῶν.

Μέτριον δὲ ἑαυτὸν καὶ ἐν τοῖς ἄλλοις ἅπασιν ἐδείκνυ· τοῖς γὰρ τῆς 162
εὐωχίας ἀνδράσι κύλικες χρυσαῖ τε καὶ ἀργυραῖ ἐπεδίδοντο, τὸ δὲ
αὐτοῦ ἔκπωμα ξύλινον ἦν. Λιτὴ δὲ αὐτῷ καὶ ἡ ἐσθὴς ἐτύγχανεν 163
οὖσα, μηδὲν τῶν ἄλλων, πλὴν τοῦ καθαρὰ εἶναι, διαφυλάττουσα· καὶ
οὔτε τὸ παρῃωρημένον αὐτῷ ξίφος, οὔτε οἱ τῶν βαρβαρικῶν
ὑποδημάτων δεσμοί, οὔτε τοῦ ἵππου ὁ χαλινός, ὥσπερ τῶν ἄλλων
Σκυθῶν, χρυσῷ ἢ λίθοις ἤ τινι τῶν τιμίων ἐκοσμεῖτο.

Τῶν δὲ ὄψων τῶν ἐν τοῖς πρώτοις πίναξιν ἐπιτεθέντων ἀναλωθέντων, 164
πάντες διανέστημεν· καὶ οὐ πρότερον ἐπὶ τὸν δίφρον, ἀναστάς, ἦλθε
πρὶν ἢ κατὰ τὴν προτέραν τάξιν ἕκαστος τὴν ἐπιδιδομένην αὐτῷ
οἴνου πλήρη ἐξέπιεν κύλικα, τὸν Ἀττήλαν σῶν εἶναι ἐπευξάμενος. 165
Καὶ τοῦτον τιμηθέντος αὐτοῦ τὸν τρόπον, ἐκαθέσθημεν· καὶ
δεύτερος ἑκάστῃ τραπέζῃ ἐπετίθετο πίναξ ἕτερα ἔχων ἐδώδιμα. Ὡς 166
δὲ καὶ αὐτοῦ οἱ πάντες μετέλαβον, καὶ τῷ αὐτῷ ἐξαναστάντες
τρόπῳ, αὖθις ἐκπιόντες ἐκαθέσθημεν.

Ἐπιγενομένης ἑσπέρας, δᾷδες ἀνήφθησαν· δύο δὲ ἀντικρὺ τοῦ 167
Ἀττήλα παρελθόντες βάρβαροι ᾄσματα πεποιημένα ἔλεγον, νίκας
αὐτοῦ καὶ τὰς κατὰ πόλεμον ᾄδοντες ἀρετάς, ἐς οὓς οἱ τῆς εὐωχίας
ἀπέβλεπον. Καὶ οἱ μὲν ἥδοντο τοῖς ποιήμασιν, οἱ δέ, τῶν πολέμων 168
ἀναμιμνησκόμενοι, διηγείροντο τοῖς φρονήμασι, ἄλλοι δὲ ἐχώρουν ἐς
δάκρυα, ὧν ὑπὸ τοῦ χρόνου ἠσθένει τὸ σῶμα καὶ ἡσυχάζειν ὁ θυμὸς
ἠναγκάζετο.

---

2 διακονούμενοι] διαφονούμενοι C **3** ἐπέθεαν ω: ἴσως· ἐπέθηκαν M1 (in mg.) ἐπέθεσαν edd. **11** χαληνός C **13** ἐπιτεθέντων] ἐπιτιθέντων E1M1P1 **15** προτέραν] προτέρον P1 **16** ἀττίλαν M1 **17** τιμηθέντα P1 **20** ἐκαθέσθειμεν E1 **23** οὓς] ἃς M1P1 **25** διεγείροντο ω: corr. Nieb.

169 Μετὰ δὲ τὰ ᾄσματα, Σκύθης τις παρελθὼν φρενοβλαβής, ἀλλόκοτα
καὶ παράσημα καὶ οὐδὲν ὑγιὲς φθεγγόμενος, ἐς γέλωτα πάντας
παρεσκεύασεν παρελθεῖν, μεθ᾽ ὧν ὑπεισῆλθε Ζέρκων ὁ Μαυρούσιος·
ὁ γὰρ Ἐδέκων αὐτὸν παρὰ τὸν Ἀττήλαν ἐλθεῖν παρέπεισεν, ὡς τῇ
ἐκείνου σπουδῇ τὴν γαμετὴν ἀποληψόμενον, ἣν κατὰ τὴν βαρβάρων
εἰλήφει χώραν, τῷ Βλήδᾳ περισπούδαστος ὤν, ἀπολελοίπει δὲ αὐτὴν
ἐν τῇ Σκυθικῇ, παρὰ τοῦ Ἀττήλα δῶρον Ἀετίῳ πεμφθείς, ἀλλὰ τῆς
μὲν τοιαύτης διήμαρτεν ἐλπίδος, τοῦ Ἀττήλα χαλεπήναντος ὅτι γε δὴ
170 ἐς τὴν αὐτοῦ ἐπανῆλθε. Τότε δὲ διὰ τὸν τῆς εὐωχίας καιρὸν
παρελθών, τῷ τε εἴδει καὶ τοῖς ἐσθήμασι καὶ τῇ φωνῇ καὶ τοῖς

---

726 Μετὰ…738 Ἀττήλα] Suid. Z 29, sv. Ζέρκων (I 2, p. 501 Adler): *Ζέρκων, Σκύθης οὕτω καλούμενος, Μαυρούσιος τὸ γένος, διὰ δὲ κακοφυΐαν σώματος καὶ τὸ γέλωτα ἐκ τῆς τραυλότητος τῆς φωνῆς καὶ ὄψεως παρέχειν* (βραχὺς γάρ τις ἦν, κυρτός, διάστροφος τοῖς ποσί, τὴν ῥῖνα τοῖς μυκτῆρσι παραφαίνων διὰ σιμότητος ὑπερβολήν), Ἄσπαρι τῷ Ἀρδαβουρίῳ ἐδεδώρητο, καθ᾽ ὃν ἐν Λιβύῃ διέτριβε χρόνον. Ἥλω δὲ τῶν βαρβάρων ἐς τὴν Θρᾳκῶν ἐμβαλόντων καὶ παρὰ τοὺς βασιλείους ἤχθη Σκύθας. Καὶ Ἀττήλας μὲν οὐδὲ τὴν αὐτοῦ ἤνεγκεν ὄψιν· ὁ δὲ Βλήδας ἥσθη τε λίαν αὐτῷ φθεγγομένῳ οὐ μόνον γέλωτος ἄξια, εἰ μή γε καὶ βαδίζοντι καὶ περιττῶς κινοῦντι τὸ σῶμα. Συνῆν δὲ αὐτῷ εὐωχουμένῳ καὶ ἐκστρατεύοντι, πεποιημένην πρὸς τὸ γελοιότερον ἀναλαμβάνων ἐν ταῖς ἐξόδοις πανοπλίαν. Διὸ δὴ περισπούδαστον αὐτὸν ὁ Βλήδας ποιούμενος μετὰ αἰχμαλώτων ἀποδράντα Ῥωμαίων, τῶν μὲν ἄλλων κατωλιγώρησεν, αὐτὸν δὲ μετὰ πάσης φροντίδος ἀναζητεῖσθαι προσέταξεν. Καὶ ἁλόντα καὶ παρ᾽ αὐτὸν ἀχθέντα ἐν δεσμοῖς ἰδὼν ἐγέλασεν. Καὶ καθυφεὶς τῆς ὀργῆς ἐπυνθάνετο τὴν αἰτίαν τῆς φυγῆς, καὶ ὅτου χάριν νομίζοι τὰ Ῥωμαίων τῶν παρὰ σφίσι ἀμείνονα. Ὁ δὲ ἀπεκρίνατο ἁμάρτημα μὲν τὴν φυγὴν εἶναι, ἔχειν δὲ τοῦ ἁμαρτήματος λόγον, τὸ μὴ γαμετὴν αὐτῷ δεδόσθαι. Τῷ δὲ γέλωτι μᾶλλον ὁ Βλήδας ὑπαχθεὶς δίδωσιν αὐτῷ γυναῖκα τῶν μὲν εὖ γεγονότων καὶ τῇ βασιλίδι διακονησαμένων, ἀτόπου δέ τινος πράξεως ἕνεκα οὐκέτι παρ᾽ ἐκείνην φοιτῶσαν. Καὶ οὕτω διετέλει ἅπαντα τὸν χρόνον τῷ Βλήδᾳ συνών. Μετὰ δὲ τὴν αὐτοῦ τελευτὴν Ἀττήλας Ἀετίῳ τῷ στρατηγῷ τῶν ἑσπερίων Ῥωμαίων δῶρον τὸν Ζέρκωνα δίδωσιν, ὃς αὐτὸν παρὰ τὸν Ἄσπαρα ἀπέπεμψεν. (Frg. **11** Müll. IV p. 96 = Dind. HGM I p. 326/9 = **11** Bornm. pp. 69/70 = **13**,2 Blockl. pp. 286/8).

---

4 ἀττίλαν **P1** **5** τὴν[2]] τῶν **M1B1** **6** ἀπολελοίπει **ω**: ἀπελελοίπει edd. **10** τοῖς[2]] τοῖς γε **M1P1**

συγκεχυμένως παρ᾽αὐτοῦ προφερομένοις ῥήμασι (τῇ γὰρ Αὐσονίων
τὴν τῶν Οὔννων καὶ τὴν τῶν Γότθων παραμιγνὺς γλῶτταν) πάντας
διέχεεν καὶ ἐς ἄσβεστον ὁρμῆσαι γέλωτα παρεσκεύασε, πλὴν Ἀττήλα.
Αὐτὸς γὰρ ἔμενεν ἀστεμφὴς καὶ τὸ εἶδος ἀμετάτρεπτος καὶ οὐδὲν 171
οὔτε λέγων, οὔτε ποιῶν, γέλωτος ἐχόμενον ἐφαίνετο, πλὴν ὅτι τὸν
νεώτατον τῶν παίδων (Ἡρνὰχ δὲ ὄνομα τούτῳ) εἰσιόντα καὶ
παρεστῶτα εἷλκε τῆς παρειᾶς, γαληνοῖς ἀποβλέπων ὄμμασι πρὸς
αὐτόν. Ἐμοῦ δὲ θαυμάζοντος, ὅπως τῶν μὲν ἄλλων παίδων 172
ὀλιγωροίη, πρὸς δὲ ἐκεῖνον ἔχει τὸν νοῦν, ὁ παρακαθήμενος
βάρβαρος, συνιεὶς τῆς Αὐσονίων φωνῆς καὶ τῶν παρ᾽αὐτοῦ μοι
ῥηθησομένων μηδὲν ἐκλέγειν προειπών, ἔφασκε τοὺς μάντεις τῷ
Ἀττήλᾳ προηγορευκέναι τὸ μὲν αὐτοῦ πεσεῖσθαι γένος, ὑπὸ δὲ τοῦ
παιδὸς ἀναστήσεσθαι τούτου. Ὡς δὲ ἐν τῷ συμποσίῳ εἷλκον τὴν 173
νύκτα, ὑπεξήλθομεν ἐπὶ πολὺ μὴ βουληθέντες τῷ πότῳ
προσκαρτερεῖν.

Ἡμέρας δὲ γενομένης ἐπὶ τὸν Ὀνηγήσιον ἤλθομεν, χρῆναι ἡμᾶς 174
διαφεθῆναι λέγοντες καὶ μὴ τηνάλλως τρίβειν τὸν χρόνον· καὶ ὃς ἔφη
ἐθέλειν καὶ τὸν Ἀττήλαν ἀποπέμπειν ἡμᾶς. Καί, μικρὸν διαλιπών, 175
ἅμα τοῖς λογάσι ἐβουλεύετο περὶ τῶν Ἀττήλᾳ δεδογμένων καὶ τὰ
βασιλεῖ ἀποδοθησόμενα συνέταττε γράμματα, ὑπογραφέων αὐτῷ
παρόντων καὶ Ῥουστικίου, ἀνδρὸς ὁρμωμένου μὲν ἐκ τῆς ἄνω
Μυσίας, ἁλόντος δὲ ἐν τῷ πολέμῳ, καὶ διὰ λόγων ἀρετὴν τῷ
βαρβάρῳ ἐπὶ τῇ τῶν γραμμάτων διαπονουμένου συντάξει.

Ὡς δὲ ἐκ τῆς συνόδου διανέστη, ἐδεήθημεν αὐτοῦ περὶ λύσεως τῆς 176
Σύλλου γαμετῆς καὶ τῶν ἐκείνης παίδων, ἐν τῇ Ῥατιαρίας
ἀνδραποδισθέντων ἁλώσει· καὶ πρὸς μὲν τὴν αὐτῶν οὐκ ἀπηγόρευσε
λύσιν, ἐπὶ πολλοῖς δὲ σφᾶς ἐβούλετο χρήμασιν ἀπεμπολᾶν. Ἡμῶν δὲ 177
ἐλεεῖν αὐτοὺς τῆς τύχης ἱκετευσάντων, τὴν προτέραν εὐδαιμονίαν
λογιζόμενον, διέβη τε πρὸς τὸν Ἀττήλαν· καὶ τὴν μὲν γυναῖκα ἐπὶ

---

3 εἵς P1 | ὡρμῆσαι ω: corr. Hoesch. | ἀττίλα M1 ἀττίλαν P1 **6** Ἡρνὰχ] ἠρνᾶς ω: corr. Hoesch. **9** ἔχει] ἔχειν M1: ἔχοι Nieb. edd. rell. | ὁ] ὁ γὰρ M1P1 **10** συνιεὶς] συνείς P1 **12** πεσεῖσθαι] προσεῖσθαι C **17** λέγοντες] λέγοντας C **19** λογάσιν M1 | τῶν] τὸν C **20** αὐτῷ] αὐτῶν ω: corr. Hoesch. **21** ἄνω Μυσίας] ἄνωλλυσίας P1 **22** ἀρετὴν] ἀρητήν Cβ **25** Σύλλου] σύλλα P1

πεντακοσίοις διαφῆκε χρυσοῖς, τοὺς δὲ παῖδας δῶρον ἔπεμπε
βασιλεῖ.
178 Ἐν τούτῳ δὲ καὶ Κρέκα, ἡ τοῦ Ἀττήλα γαμετή, παρὰ Ἀδάμει, τῶν
αὐτῆς πραγμάτων τὴν ἐπιτροπὴν ἔχοντι, δειπνεῖν ἡμᾶς παρεκάλει·
καὶ παρ᾽αὐτὸν ἐλθόντες ἅμα τισὶ τῶν ἐκ τοῦ ἔθνους λογάδων,
179 φιλοφροσύνης ἐτύχομεν. Ἐδεξιοῦτο γὰρ ἡμᾶς μειλιχίοις τε λόγοις καὶ
τῇ τῶν ἐδωδίμων παρασκευῇ· καὶ ἕκαστος τῶν παρόντων, Σκυθικῇ
φιλοτιμίᾳ, κύλικα ἡμῖν πλήρη διανιστάμενος ἐδίδου καί, τὸν
ἐκπιόντα περιβαλὼν καὶ φιλήσας, ταύτην ἐδέχετο. Μετὰ δὲ τὸ
δεῖπνον, ἐπὶ τὴν σκηνὴν ἐλθόντες, ἐς ὕπνον ἐτράπημεν.
180 Τῇ δὲ ὑστεραίᾳ ἐπὶ συμπόσιον αὖθις ἡμᾶς Ἀττήλας ἐκάλει καὶ τῷ
προτέρῳ τρόπῳ παρά τε αὐτὸν εἰσήλθομεν καὶ ἐς τὴν εὐωχίαν
ἐτράπημεν· συνέβαινε δὲ ἐπὶ τῆς κλίνης ἅμα αὐτῷ μὴ τὸν
πρεσβύτερον τῶν παίδων ἧσθαι, ἀλλὰ γὰρ Ὠηβάρσιον, θεῖον αὐτῷ
181 τυγχάνοντα πρὸς πατρός. Παρὰ πᾶν δὲ τὸ συμπόσιον, λόγοις
φιλοφρονούμενος, φράζειν ἡμᾶς βασιλεῖ παρεκελεύετο τῷ
Κωνσταντίῳ, ὃς αὐτῷ παρὰ Ἀετίου ἀπέσταλτο ὑπογραφέως χάριν,
182 διδόναι ἣν αὐτῷ γυναῖκα καὶ ὑπέσχετο. Παρὰ γὰρ τὸν βασιλέα
Θεοδόσιον, ἅμα τοῖς σταλεῖσιν παρὰ τοῦ Ἀττήλα πρέσβεσιν
ἀφικόμενος ὁ Κωνστάντιος, τὴν εἰρήνην Ῥωμαίοις καὶ Σκύθαις
ἔφησεν ἐπὶ μακρὸν φυλάττεσθαι χρόνον παρασκευάσειν ἂν αὐτῷ
γυναῖκα εὔπορον δοίη· καὶ πρὸς τοῦτο ἐπένευσε βασιλεὺς καὶ
Σατορνίλου, περιουσίᾳ καὶ γένει κοσμουμένου, θυγατέρα εἰρήκει
δώσειν (τὸν δὲ Σατορνίλον ἀνῃρήκει Ἀθηναῗς, ἡ καὶ Εὐδοκία·
ἀμφοτέροις γὰρ ἐκαλεῖτο τοῖς ὀνόμασιν)· ἐς ἔργον δὲ τὴν αὐτοῦ οὐ
συνεχώρησεν ἀχθῆναι ὑπόσχεσιν Ζήνων, ὑπατικὸς ἀνὴρ καὶ πολλὴν
ἀμφ᾽αὑτὸν ἔχων Ἰσαύρων δύναμιν, μεθ᾽ἧς καὶ τὴν Κωνσταντίνου
183 κατὰ τὸν τοῦ πολέμου καιρὸν φυλάττειν ἐπετέτραπτο. Τότε δή, τῶν
ἐν τῇ ἕω στρατιωτικῶν ἄρχων ταγμάτων, ὑπεξάγει τοῦ φρουρίου τὴν
184 κόρην καὶ Ῥούφῳ τινί, ἑνὶ τῶν ἐπιτηδείων, κατεγγυᾷ. Ταύτης δὲ

1 διαφῆκε] διαφῖκε E1CP1 **2** βασιλεῖ] τῷ βασιλεῖ M1P1 **3** Κρέκα] ἠρέκαν E1CB1: ἡρέκα M1: ἡρέκα P1 **6** γὰρ] δὲ B1P1 **8** διανιστάμενον C **9** τὸ] τὸν β **10** ἐς] εἰς M1P1 **14** ἧσθαι] ἦσθαι ω: corr. Hoesch. | Ὠηβάρσιον] ὧ ἡ βάρσιον CB1: ᾧ ἡ βάρσιον E1M1P1: corr. Hoesch. **17** ὑπογραφέως] ἐπιγραφέως M1P1 **19** ἀττίλα M1 **21** χρόνου M1 | παρασκευάσειεν ἂν ω: corr. Hoesch. **25** ὀνόμασι E1 | οὐ om. E1 **26** Ζήνων] ζήνων δὲ P1 **27** ἀμφ᾽αὑτὸν] ἀμφ᾽αὐτὸν E1M1 **30** ἐπιτιδείων CP1

ἀφῃρημένης, ὁ Κωνστάντιος ἐδεῖτο τοῦ βαρβάρου ἐνυβρισμένον
αὐτὸν μὴ περιορᾶσθαι, ἀλλὰ ἢ τὴν ἀφαιρεθεῖσαν ἢ καὶ ἄλλην αὐτῷ
δίδοσθαι γαμετήν, τοσαύτην φερνὴν εἰσοίσουσαν. Παρὰ τὸν τοῦ **185**
δείπνου τοίνυν καιρόν, ὁ βάρβαρος λέγειν τῷ βασιλεύοντι τὸν
Μαξιμῖνον ἐκέλευε μὴ χρῆναι τῆς ἐξ αὐτοῦ τὸν Κωνστάντιον ἐλπίδος
διαμαρτεῖν, οὔτε γὰρ βασιλεῖ τὸ ψεύδεσθαι. Ταῦτα δὲ ὁ Ἀττήλας **186**
ἐνετέλλετο, ὑποσχομένου Κωνσταντίου χρήματα δώσειν, εἰ τῶν
ζαπλούτων αὐτῷ παρὰ Ῥωμαίοις κατεγγυηθείη γυνή. Τοῦ δὲ **187**
συμποσίου ὑπεξελθόντες μετὰ τὴν νύκτα, ἡμερῶν διαγενομένων
τριῶν διηφείθημεν, δώροις τοῖς προσήκουσι τιμηθέντες.

Ἔπεμπε δὲ ὁ Ἀττήλας καὶ Βέριχον, τὸν ἡμῶν ἐν τῷ συμποσίῳ **188**
προκαθεσθέντα, ἄνδρα τῶν λογάδων καὶ πολλῶν ἐν τῇ Σκυθικῇ
κωμῶν ἄρχοντα, παρὰ βασιλέα πρεσβευσόμενον, ἀλλ᾽ὥστε καὶ αὐτὸν
⟨δῶρα⟩, οἷα δὴ πρέσβιν, παρὰ Ῥωμαίων δέξασθαι.

Ποιουμένων δὲ ἡμῶν τὴν πορείαν καὶ πρὸς κώμῃ καταλυσάντων τινί, **189**
ἥλω Σκύθης ἀνήρ, κατασκοπῆς ἕνεκα ἐκ τῆς Ῥωμαίων ἐς τὴν
βάρβαρον διαβεβηκὼς χώραν, καὶ αὐτὸν Ἀττήλας
ἀνασκολοπισθῆναι παρεκελεύσατο.

Τῇ δὲ ἐπιούσῃ, δι᾽ἑτέρων κωμῶν πορευομένων ἡμῶν, ἄνδρες β´ τῶν **190**
παρὰ Σκύθαις δουλευόντων ἤγοντο, ὀπίσω τὼ χεῖρε δεδεμένω, ὡς
τοὺς κατὰ πόλεμον ἀνελόντες δεσπότας, καὶ ἐπὶ ξύλων β´ κεραίας
ἐχόντων ἀμφοῖν τὰς κεφαλὰς ἐμβαλόντες ἀνεσταύρωσαν.

Ἐφ᾽ὅσον δὲ τὴν Σκυθικὴν διεξῄειμεν, ὁ Βέριχος ἐκοινώνει τε ἡμῖν τῆς **191**
ὁδοῦ καὶ ἥσυχός τις καὶ ἐπιτήδειος ἐνομίζετο· ὡς δὲ τὸν Ἴστρον
ἐπεραιώθημεν, ἐν ἐχθροῦ ἡμῖν ἐγένετο μοίρᾳ, διά τινας ἑώλους
προφάσεις ἐκ τῶν θεραπόντων συνενεχθείσας, καὶ πρότερον μὲν τὸν
ἵππον αφείλετο, ᾧ τὸν Μαξιμῖνον δωρησάμενος ἦν. Ὁ γὰρ Ἀττήλας **192**

---

4 λέγειν] λέγει M1P1 **5** μὴ] καὶ M1 **6** βασιλεῖ τὸ] βασιλικὸν dubitanter Bekk. (in app.): πρέπειν post ψεύδεσθαι suppl. Nieb. (in app.): crucem pos. de B. Bornm. | Ταῦτα] τοσαῦτα C **7** εἰ] ἡ M1 **9** ὑπεξελθόντος E1 **13** ἀλλ᾽ὥστε] ἄλλως τε Müll. **14** δῶρα post πρέσβιν suppl. Müll. Dind. (et infra βουλόμενος) | πρέσβιν ω edd.: πέρσβιν (sic) Hoesch.: post hoc crucem appos. de B. Bornm. Blockl. | δέξασθαι ω: βουλόμενος add. Müll. Di. **17** ἀττίλας P1 **18** ἀνασκολοπισθέναι E1 **19** β´] δύο **β** **20** σκύθας ω: corr. Nieb. **21** ἀνελόντας C | β´] δύο **β** **22** ἐμβάλλοντες C **23** διεξῄειμεν E1C: διεξῄεμεν **β** | ὁ Βέριχος] ὀβερίχος M1 **27** ᾧ] ὡς ω: corr. Nieb. (v. infra exc. 14, 4)

πάντας τοὺς ἀμφ᾿αὑτὸν λογάδας παρεκελεύσατο δώροις τὸν
Μαξιμῖνον φιλοφρονήσασθαι καὶ ἕκαστος ἐπεπόμφει ἵππον αὐτῷ,
193 μεθ᾿ὧν καὶ ὁ Βέριχος. Ὀλίγους δὲ λαβών, τοὺς ἄλλους ἀπέπεμπε, τὸ
194 σῶφρον δηλῶσαι ἐκ τῆς μετριότητος ἐσπουδακώς. Τοῦτον οὖν
ἀφείλετο τὸν ἵππον καὶ οὔτε συνοδοιπορεῖν οὔτε συνεστιᾶσθαι
ἠνέσχετο, ὥστε, ἡμῖν ἐν τῇ βαρβάρων χώρᾳ γενόμενον σύμβουλον, ἐς
τοῦτο προελθεῖν, καὶ ἐντεῦθεν διὰ τῆς Φιλίππου ἐπὶ τὴν
Ἀδριανούπολιν τὴν πορείαν ἐποιησάμεθα· ἐν ᾗ διαναπαυσάμενοι, ἐς
λόγους ἤλθομεν τῷ Βερίχῳ καὶ αὐτὸν τῆς πρὸς ἡμᾶς σιωπῆς
195 κατεμεμψάμεθα, ὅτι γε δὴ ὀργίζεται οὐκ ἀδικοῦσιν οὐδέν.
Θεραπεύσαντες οὖν αὐτὸν καὶ ἐπὶ ἑστίασιν καλέσαντες,
ἐξωρμήσαμεν καί, τῷ Βιγίλᾳ ἐν τῇ ὁδῷ ἀπαντήσαντες ἐπὶ τὴν
Σκυθικὴν ἐπαναζεύγνυντι καὶ τὰ παρὰ Ἀττήλα ἡμῖν τῆς ἐπὶ τῇ
πρεσβείᾳ ἀποκρίσεως εἰρημένα ἀφηγησάμενοι, τῆς ἐπανόδου
εἰχόμεθα.
196 Ὡς δὲ ἐς τὴν Κωνσταντίνου παρεγενόμεθα, μεταβεβλῆσθαι μὲν
ᾠόμεθα τὸν Βέριχον τῆς ὀργῆς· ὃς δὲ τῆς ἀγρίας οὐκ ἐπελέληστο
φύσεως, ἀλλ᾿ἐς διαφορὰς ἐχώρει καὶ ἐν κατηγορίᾳ ἐποιεῖτο τὸν
Μαξιμῖνον ὡς ἔφησεν, εἰς τὴν Σκυθικὴν διαβάς, τὸν Ἀρεόβινδον καὶ
τὸν Ἄσπαρα, ἄνδρας στρατηγούς, μηδεμίαν παρὰ βασιλεῖ ἔχειν
μοῖραν καὶ ὡς ἐν ὀλιγωρίᾳ τὰ κατ᾿αὐτοὺς ἐποιήσατο, τὴν
βαρβαρικὴν ἐλέγξας κουφότητα.

1 ἀμφ᾿αὑτὸν] ἀφ᾿αὑτόν E1CB1: ἀμφ᾿αὐτὸν M1 **4** οὖν om. E1 **6** ἠνέσχετο] ἠνέχετο E1CB1P1 | σύμβολον **β** **8** ἀνδριανούπολιν **ω**: corr. Hoesch. **12** ἐξωρμίσαμεν CB1 **13** ἐπαναζεύγνοντι **ω**: corr. Hoesch. **18** διαφορὰς] διαφορὰν C **20** Ἄσπαρα] ἄσπερα **ω** Hoesch.: corr. Nieb. **21** τὰ] τὸ P1

Exc. 8.1 Λόγος δ'· *περὶ Βιγίλα* a.449

Ἀναζεύξαντα δὲ *τὸν Βιγίλαν* ἐς τὴν Σκυθικὴν καὶ ἐν οἷς τὸν Ἀττήλαν 1
τόποις διατρίβειν συνέβαινεν ἀφικόμενον περιστάντες εἶχον οἱ πρὸς
τοῦτο παρεσκευασμένοι βάρβαροι καὶ τὰ χρήματα, ἅπερ τῷ Ἐδέκωνι
ἐκόμιζεν, ἀφείλοντο.

Ὡς δὲ καὶ αὐτὸν παρὰ τὸν Ἀττήλαν ἦγον καὶ ἀνηρωτᾶτο ὅτου χάριν 2
τοσοῦτον φέροι χρυσίον, ἔφη οἰκείας τε καὶ τῶν παρεπομένων
προνοίας ἕνεκα, ὥστε μὴ ἐνδείᾳ τροφῶν ἢ ἵππων σπάνει ἢ καὶ τῶν
φορτηγῶν ὑποζυγίων ὑπὸ τῆς μακρᾶς ἐκδαπανηθέντων ὁδοῦ διαμαρτεῖν τῆς περὶ τῆς πρεσβείας σπουδῆς. Παρεσκευάσθαι δὲ αὐτῷ
καὶ ἐς αἰχμαλώτων ὠνήν, πολλῶν κατὰ τὴν Ῥωμαίων δεηθέντων
αὐτοῦ τοὺς σφίσι προσήκοντας λύσασθαι.

Και ὁ Ἀττήλας «Ἀλλ' οὔτι» ἔφη «σύ, πονηρὸν θηρίον», τὸν Βιγίλαν 3
λέγων, «τὴν δίκην σοφιζόμενος λήσεις, οὐδὲ ἔσται σοι πρόφασις
ἱκανὴ εἰς τὸ τὴν κόλασιν διαφυγεῖν, μείζονος μὲν τῆς σῆς δαπάνης
παρασκευῆς σοι χρημάτων ὑπαρχούσης καὶ τῶν ὑπὸ σοῦ ἵππων καὶ
ὑποζυγίων ὠνηθησομένων καὶ τῆς τῶν αἰχμαλώτων λύσεως, ἣν σὺν
Μαξιμίνῳ παρ' ἐμὲ ἀφικομένῳ ποιεῖν ἀπηγόρευσα».

Ταῦτα εἰπών, τὸν υἱόν (ἦν δὲ καὶ τῷ Βιγίλᾳ τότε πρῶτον εἰς τὴν 4
βαρβάρων ἠκολουθηκὼς χώραν) ξίφει καταβληθῆναι παρεκελεύσατο, εἰ μὴ φθάσας εἴποι ὅτῳ τὰ χρήματα καὶ δι' ἣν αἰτίαν κομίζει.

Ὁ δέ, ὡς ἐθεάσατο τὸν παῖδα ἐπὶ θάνατον στίχοντα, ἐς δάκρυά τε καὶ 5
ὀλοφυρμοὺς ἐτράπη καὶ ἀνεβόα τὴν δίκην ἐπ' αὐτὸν φέρειν τὸ ξίφος,
οὐκ ἐπὶ τὸν νέον τὸν ἀδικοῦντα οὐδέν· καί, μηδὲν μελλήσας, τά τε

In ELR (E1CM1B1P1) servatum. Frg. 8 Müll. *FHG* IV p. 95 = Dind. *HGM* I pp. 322/5 = ELR exc. 3 (Λόγος δ'), pp. 148/9 de B. = 8 (Λόγος δ') Bornm. pp. 66/7 = 15,1 Blockl. pp. 294/6.

---

13 πονηρὸν θηρίον] LXX Gen 37, 20; 33; Dion. Hal. *ant.* V 15, 1.

---

1 περὶ Βιγίλα E1C: om. **β** **2** ἐς...Σκυθικὴν] om. **β**: εἶχον οἱ P1 (v. infra, incipit l. in C) **4** παρασκευασμένοι **ω**: corr. Hoesch. **8** ἐνδείᾳ] ἐν δία **ω**: corr. Hoesch. **10** παρεσκευάσθη M1 **11** αἰχμαλώτων] αἰχμαλώτην M1 (ac.) P1: αἰχμαλώτου M1 (pc. sl.) **14** σοφιζόμενος] σοφιζομένης **ω**: corr. Hoesch. λήσεις] λύσεις **ω**: corr. Bekk. **16** παρακευῆς P1 | σοι] οἷα **ω**: corr. Bekk. **19** ἦν...20 χώραν] inusitatis uncis includit E1 | ἐς M1B1 **22** στίχοντα] εἴχοντα M1P1 **23** ἐπ' αὐτὸν] ἐς ἐπ' αὐτὸν M1P1 ἐπαυτόν E1 **24** μελήσας E1M1P1 αὐτῷ καὶ Ἐδέκωνι καὶ τῷ εὐνούχῳ καὶ τῷ βασιλεῖ μελετηθέντα ἔλεγεν, συνεχῶς δὲ ἐς ἱκεσίας τρεπόμενος, ὥστε αὐτὸν μὲν ἀναιρεθῆναι, διαφεθῆναι δὲ τὸν παῖδα.

6 Γνοὺς δὲ ὁ Ἀττήλας, ἀπὸ τῶν Ἐδέκωνι εἰρημένων, μηδὲν διεψεῦσθαι τὸν Βιγίλαν, ἐν δεσμοῖς εἶναι προσέταττεν, οὐ πρότερον λύσειν ἀπειλήσας, πρὶν ἤ, τὸν παῖδα ἐκπέμψας, ἑτέρας αὐτῷ ν′ χρυσίου λίτρας ὑπὲρ τῶν σφετέρων κομίσοι λύτρων.

7 Καὶ ὁ μὲν ἐδέδετο, ὁ δὲ ἐς τὴν Ῥωμαίων ἐπανίει· ἔπεμπε δὲ καὶ Ὀρέστην καὶ Ἦσλαν ὁ Ἀττήλας ἐς τὴν Κωνσταντίνου.

Exc. 9 *Ad quem* [sc. *Attilam*] *in legatione remissus a Theodosio iuniore, Priscus historicus tali voce inter alia refert:* «ingentia siquidem flumina (id est Tisia Tibisiaque et Dricca) transeuntes, venimus in locum illum ubi dudum Vidigoia, Gothorum fortissimus, Sarmatum dolo occubuit, indeque non longe, ad vicum in quo rex Attila morabatur, accessimus, vicum, inquam, ad instar civitatis amplissimae, in quo lignea moenia ex tabulis nitentibus fabricata repperimus, quarum compago ita solidum mentiebatur, ut vix ab intento posset iunctura tabularum comprehendi. Videres triclinia ambitu prolixiore distenta porticusque in omni decore dispositas; area vero cortis ingenti ambitu cingebatur, ut amplitudo ipsa regiam aulam ostenderet. Hae sedes erant Attilae regis, barbariem totam tenentis, haec captis civitatibus habitacula praeponebat».

Exc. 9 Jord. Get. **178-179**, pp. 76/7 Giunta Grillone, pp. **104**/5 Mo. = frg. 9 Müll. FHG IV pp.95/6 = frg. 9 Bornm. pp. 67/8 = **11**,3 Blockl. p. 280.

---

4 διεψεῦσθαι] διαψεύσθαι C **5** προσέταττον P1 **7** λίτρας] λύτρας C σφετέρων] σφετέρου P1 (pc. sl.) **9** Ἦσλαν] ἴσλαν M1 **10** ad quem **V²BAE**: atque *rell.* | legationem remissus **B**: legatione remisso **O**: legatione se missum *rell.Mo.* **12** transeuntes **V²cBA**: transientes **a²V¹***Mo.* transirum **O** | locum illum (illum *om.* **A**) **cBA**: loco illo *rell.Mo.* **16** nitentibus] ingentibus **c***Giunt.-Grill.*: *cf. supra*, Exc. 8, 83 ξύλοις τε καὶ σανίσιν εὐξέστοις | fabricata] fabrefacta (-bri-N)**c** **17** intento **V²YLBA**: intentu *rell.Mo.* | posset **BA**: possit *rell.Mo.* **19** cortis **A²** (*ex* 'cohortis'): curtis **ab***Mo.*: cortinis **c** **20** regiam] regis **A**: regi **a** | barbariem totam **V²cBA**: barbariae totae **a²V¹O***Mo. Kahlén* p. 19 **21** tenenti **aAO** *Mo. Kahlén*: tenentes **T**

Exc. 10 *Qui* [sc. *Attila*] *quamvis huius esset naturae, ut semper magna confideret, addebat ei tamen confidentiam gladius Martis inventus, sacer apud Scytharum reges semper habitus. Quem Priscus historicus tali refert occasione detectum,* «cum pastor», inquiens, «quidam gregis unam boculam conspiceret claudicantem nec causam tanti vulneris inveniret, sollicitus vestigia cruoris insequitur, tandemque venit ad gladium, quem depascens herbas incauta calcaverat, effossumque protinus ad Attilam defert. Quo ille munere gratulatus, ut erat magnanimis, arbitratur se mundi totius principem constitutum et per Martis gladium potestatem sibi concessam esse bellorum».

Exc. **11** Suid. Z 29, sv. Ζέρκων (I 2, p. 501 Adler): v. supra, in locorum similium app. ad Exc. 8, 169-170.

Exc. **12** *Ὅτι φωραθέντα τὸν Βιγίλαν ἐπιβουλευόμενον τῷ Ἀττήλᾳ καὶ* a.449
τοῦ χρυσίου τὰς ἑκατὸν λίτρας τὰς παρὰ τοῦ Χρυσαφίου τοῦ εὐνού-
χου σταλείσας ἀφελομένου, παρευθὺ ἔπεμπεν Ὀρέστην καὶ Ἤσλαν ὁ
Ἀττήλας ἐς τὴν Κωνσταντίνου, ἐντειλάμενος τὸν μὲν Ὀρέστην τὸ
βαλλάντιον, ἐν ᾧπερ ἐμβεβλήκει Βιγίλας τὸ χρυσίον Ἐδέκωνι δοθησόμενον, τῷ σφετέρῳ περιθέντα τραχήλῳ ἐλθεῖν τε παρὰ βασιλέα
καί, αὐτῷ ἐπιδείξαντα καὶ τῷ εὐνούχῳ, ἀνερωτᾶν εἴ γε αὐτὸ ἐπιγινώ-
σκοιεν· τὸν δὲ Ἤσλαν λέγειν ἀπὸ στόματος εὖ μὲν γεγονότος εἶναι 2
πατρὸς τὸν Θεοδόσιον παῖδα, εὖ δὲ καὶ αὐτὸν φύντα καὶ τὸν πατέρα
Μουνδίουχον διαδεξάμενον διαφυλάξαι τὴν εὐγένειαν· ταύτης δὲ
τὸν Θεοδόσιον ἐκπεπτωκότα, δουλεύειν αὐτῷ, τὴν τοῦ φόρου
ἀπαγωγὴν ὑφιστάμενον.

Exc. 10 Jord. Get. 183, p. 78 Giunta Grillone, pp. 105/6 Mo. = frg. 9 Müll. FHG IV p. 96 = frg. 9 Bornm. p. 68 = 12,2 Blockl. pp. 280/2. **Exc. 11** Suid. Z 29, sv. Ζέρκων (I 2, p. 501 Adler) = Frg. **11** Müll. IV p. 96 = Dind. HGM I p. 326 = **11** Bornm. pp. 69/70 = 13,2 Blockl. pp. 286/8. **Exc. 12** In ELG (A et descriptis) servatum. Frg. 12 Müll. *FHG* IV pp. 96 = Dind. *HGM* I p. 326/7 = ELG exc. 6, pp. 581/2 de B. = 12 Bornm. p. 71 = 15,2 Blockl. p. 296.

---

2 ei] et **c^{1}QTB** | confidentia **a^{2}V1***Mo.* 4 gregis] grecis **a^{2}V^1** 7 incaute **Lb***Fou.* effossumque...8 defert *om.* **c^{1}QT** 8 magnanimus **V^{2}c^{1}QTA** | arbitratur (-or **a^{2}V^1**) **abAY**: arbitrabatur **c^{2}X** **15** ἀφελομένου] ἀφελόμενος Class. (in Nieb. app. tantum) | Ἤσλαν] ἤστλαν A: corr. Hoesch. **17** ἐμβεβλήκει A edd.: ἐβεβλήκει Dind. | χρυσίον] χρυσίον <τὸ> suppl. Dind. **19** ἀνερωτᾷν A | αὐτὸ] αὐτὸς A (pc.) αὐτῷ A (ac.) B2M2: corr. Hoesch. **20** Ἤσλαν] ἤστλαν A: corr. B2Hoesch.

3 Οὐ δίκαιον οὖν ποιεῖ, τῷ βελτίονι καὶ ὃν αὐτῷ ἡ τύχη δεσπότην ἀνέδειξεν ὡς πονηρὸς οἰκέτης λαθριδίως ἐπιτιθέμενος.

4 Οὐ λύσειν οὖν τὴν αἰτίαν ἔφη τῶν ἐς αὐτὸν ἡμαρτημένων, εἰ μή γε τὸν εὐνοῦχον ἐκπέμψοι πρὸς κόλασιν. Καὶ οὗτοι μὲν ἐπὶ τοῖσδε ἐς τὴν Κωνσταντίνου παρεγένοντο.

a.449 Exc. **12.1** Συνηνέχθη δὲ τὸν Χρυσάφιον ἐξαιτεῖσθαι καὶ παρὰ Ζήνωνος, *Μαξιμίνου γὰρ εἰρηκέναι τὸν Ἀττήλαν ἀπαγγείλαντος* χρῆναι βασιλέα πληροῦν τὴν ὑπόσχεσιν καὶ τῷ Κωνσταντίῳ τὴν γυναῖκα διδόναι, ἣν οὐδαμῶς παρὰ τὴν ἐκείνου βουλὴν ἑτέρῳ κατεγγυηθῆναι οἷόν τε ἦν· ἢ γὰρ ἂν ὁ τολμήσας ἐκδεδώκει δίκας, ἢ τοιαῦτα τὰ βασιλέως ἐστίν, ὥστε μηδὲ τῶν σφετέρων κρατεῖν οἰκετῶν, καθ᾽ ὧν συμμαχίαν, εἴ γε βούλοιτο, ἕτοιμον εἶναι παρασχεῖν.

2 Ἐδήχθη τε ὁ Θεοδόσιος τὸν θυμὸν καὶ δημοσίαν τὴν τῆς κόρης οὐσίαν ποιεῖ.

a.449/50 Exc. 13 *Ὅτι* ὑπ᾽ἀμφοτέρων, Ἀττήλα τε καὶ Ζήνωνος, αἰτούμενος, *ὁ Χρυσάφιος* ἐν ἀγωνίᾳ καθεστήκει· πάντων δὲ αὐτῷ εὔνοιάν τε καὶ σπουδὴν συνεισφερόντων, ἐδόκει παρὰ τὸν Ἀττήλαν πρεσβεύεσθαι Ἀνατόλιον καὶ Νόμον, τὸν μὲν Ἀνατόλιον τῶν ἀμφὶ βασιλέα ἄρχοντα τελῶν καὶ τὰς συνθήκας τῆς ἐκείνου εἰρήνης προθέμενον, τὸν δὲ Νόμον τὴν τοῦ μαγίστρου ἀρχὴν ἄρξαντα καὶ ἐν τοῖς πατρικίοις σὺν ἐκείνῳ καταλεγόμενον, οἳ δὲ τὰς ἀρχὰς ἀναβεβήκασι πάσας.

2 Συνεπέμπετο δὲ Ἀνατολίῳ Νόμος οὐ διὰ μέγεθος τῆς τύχης μόνον, ἀλλὰ ὡς καὶ τῷ Χρυσαφίῳ εὔνους ὢν καὶ φιλοτιμίᾳ τοῦ βαρβάρου

Exc. 12.1 In ELG (A et descriptis) servatum. Frg. **12** Müll. *FHG* IV p. 97 = Dind. *HGM* I p. 327 = ELG exc. 6, p. 582 de B. = **12** Bornm. p. 71/2 = 15,2 Blockl. p. 296. **Exc. 13** In ELR (E1CM1B1P1) servatum. Frg. 13 Müll. *FHG* IV p. 97 = Dind. *HGM* I pp. 327 = ELR exc. 4, p. **149** de B. = **13** Bornm. p. 72/3 = 15,3 Blockl. p. 296/8.

---

1 Οὐ ... ποιεῖ] cf. Thuc. II 71, 2 οὐ δίκαια ποιεῖτε.

---

1 δίκαιον] δίκαι A: corr. B2Hoesch. **9** ἐκεινου A (sine acc.): corr. B2Hoesch. **10** ἢ τοιαῦτα] ἤτοι αὐτα A: corr. B2Hoesch. **11** μηδὲ] μὴ δὲ A: corr. Hoesch. **13** Ἐδήχθη] ἐδείχθη A: corr. Vales. | δημοσίαν] δημόσιον AB2: δημόσιαν M2 (pc. sl.): corr. Hoesch. (in mg.) **17** Ἀττήλαν] ἀττήλα E1CB1: ἀττίλα M1: ἀττίλαν P1: corr. Hoesch.

περιεσόμενος· ὅτι γὰρ μάλιστα προσῆν αὐτῷ τὸ μὴ φείδεσθαι χρημάτων, τὸ παρὸν διαθεῖναι ἐσπουδακότι.

Καὶ οὗτοι μὲν ἐστέλλοντο, τὸν Ἀττήλαν ἀπάξοντες τῆς ὀργῆς καὶ τὴν 3
εἰρήνην ἐπὶ ταῖς συντάξεσιν διαφυλάττειν πείσοντες, λέξοντες δὲ καὶ ὡς τῷ Κωνσταντίῳ κατεγγυηθήσεται γυνὴ οὐ μείων τῆς Σατορνίλου, γένει τε καὶ περιουσίᾳ· ἐκείνην γὰρ μὴ βεβουλῆσθαι, ἀλλ᾽ἑτέρῳ κατὰ νόμον γήμασθαι· οὐ γὰρ θέμις παρὰ Ῥωμαίοις ἄκουσαν γυναῖκα κατεγγυᾶσθαι ἀνδρί.

Ἔπεμπε δὲ καὶ ὁ εὐνοῦχος τῷ βαρβάρῳ χρυσίον, ὥστε αὐτὸν μει- 4
λιχθέντα ἀπαχθῆναι τοῦ θυμοῦ.

Exc. **14** *Ὅτι* οἱ ἀμφὶ τὸν Ἀνατόλιον καὶ Νόμον, τὸν Ἴστρον περαιωθέν- a.449/50
τες, ἄχρις τοῦ Δρέγκωνος λεγομένου ποταμοῦ ἐς τὴν Σκυθικὴν διέβησαν· αἰδοῖ γὰρ τῶν ἀνδρῶν ὁ Ἀττήλας, ὥστε μὴ τῷ τῆς ὁδοῦ ἐπιτρίβεσθαι διαστήματι, ἐν ἐκείνῳ τῷ χωρίῳ τὴν πρὸς αὐτοὺς ἐποιήσατο ἔντευξιν.

Καί, πρῶτον μὲν ὑπερηφάνως διαλεχθείς, ὑπήχθη τῷ πλήθει τῶν 2
δώρων καί, λόγοις προσηνέσι μαλαχθείς, φυλάττειν τὴν εἰρήνην ἐπὶ ταῖς αὐταῖς ἐπώμνυτο συνθήκαις, ἀναχωρεῖν δὲ καὶ τῆς τῷ Ἴστρῳ ὁριζομένης Ῥωμαίων γῆς καὶ τοῦ πράγματα ἔτι παρέχειν περὶ φυγάδων βασιλεῖ, εἰ μή γε Ῥωμαῖοι αὖθις ἑτέρους καταφεύγοντας παρ᾽αὐτοῦ δέξοιντο.

Ἠφίει δὲ καὶ Βιγίλαν, τὰς ν' τοῦ χρυσοῦ λίτρας δεξάμενος (ταύτας 3
γὰρ αὐτῷ ἐκεκομίκει ὁ παῖς, σὺν τοῖς πρέσβεσιν ἐς τὴν Σκυθικὴν διαβάς) καὶ αἰχμαλώτους ἄνευ λύτρων ἀφῆκε πλείστους, Ἀνατολίῳ καὶ Νόμῳ χαριζόμενος.

Δωρησάμενος δὲ καὶ ἵππους αὐτοῖς καὶ θηρίων δοράς, αἷς οἱ βασί- 4
λειοι κοσμοῦνται Σκύθαι, ἀπέπεμπε, συμπέμψας καὶ τὸν Κωνστάντιον, ὥστε αὐτῷ βασιλέα ἐς ἔργον ἀγαγεῖν τὴν ὑπόσχεσιν.

Exc. 14 In ELR (E1CM1B1P1) servatum. Frg. **14** Müll. *FHG* IV pp. 97/8 = Dind. *HGM* I pp. 327/8 = ELR exc. 5, p. 150 de B. = **14** Bornm. pp. 73/4 = **15**,4 Blockl. p. 298.

---

1 προσῆν] πρὸς ἦν E1C (ac.) **2** διαθῆναι **β** **19** ἔτι] ὅτι M1P1 **23** ἐκεκομίκει E1: ἐκεκομήκει CB1: ἐκεκομίκειν M1P1 | τοῖς] ταῖς Cβ | Σκυθικὴν] συνθήκην **ω** Hoesch.: corr. E1 (pc. in mg. m. lat.) Nieb. **26** δοράς] δορεὰς E1 (ipse Darmarius secl. in l.): δωράς E1 (sic, pc. m. lat. in mg.) **28** εἰς **β**

5 Ὡς δὲ ἐπανῆλθον οἱ πρέσβεις καὶ ἅπαντα, τά τε παρ᾽αὐτῶν τά τε παρὰ τοῦ βαρβάρου, διεξῆλθον, κατεγγυᾶται τῷ Κωνσταντίῳ γυνή, γαμετὴ Ἀρμάτου γενομένη, παιδὸς Πλίνθου, τοῦ παρὰ Ῥωμαίοις στρατηγήσαντος καὶ τὴν ὕπατον ἀρχὴν ἄρξαντος.

6 Συνεβεβήκει δὲ τὸν Ἀρμάτον, ἐς τὴν Λιβύων διαβάντα ἐπὶ τῇ πρὸς Αὐσοριανοὺς μάχῃ, εὐημερῆσαι μὲν ἐν τῷ πρὸς ἐκείνους πολέμῳ, νοσήσαντα δὲ τελευτῆσαι τὸν βίον· οὗ δὴ τὴν γαμετήν, καὶ γένει καὶ περιουσίᾳ διαπρέπουσαν, ἔπεισεν ὁ βασιλεὺς τῷ Κωνσταντίῳ γήμασθαι.

7 Οὕτω καὶ τῶν πρὸς Ἀττήλαν λυθέντων διαφορῶν, ὁ Θεοδόσιος ἐδεδίει μήποτε καὶ Ζήνων τυραννίδι ἐπιθήσεται.

a.450 Exc. **15** *Ὅτι* ὡς ἠγγέλθη τῷ Ἀττήλᾳ τὸν Μαρκιανὸν ἐς τὰ κατὰ τὴν ἕω Ῥωμαικὰ παρεληλυθέναι βασίλεια μετὰ τὴν Θεοδοσίου τελευτήν, ἠγγέλθη δὲ αὐτῷ καὶ τὰ τῆς Ὀνωρίας πέρι γεγενημένα, πρὸς μὲν τὸν κρατοῦντα τῶν ἑσπερίων Ῥωμαίων ἔστελλε τοὺς διαλεξομένους μηδὲν Ὀνωρίαν πλημμελεῖσθαι, ἣν ἑαυτῷ πρὸς γάμον κατενεγύησε (τιμωρήσειν γὰρ αὐτῇ, εἰ μὴ καὶ τὰ τῆς βασιλείας ἀπολάβῃ σκῆπτρα), ἔπεμπε δὲ καὶ πρὸς τοὺς ἑώους Ῥωμαίους, τῶν ταχθέντων φόρων ἕνεκα· ἀπράκτων δὲ ἐξ ἀμφοτέρων τῶν αὐτοῦ ἐπανελθόντων πρέσβεων.

2 Οἱ μὲν γὰρ τῆς ἑσπέρας ἀπεκρίναντο Ὀνωρίαν αὐτῷ ἐς γάμον ἐλθεῖν μήτε δύνασθαι, ἐκδεδομένην ἀνδρί, σκῆπτρον δὲ αὐτῇ μὴ ὀφείλεσθαι· οὐ γὰρ θηλειῶν, ἀλλὰ ἀρρένων ἡ τῆς Ῥωμαικῆς βασιλείας ἀρχή· οἱ δὲ τῆς ἕω ἔφασαν οὐχ ὑποστήσεσθαι τὴν τοῦ φόρου ἀπαγωγήν, ἣν ὁ Θεοδόσιος ἔταξεν, καὶ ἡσυχάζοντι μὲν δῶρα δώσειν, πόλεμον δὲ ἀπειλοῦντι ὅπλα καὶ ἄνδρας ἐπάξειν, τῆς αὐτοῦ μὴ λειπομένους δυνάμεως.

Exc. 15 In ELG (A et descriptis) servatum. Frg. **15** Müll. *FHG* IV p. 98 = Dind. *HGM* I pp. 328/9 = ELG exc. 7, p. 582 de B. = **15** Bornm. pp. 75/6 = 20,**1** Blockl. pp. 304/6.

---

18 ἔπεμπε … **19** ἕνεκα] cf. Jord. *Get.* 225; Theoph. *chron.* AM 5946.

---

2 Κωνσταντίῳ] κωνσταντίνω **ω**: corr. Hoesch. E**1** (pc. m. lat. in mg.) **3** Ἀρμάτου] ἀρματίου **ω**: corr. Hoesch. **5** δὲ] δὴ P**1** | ἁρμάτον **ω**: corr. Hoesch. **6** μάχῃ] μάχει E**1** **8** Κωνσταντίῳ] κωνσταντίνω **ω**: corr. Hoesch. **11** ἐδεδίει] δεδίει P**1** (incipit l.) | τυραννίδι] τυραννία C **25** ὁ] ὃ A: corr. Hoesch.

Ἐμερίζετο οὖν τὴν γνώμην καὶ διηπόρει ποίοις πρότερον ἐπιθήσεται 3
καί ἔχειν αὐτῷ ἐδόκει καλῶς τέως ἐπὶ τὸν μείζονα τρέπεσθαι πόλεμον καὶ ἐς τὴν ἑσπέραν στρατεύεσθαι, τῆς μάχης αὐτῷ μὴ μόνον πρὸς Ἰταλιώτας, ἀλλὰ καὶ πρὸς Γότθους καὶ Φράγγους ἐσομένης, πρὸς μὲν Ἰταλιώτας, ὥστε τὴν Ὀνωρίαν μετὰ τῶν χρημάτων λαβεῖν, πρὸς δὲ Γότθους, χάριν Γεζερίχῳ κατατιθέμενον.

Exc. 16 *Ὅτι τῷ Ἀττήλᾳ ἦν τοῦ πρὸς Φράγγους* πολέμῳ πρόφασις ἡ a.450/1
τοῦ σφῶν βασιλέως τελευτὴ καὶ ἡ τῆς ἀρχῆς τῶν ἐκείνου παίδων διαφορά, τοῦ πρεσβυτέρου μὲν Ἀττήλαν, τοῦ δὲ νεωτέρου Ἀέτιον ἐπὶ συμμαχίᾳ ἐπάγεσθαι ἐγνωκότος· ὃν κατὰ τὴν Ῥώμην εἴδομεν πρεσβευόμενον, μήπω ἰούλου ἀρχόμενον, ξανθὸν τὴν κόμην τοῖς αὐτοῦ περικεχυμένην διὰ μέγεθος ὤμοις.

Θετὸν δὲ αὐτὸν ὁ Ἀέτιος ποιησάμενος παῖδα καὶ πλεῖστα δῶρα δοὺς 2
ἅμα τῷ βασιλεύοντι ἐπὶ φιλίᾳ τε καὶ ὁμαιχμίᾳ ἀπέπεμψεν.

Τούτων ἕνεκα ὁ Ἀττήλας, τὴν ἐκστρατείαν ποιούμενος, αὖθις τῶν 3
ἀμφ᾽αὐτὸν ἄνδρας ἐς τὴν Ἰταλίαν ἔπεμπεν, ὥστε τὴν Ὀνωρίαν ἐκδιδόναι (εἶναι γὰρ αὐτῷ ἡρμοσμένην πρὸς γάμον, τεκμήριον ποιούμενος τὸν παρ᾽αὐτῆς πεμφθέντα δακτύλιον, ὃν καὶ ἐπιδειχθησόμενον ἐστάλκει), παραχωρεῖν δὲ αὐτῷ τὸν Βαλεντινιανὸν καὶ τοῦ ἡμίσεως τῆς βασιλείας μέρους, ὡς καὶ τῆς Ὀνωρίας διαδεξαμένης μὲν παρὰ πατρὸς τὴν ἀρχήν, ταύτης δὲ τῇ τοῦ ἀδελφοῦ ἀφαιρεθεῖσαν πλεονεξίᾳ.

Ὡς δὲ οἱ ἑσπέριοι Ῥωμαῖοι, τῆς προτέρας ἐχόμενοι γνώμης, πρὸς 4
οὐδὲν τῶν αὐτῷ δεδογμένων ὑπήκουον, εἴχετο μᾶλλον τῆς τοῦ πολέμου παρασκευῆς, πᾶν τὸ τῶν μαχίμων ἀγείρων πλῆθος.

Exc. 17 Mediolanum quoque, Liguriae metropolim et quondam regiam urbem pari tenore devastant, nec non et Ticinum aequali sorte deiciunt,

---

Exc. 16 In ELG (A et descriptis) servatum. Frg. 16 Müll. *FHG* IV pp. 98/9 = Dind. *HGM* I pp. 329/30 = ELG exc. 8, pp. 582/3 de B. = 16 Bornm. pp. 76/7 = 20,3 Blockl. pp. 306/8. **Exc. 17** Jord. Get. 222-223, p. 91 Giunta Grillone, p. 114 Mo. = frg. 17 Müll. *FHG* IV p. 99 = frg. 17 Bornm. pp. 77/8 = 22,1 Blockl. pp. 310/2.

---

26 Mediolanum…58,**1** Italiam] cf. Suid. M 405, Μεδιόλανον.

---

10 πρεσβευόμενον] πρεσβευόμενοι Nieb. (in app. tantum)

vicinaque loca saevientes allidunt, demoliunturque pene totam Italiam. Cumque ad Romam animus fuisset eius attentus accedere, sui eum, *ut Priscus historicus refert*, removerunt, non urbi, cui inimici erant, consulentes, sed Halarici quondam Vesegotharum regis obicientes exemplum, veriti regis sui fortunam, quia ille post fractam Romam non diu supervixerat, sed protinus rebus humanis excessit.
Igitur dum eius animus ancipiti negotio, inter ire et non ire, fluctuaret secumque deliberans tardaret placita ei legatio a Roma advenit: nam Leo papa per se ad eum accedens, in agro Venetum Ambuleio, ubi Mincius amnis commeantium frequentatione transitur. Qui mox deposito exercitus furore et rediens quo venerat, iterum ultra Danubium promissa pace discessit, illud prae omnibus denuntians atque interminando decernens, graviora se in Italiam illaturum, nisi ad se Honoriam, Valentiniani principis germanam, filiam Placidiae Augustae, cum portione sibi regalium opum debita mitterent.

a.451ex. Exc. 18 *Ὅτι* τοῦ Ἀττήλα παρὰ Θεοδοσίου τεταγμένον φόρον ζητοῦντος ἢ πόλεμον ἀπειλοῦντος, τῶν Ῥωμαίων στέλλειν παρ᾽αὐτὸν πρέσβεις ἀποκριναμένων, Ἀπολλώνιος ἐπέμπετο, οὗπερ ὁ ἀδελφὸς τὴν Σατορνίλου γεγαμήκει θυγατέρα, ἣν ὁ Θεοδόσιος ἐβούλετο Κωνσταντίῳ κατεγγυᾶν, Ζήνων δὲ Ῥούφῳ ἐδεδώκει πρὸς γάμον, τότε δὲ ἐξ ἀνθρώπων ἐγεγόνει.

2 Τοῦ Ζήνωνος οὖν τῶν ἐπιτηδείων ὁ Ἀπολλώνιος γεγονὼς καὶ τὴν στρατηγίδα λαχὼν ἀρχήν, παρὰ τὸν Ἀττήλαν ἐπέμπετο πρεσβευσόμενος καὶ τὸν μὲν Ἴστρον ἐπεραιοῦτο, οὐκ ἔτυχε δὲ τῆς πρὸς τὸν

Exc. 18 In ELR (E1CM1B1P1) servatum. Frg. 18 Müll. *FHG* IV p. 99 = Dind. *HGM* I p. 335 = ELR exc. 6, pp. 150/1 de B. = 18 Bornm. pp. 78/9 = 23,3 Blockl. p. 314/6.

1 demoliunturque **V^{2}XYBA**: demoliuntque **a^{2}V^{1}c^{2}ZO***Mo.* **3** urbi] ut urbi **c** **4** exemplo **V^{1}PH***Mo.* **5** quia] quod **c** | supervixerat **B**: supervixerit *rell.Mo.* **6** excesserit **A** **8** placita **b**: placida *rell. Mo.* | a Roma] Roma **bA** **9** accedit **BA***Fou.*: accessit **V^{2}** **10** deposito ... **11** furore **c**: deposuit exercitatu (-tus **LA**) furore (-rem **A**)**aA***Mo.*: deposuit excitatum furorem **b** **11** quo] qua **A**: quia **B** iterum Z: id est bFou.: iter **a^{1}c^{2}XY**: item **A**: *om.* **L** **13** in Italiam **B**: in Italia **acO***Mo.*: italiae **A** **18** ἀπολλώνιον C **19** ἐβούλετο] ἐβάλετο **M1** | Κωνστα□Dτίῳ] κωνσταντίνου **M1** **20** κατεγγυᾶν] κατεγγυᾷ **β**

βάρβαρον προσόδου· ἐν ὀργῇ γὰρ ἐκεῖνος ποιούμενος τὸ μὴ κεκομίσθαι τοὺς φόρους, οὓς ἔλεγεν αὐτῷ παρὰ τῶν βελτιόνων καὶ βασιλικωτέρων τετάχθαι, οὐδὲ τὸν πρεσβευσάμενον ἐδέχετο, τοῦ πέμψαντος κατολιγορῶν.

Ὁ δὲ Ἀπολλώνιος ἀνδρὸς ἔργον κατὰ τοῦτον τὸν καιρὸν φαίνεται 3
διαπραξάμενος· τοῦ γὰρ Ἀττήλα μὴ προϊεμένου τὴν αὐτοῦ πρεσβείαν, μηδὲ ἐς λόγους αὐτῷ ἐλθεῖν βουλομένου, παρακελευομένου δὲ πέμπειν ἅπερ αὐτῷ ἐκ βασιλέως δῶρα ἐκόμιζεν καὶ θάνατον ἀπειλοῦντος εἰ μὴ δοίη, ἔφησεν οὐκ αἰτεῖν προσήκειν Σκύθαις ἅπερ αὐτοῖς ἔξεστιν ἢ δῶρα ἢ σκῦλα λαβεῖν, παραδηλῶν δῶρα μὲν αὐτοῖς δοθήσεσθαι, εἰ αὐτὸν προσδέξοιντο πρεσβευόμενον, σκῦλα δέ, εἰ ἀνελόντες ἀφέλοιντο.

Οὕτω μὲν οὖν ἄπρακτος ἐπανῄει. 4

Exc. 19 *Ὅτι ὁ Ἀττήλας*, μετὰ τὸ τὴν Ἰταλίαν ἀνδραποδίσασθαι, ἐπὶ τὰ a.452ex.
σφέτερα ἀναζεύξας, τοῖς κρατοῦσι τῶν ἑῴων Ῥωμαίων πόλεμον καὶ ἀνδραποδισμὸν τῆς χώρας κατήγγελλεν, ὡς μὴ ἐκπεμφθέντος τοῦ παρὰ Θεοδοσίου τεταγμένου φόρου.

Exc. 20 *Ὅτι Ἀρδαβούριος, ὁ τοῦ Ἄσπαρος, Σαρακηνοῖς ἐπολέμει* a.451/2
κατὰ τὴν Δαμασκὸν καί, ἐκεῖσε παραγενομένου Μαξιμίνου *τοῦ στρατηγοῦ καὶ Πρίσκου τοῦ συγγραφέως*, εὗρον αὐτὸν τοῖς Σαρακηνῶν πρέσβεσι περὶ εἰρήνης διαλεγόμενον.

Exc. 21 (cf. Proc. *bell.* I 19, 27-36; Jord. *Rom.* 333) *Ὅτι* Βλέμμυες καὶ a.452/3
Νουβάδες, ἡττηθέντες ὑπὸ Ῥωμαίων, πρέσβεις παρὰ τὸν Μαξιμῖνον ἔπεμπον ἐξ ἀμφοτέρων τῶν ἐθνῶν εἰρήνης πέρι βουλόμενοι

Exc. 19 In ELG (A et descriptis) servatum. Frg. **19** Müll. *FHG* IV pp. 99/100 = Dind. *HGM* I p. 331 = ELG exc. 9, p. 583 de B. = 19 Bornm. pp. 79/80 = 23,**1** Blockl. p. 314. **Exc. 20** In ELG (A et descriptis) servatum. Frg. 20 Müll. *FHG* IV p. 100 = Dind. *HGM* I pp. 331/2 = ELG exc. 10, p. 583 de B. = 20 Bornm. p. 80 = 26 Blockl. pp. 322 (cf. 19 p. 304). **Exc. 21** In ELG (A et descriptis) servatum. Frg. 21 Müll. *FHG* IV p. 100 = Dind. *HGM* I pp. 332/3 = ELG exc. **11**, pp. 583/4 de B. = 21 Bornm. pp. 80/2 = 27,**1** Blockl. p. 322/4.

---

1 προσόδου] προόδου ω: corr. Hoesch. | ἐν ὀργῇ] ἐναργῆ P1 **2** βελτιόνων καὶ] βελτιόνων καὶ βελτιόνων P1 **6** προϊεμένου] προσιεμένου edd. **9** προσήκειν] προσῆκεν E1CB1M1: προσῆκε P1: corr. Hoesch. **13** ἐπανῄει] ἐπανίει M1 **15** ἀναζεύξας A ἀναζεῦξαι B2M2Hoesch.: corr. Nieb. Bekk. (iampridem in A) **24** βουλόμενοι A (pc. sl.): βουλόμεθα (ac.)

σπένδεσθαι καὶ ταύτην διατηρῆσαι ἔφασαν, ἐφ᾽ὅσον ὁ Μαξιμῖνος τὴν Θηβαίων ἐγκαταμένοι χώραν· τοῦ δὲ μὴ προσδεξαμένου ἐπὶ χρόνῳ σπένδεσθαι τοσούτῳ, ἔλεγον ἄχρι τῆς αὐτοῦ ζωῆς μὴ κινήσειν ὅπλα.

2 Ὡς δὲ οὐδὲ τοὺς δευτέρους τῆς πρεσβείας προσίετο λόγους, ἑκατοντούτεις ἔθετο σπονδάς, ἐν αἷς ἐδόκει Ῥωμαίων μὲν αἰχμαλώτων ἄνευ λύτρων ἀφεῖσθαι, εἴτε κατὰ ἐκείνην, εἴτε κατὰ ἑτέραν ἔφοδον ἥλω· τὰ δὲ τότε ἀπαχθέντα ἀποδοθῆναι βοσκήματα καὶ τῶν δαπανηθέντων κατατίθεσθαι τὴν ἀποτίμησιν· ὁμήρους δὲ τοὺς εὖ γεγονότας παρὰ σφίσι δίδοσθαι, ὥστε, ὧν ἕνεκα τῶν σπονδῶν, εἶναι δὲ αὐτοῖς κατὰ τὸν παλαιὸν νόμον ἀκώλυτον τὴν εἰς τὸ ἱερὸν τῆς Ἴσιδος διάβασιν, τοῦ ποταμίου σκάφους Αἰγυπτίων ἐχόντων τὴν ἐπιμέλειαν, ἐν ᾧπερ τὸ ἄγαλμα τῆς θεοῦ ἐντιθέμενον διαπορθμεύεται.

3 Ἐν ῥητῷ γὰρ οἱ βάρβαροι χρόνῳ, ἐς τὴν οἰκείαν διακομίζοντες τὸ ξόανον, πάλιν, αὐτῷ χρηστηριασάμενοι, ἐς τὴν νῆσον ἀποσώζουσιν.

4 Ἐμπεδωθῆναι τοίνυν ἐν τῷ ⟨ἐν⟩ Φίλαις ἱερῷ τὰς συνθήκας ἐδόκει τῷ Μαξιμίνῳ· ἐπιτηδειόνων ἐπέμποντο μετεξέτεροι, παρεγίνοντο δὲ καὶ τῶν Βλεμμύων καὶ Νουβάδων οἱ τὰς σπονδὰς ἐν τῇ νήσῳ τιθέμενοι.

5 Ἐγγραφέντων δὲ τῶν συνδοξάντων καὶ τῶν ὁμήρων παραδοθέντων (ἦσαν δὲ τῶν τε τυραννησάντων καὶ ὑπὸ τυράννων γεγονότων παῖδες, ὅπερ οὐδεπώποτε ἐν τῷδε τῷ πολέμῳ ἐγένετο· οὔποτε γὰρ Νουβάδων καὶ Βλεμμύων παρὰ Ῥωμαίοις ὡμήρευσαν παῖδες), συνηνεχθη δὲ τὸν Μαξιμῖνον ἀνωμάλως διατεθῆναι τὸ σῶμα καὶ ἀποθανεῖν.

6 Τὴν δὲ τοῦ Μαξιμίνου τελευτὴν μαθόντες, οἱ βάρβαροι τούς τε ὁμήρους ἀφείλοντο βιασάμενοι καὶ τὴν χώραν κατέδραμον.

---

1 ἐφ᾽ὅσον] ἐφόσον A: corr. Hoesch. **5** ἑκατοντούτεις] ἑκάτον τούτεις A: corr. Hoesch. **9** παρὰ σφίσι] παρασφίσι A: corr. Hoesch. **12** τῆς] τοῦ A: corr. Hoesch. **16** ἐν Φίλαις] ἐν add. Vales. edd. rell. **17** ἐπιτηδειόνων] ἐπιτήδειον ὄν A Hoesch. de B. Bornm. Blockl. (qui post ὄν interpungunt): ἐπιτηδειόνων Ed. Par. Nieb. Müll. Dind. (qui antea interp.). **22** ὡμήρευσαν] ὡμήρεσαν A: corr. Hoesch.

Exc. 22 *Ἐπὶ τούτοις Διόσκορος μὲν τὴν τῶν Γαγγρηνῶν τῶν Παφλαγόνων οἰκεῖν κατακρίνεται, Προτέριος δὲ τὴν ἐπισκοπὴν ψήφῳ κοινῇ τῆς συνόδου τῆς Ἀλεξανδρέων κληροῦται.* a.451ex.

Ὃς ἐπειδὴ τὸν οἰκεῖον κατειλήφει θρόνον, μέγιστος καὶ ἀνύποιστος τάραχος τῷ δήμῳ διανέστη πρὸς διαφόρους κυμαινομένῳ γνώμας. Οἱ μὲν γὰρ Διόσκορον ἐπεζήτουν, οἷά περ εἰκὸς ἐν τοῖς τοιούτοις γίγνεσθαι, οἱ δὲ Προτερίου μάλα γεννικῶς ἀντείχοντο, ὡς καὶ πολλὰ καὶ ἀνήκεστα προελθεῖν.

Ἱστορεῖ δ'οὖν Πρίσκος ὁ ῥήτωρ φθῆναι τηνικαῦτα ⟨ἐς⟩ τὴν Ἀλεξάνδρου ἐκ τῆς Θηβαίων ἐπαρχίας ἰδεῖν τε τὸν δῆμον ὁμόσε κατὰ τῶν ἀρχόντων χωροῦντα, τῆς τε στρατιωτικῆς δυνάμεως τὴν στάσιν διακωλύειν βουλομένης, λίθων βολαῖς αὐτοὺς χρήσασθαι, τρέψασθαί τε τούτους καὶ ἀνὰ τὸ ἱερὸν τὸ πάλαι Σαράπιδος ἀναδραμόντας ἐκπολιορκῆσαι καὶ πυρὶ ζῶντας παραδοῦναι. Ταῦτά τε τὸν βασιλέα μαθόντα δισχιλίους νεολέκτους ἐκπέμψαι, καὶ οὕτω πνεύματος ἐπιτυχόντας οὐριοδρομῆσαι ὡς ἀνὰ τὴν ἕκτην τῶν ἡμερῶν τῇ μεγάλῃ τῶν Ἀλεξανδρέων προσσχεῖν πόλει.

Κἀντεῦθεν τῶν στρατιωτῶν παροινούντων ἔς τε τὰς γαμετὰς καὶ θυγατέρας τῶν Ἀλεξανδρέων, τῶν προτέρων πολλῷ δεινότερα προελθεῖν, ὕστερόν τε δεηθῆναι τὸν δῆμον τοῦ Φλώρου, τῶν στρατιωτικῶν ταγμάτων ἡγουμένου ὁμοῦ τε καὶ τὴν πολιτικὴν διέποντος ἀρχήν, ἀνὰ τὴν ἱπποδρομίαν ἁλισθέντα, ὥστε καταπράξασθαι αὐτοῖς τὴν τοῦ σιτηρεσίου χορηγίαν, ἥνπερ παρ'αὐτῶν ἀφήρητο, τά τε βαλανεῖα καὶ τὴν θέαν καὶ ὅσα διὰ τὴν γενομένην παρ'αὐτῶν ἀταξίαν ἀπεκόμπησαν.

Καὶ οὕτω τὸν Φλῶρον, εἰσηγήσει τῇ αὐτοῦ, φανέντα τῷ δήμῳ ὑποσχέσθαι ταῦτα, καὶ τὴν στάσιν πρὸς βραχὺ διαλῦσαι.

Exc. 22 Evagr. *hist. eccl.* II 5, pp. 50/**1** Bidez-Parm. = Frg. 22 Müll. *FHG* IV p. **101** = 22 Bornm. pp. 82/3 = 28,**1** Blockl. p. 324. Cfr. Nic. Call. *hist. eccl.* XV 8.

---

1 Cf. Nic. Call. *Hist. Eccl.* **15**, 8

a.453 Exc. 23 Qui [sc. *Attila*], *ut Priscus historicus refert*, exitus sui tempore puellam Ildico nomine, decoram valde sibi in matrimonio post innumerabiles uxores, ut mos erat gentis illius, socians; eiusque in nuptiis hilaritate nimia resolutus, vino somnoque gravatus, resupinus iacebat. Redundans sanguis, qui ei solite de naribus effluebat, dum consuetis meatibus impeditur, itinere ferali faucibus illapsus eum extinxit: ita glorioso per bella regi temulentia pudendos exitus dedit. Sequenti vero luce, cum magna pars diei fuit exempta, ministri regii, triste aliquid suspicantes, maximos fores effringunt inveniuntque Attilae sine ullo vulnere necem, sanguinis effusione peractam, puellamque dimisso vultu sub velamine lacrimantem.

Tunc, ut gentis illius mos est, crinium parte truncata, informes facies cavis turpavere vulneribus, ut proeliator eximius non femineis lamentationibus et lacrimis, sed sanguine lugeretur virili.

De quo id accessit mirabile, ut Marciano principi Orientis de tam feroci hoste sollicito, in somnis divinitas adsistens, arcum Attilae in eadem nocte fractum ostenderet, quasi quod gens ipsa eo telo multum praesumat. *Hoc Priscus historicus vera se dicit attestatione probare:* nam in tantum magnis imperiis Attila terribilis habitus est, ut eius mortem in locum muneris superna regnantibus indicarent.

Exc. 23 Jord. Get. 254-258, pp. **104**/6 Giunta Grillone, p. **123** Mo. = frg. 23 Müll. (255, partim: *De quo ... probare*) *FHG* IV p. **101** = 23 Bornm. pp. 83/5..

---

1 Qui … **11** lacrimantem] cf. *Chron. Pasch.* pp. 587/8 Dind. (v. supra, Exc. 3a); Joh. Malal. *chron.* p. **281** Thurn, p. 359 Dind. (v. infra, frg. dub. 60*). **2** sibi … 3 socians] Prisc. Exc. 8, par. 63 πλείστας μὲν ἔχων γαμετάς, ἀγόμενος δὲ καὶ ταύτην κατὰ νόμον τὸν Σκυθικόν.

---

1 exitus **c**: exitu **L**: exitii (dum exitii **A**) **a**^{1}**A**: extinctionis **b***Fou.* | sui] suae **b***Fou.* **2** Ildico] Heldico **c** | matrimonio] matrimonio copulavit **L**: matrimonium **b***Fou.* **3** innumeras **L** **4** iacebat **b**: iaceret *rell.Mo.* **6** illapsus] elapsus **aA**: illapso **Q** eum **V**^{2}**B**: *om. rell.Mo.* **7** pudendos exitus **cA**: pudendos exitos **a***Mo.*: pudendum exitum **B**: pudendus exitus **O** **10** necem *post* Attilae *transp.* **V**^{2} **12** gentis illius **aA**: transp. *Fou.*: illi genti **cb** **13** turpaverunt **Y**: turbavere **aA** **14** virile **a**^{2}**V**^{1}*Mo.* **17** multa **cB***Fou.*: multo **O** **18** praesumebat **A**

Cuius manes quibus a sua gente honorati sunt, pauca de multis dicere non omittamus. In mediis siquidem campis et intra tentoria serica cadavere collocato, spectaculum admirandum et sollemne exhibetur. Nam de tota gente Hunnorum lectissimi equites, in eo loco quo erat positus, in modum circensium cursibus ambientes, facta eius cantu funereo tali ordine referebant: «Praecipuus Hunnorum rex Attila, patre genitus Mundiuco, fortissimarum gentium dominus, qui inaudita ante se potentia solus Scythica et Germanica regna possedit, nec non utraque Romani orbis imperia captis civitatibus terruit et, ne praedae reliqua subderentur, placatus precibus annuum vectigal accepit: cumque haec omnia proventu felicitatis egerit, non vulnere hostium, non fraude suorum, sed gente incolumi inter gaudia laetus, sine sensu doloris occubuit. Quis ergo hunc exitum putet, quem nullus aestimat vindicandum?»

Postquam talibus lamentis est defletus, 'stravam' super tumulum eius quam appellant, ipsi ingenti commissatione concelebrant, et contraria invicem sibi copulantes, luctum funereum mixto gaudio explicabant, noctuque secreto cadaver terra reconditum, cuius fercula primum auro, secundum argento, tertium ferri rigore communiunt, significantes talia argumenta potentissimo regi omnia convenisse: ferrum, quod gentes edomuit, aurum et argentum, quod ornatum rei publicae utriusque acceperit. Addunt arma hostium caedibus adquisita, faleras vario gemmarum fulgore pretiosas et diversi generis insignia, quibus colitur aulicum decus. Et ut tantis divitiis humana curiositas arceretur, operi deputatos detestabili mercede trucidarunt; emersitque momentanea mors sepelientibus cum sepulto.

---

1 quibus *plerique codd.*: quibus modis **B***Fou.* | honorati sunt **c^2XB**: honorati sint **A**: honoratus est **Y**: honoratae sunt **aO***Mo.* **2** sirica **a***Mo.* **3** sollemniter **aO***Mo.* **4** electissimi **B***Fou.*: letissimi **V** | quo] ubi **A** **8** romani orbis **V^2cA**: romani urbis **V^1PH***Mo.*: romanae urbis **L**: urbis romanae **B**: romanae urbes **O** **11** egerit] gerit **b** **12** incolume **ab***Mo.* **13** exitum putet] dicat exitum **b***Fou.* | aestimet **A^2** **14** 'stravam'] cf. Maench.-H. pp. 274/8; 425/6. **15** quam] quem **X** **16** luctu funereo **a^1A***Mo. Kahlén* pp. 35/6 | mixta gaudia **A** | explicabant] celebrabant **aA** **17** reconditum] reconditum est **V^2** | cuius fercula] copercula **c***Mo.*: cuius arcula (arcula = arculam *Bergmüller* p. 46) **18** secundum ... tertium] secundo ... tertio **bc** | muniunt **A** | talia argumenta **c**: tali argumento *rell. edd.* **19** omnia *om.* **c** quod] quo **c** **21** uarium **PH**: uariarum **A** **23** et ut] ut tot et **b**: et ut tot et *Fou.* **24** trucidarunt] trucidant **L**

a.455 Exc. 24 (de Vandalorum populatione, cf. Jord. *Rom.* 334; Proc. *bell.* III 5, 1-7) *Ὅτι Γεζερίχου τὴν Ῥώμην πορθήσαντος καὶ βασιλεύοντος Ἀβίτου*, Μαρκιανός, ὁ τῶν τῆς ἕω Ῥωμαίων βασιλεύς, παρὰ τὸν Γεζέριχον, *τῶν Βανδήλων ἄρχοντα*, πρέσβεις ἔστελλεν, ὥστε τῆς Ἰταλῶν ἀπέχεσθαι γῆς καὶ τὰς βασιλείους ἐκπέμπειν γυναῖκας, αἰχμαλώτους ἀγομένας, τήν τε Βαλεντινιανοῦ γαμετὴν καὶ τὰς αὐτῆς θυγατέρας.

2 Καὶ οἱ πρέσβεις ἐς τὴν ἕω ἄπρακτοι ἐπανῄεσαν· οὐδενὶ γὰρ ἐπεσταλμένων παρὰ τοῦ Μαρκιανοῦ ὁ Γεζέριχος ὑπήκουσεν, οὐδὲ μὴν λύειν τὰς γυναῖκας ἐβούλετο.

3 Ὁ δὲ Μαρκιανὸς ἕτερα πρὸς αὐτὸν διέπεμπε γράμματα καὶ τὸν πρεσβευσόμενον Βλήδαν· (ἦν δὲ τῆς τοῦ Γεζερίχου αἱρέσεως ἐπίσκοπος· τῆς γὰρ τῶν Χριστιανῶν θρησκείας καὶ τοὺς Βανδήλους εἶναι συμβαίνει), ὃς ἐπειδὴ παρ᾽αὐτὸν ἀφίκετο καὶ ἔγνω τῇ αὐτοῦ μὴ ὑπακούοντα πρεσβείᾳ, αὐθαδεστέρων λόγων ἥπτετο καὶ ἔφη μὴ συνοίσειν αὐτῷ εἴπερ, ὑπὸ τῆς παρούσης εὐημερίας ἀρθείς, καὶ τῶν κατὰ τὴν ἕω Ῥωμαίων βασιλέα πρὸς πόλεμον αὐτῷ ἀναστῆναι παρασκευάσοι, τὰς βασιλείους μὴ λύων γυναῖκας.

4 Ἀλλ᾽οὔτε τῶν προηγησαμένων ἐπὶ τῇ πρεσβείᾳ ῥημάτων ἐπιείκεια, οὔτε ὁ ἀπειληθεὶς φόβος μέτρια τὸν Γεζέριχον φρονεῖν ἠνάγκασεν· ἄπρακτον γὰρ καὶ τὸν Βλήδαν ἀπέπεμπε καὶ ἐς τὴν Σικελίαν αὖθις καὶ ἐς τὴν πρόσοικον αὐτῇ Ἰταλίαν δύναμιν διαπεμψάμενος, πᾶσαν ἐδῄου.

Exc. 24 In ELR (E1CM1B1P1) servatum. Frg. 24 Müll. *FHG* IV pp. **101**/2 = Dind. *HGM* I p. 335 = ELR exc. 7, pp. **151**/2 de B. = 24 Bornm. pp. 86/7 = **31**,**1** Blockl. p. 332.

1] Hic Müll. ponebat Suid. X **144** Χάρυβδις (v. infra exc. 48a inc. sedis) *Πρίσκος δὲ λέγει περὶ Χαρύβδεως·* παραπλέουσι δὲ τὴν Σικελίαν πρὸς τῇ Μεσσήνῃ κατὰ τὸν πορθμὸν τῆς Ἰταλίας, ἐν ᾧπερ ἡ Χάρυβδις, πνευμάτων ἐπιλαβόντων δυσαῶν, αὐτοῖς ἀνδράσι κατέδυσαν.

---

2 Γεζερίχου] γιζερίχου E1M1P1 **4** Γεζέριχον] γιζέριχον M1P1 | τῶν] τὸν τῶν E1P1 edd. | Βανδήλων] βανδίλων E1 βανδάλων **β** | πρέσβεις] πρὸςβεις E1 **5** ἐκπέμπει M1 **9** ἐπεσταλμένων] ἀπεσταλμένων C Hoesch. | Γεζέριχος] γιζέριχος M1P1 **12** Γεζερίχου] γιζερίχου M1 γεγερίχου P1 (ac.) **19** προηγησαμένων] προηγησαμέων E1 **21** Βλήδαν] βλήσαν P1

Ὁ δὲ Ἄβιτος, *ὁ τῶν ἑσπερίων Ῥωμαίων βασιλεύς*, ἐπρεσβεύετο καὶ 5
αὐτὸς παρὰ τὸν Γεζέριχον, τῶν πάλαι αὐτὸν ὑπομιμήσκων σπονδῶν,
ἃς εἰ μὴ φυλάττειν ἕλοιτο, καὶ αὐτὸν παρασκευάσασθαι, πλήθει τε
οἰκείῳ πίσυνον, καὶ τῇ τῶν συμμάχων ἐπικουρίᾳ· ἔπεμπε δὲ καὶ παρὰ
τὸν Ῥεκίμερ ἐς τὴν Σικελίαν σὺν στρατῷ.

Exc. 25 *Ὅτι*, τῶν Ῥωμαίων ἐς Κόλχους ἐλθόντων καὶ συμβαλόντων a.455/6
πόλεμον πρὸς Λαζούς, ὁ μὲν Ῥωμαικὸς στρατὸς ἐς τὰ σφέτερα
ἐπανέζευξεν καὶ οἱ ἀμφὶ τὰ βασίλεια πρὸς τὴν ἑτέραν μάχην
παρεσκευάζοντο, βουλευόμενοι πότερον τὴν αὐτὴν ἢ τὴν
δι᾿Ἀρμενίας, τῆς Περσῶν χώρας προσοίκου, πορευθέντες ὁδὸν τὸν
πόλεμον ἐπάξουσι, πρότερον πρεσβείᾳ τὸν μόναρχον τῶν
Παρθυαίων πείσαντες· κατὰ γὰρ θάλατταν ἄπορον αὐτοῖς πᾶν
ἐνομίζετο τὰς δυσχωρίας παραπλεῖν, ἀλιμένου τῆς Κόλχου
τυγχανούσης.

Ὁ δὲ Γωβάζης ἐπρεσβεύετο μὲν καὶ αὐτὸς παρὰ τοὺς Παρθυαίους, 2
ἐπρεσβεύετο δὲ καὶ παρὰ τὸν βασιλέα Ῥωμαίων· καὶ ὁ μὲν τῶν
Πάρθων μόναρχος, ὡς πολέμου αὐτῷ συνισταμένου πρὸς Οὔννους
τοὺς Κιδαρίτας καλουμένους, ἀπεσείσατο παρ᾿αὐτὸν τοὺς Λαζοὺς
καταφεύγοντας.

Exc. 26 *Ὅτι Γωβάζης πρεσβεύεται παρὰ Ῥωμαίους*· Ῥωμαῖοι δὲ
ἀπεκρίναντο τοῖς παρὰ Γωβάζου σταλεῖσιν πρέσβεσιν ὡς ἀφέξονται
τοῦ πολέμου εἴ γε ἢ αὐτὸς Γωβάζης ἀπόθοιτο τὴν ἀρχήν, ἢ γοῦν τὸν
παῖδα τῆς βασιλείας ἀφέλοιτο.

Οὐ γὰρ θέμις τῆς χώρας ἀμφοτέρους ἡγεμονεύειν παρὰ τὸν παλαιὸν 2
θεσμόν, ὥστε δὲ θάτερον βασιλεύειν, Γωβάζην ἢ τὸν αὐτοῦ παῖδα

Exc. 25 In ELR (E1CM1B1P1) servatum. Frg. 25 Müll. *FHG* IV p. 102 = Dind. *HGM* I p. 336 = ELR exc. 8, p. 152 de B. = 25 Bornm. pp. 87/8 = 33,1 Blockl. p. 336. **Exc. 26** In ELG (A et descriptis) servatum. Frg. 26 Müll. *FHG* IV pp. 102/3 = Dind. *HGM* I pp. 337/8 = ELG exc. 12, p. 584 de B. = 26 Bornm. pp. 88/9 = 33,2 Blockl. p. 336/8.

---

2 Γεζέριχον] γιζέριχον M1P1 | ὑπομιμνῆσκων C: ὑπομιμνῆσκον E1β: corr. Hoesch. 3 παρασκευάσασθαι] fort. παρασαλεύεσθαι vel παρασπονδήσασθαι? 5 Ῥεκίμερ] Ῥεκίμερα Thompson. 6 συμβαλλόντων β Hoesch.: corr. Nieb. (iampridem ext. in E1C) 7 ἐς om. P1 9 παρασκευάζοντο E1 | βουλόμενοι E1C 10 χώραν M1 | προσοίκους M1P1 13 ἀλιμένου] ἁλισκομένου M1: ἀλισκομένου P1

τῆς Κολχίδος, καὶ τῇδε λυθῆναι τὸν πόλεμον Εὐφήμιος ἐσηγήσατο, τὴν τοῦ μαγίστρου διέπων ἀρχήν, ὃς ἐπὶ συνέσει καὶ λόγων ἀρετῇ δόξαν ἔχων Μαρκιανοῦ τοῦ βασιλέως τὴν τῶν πραγμάτων ἔλαχεν ἐπιτροπὴν καὶ πλείστων τῶν εὖ βουλευθέντων ἐκείνῳ καθηγητὴς ἐγένετο, ὃς καὶ *Πρίσκον τὸν συγγραφέα* τῶν τῆς ἀρχῆς φροντίδων ἐδέξατο κοινωνόν.

3 *Τῆς δὲ αἱρέσεως τῆς αὐτῷ δοθείσης* ὁ Γωβάζης εἵλετο τῆς βασιλείας παραχωρῆσαι τῷ παιδί, αὐτὸς τὰ σύμβολα ἀποθέμενος τῆς ἀρχῆς καὶ παρὰ τὸν κρατοῦντα Ῥωμαίων τοὺς δεησομένους ἔπεμπεν, ὡς ἑνὸς Κόλχου ἡγεμονεύοντος, οὐκέτι δι᾽αὐτὸν χαλεπαίνοντα ἐπὶ τὰ ὅπλα χωρεῖν· βασιλεὺς δὲ διαβαίνειν αὐτὸν ἐς τὴν Ῥωμαίων ἐκέλευε καὶ τῶν αὐτῷ δεδογμένων διδόναι λόγον, ὃς δὲ τὴν μὲν ἄφιξιν οὐκ ἠρνήσατο, Διονύσιον δέ, τὸν εἰς τὴν Κολχίδα πάλαι διαπεμφθέντα τῆς τε αὐτοῦ Γωβάζου διαφορᾶς ἕνεκα, πίστιν δώσοντα ᾔτησεν ὡς οὐδὲν ὑποσταίη ἀνήκεστον.

4 Διὸ δὴ ἐς τὴν Κολχίδα Διονύσιος ἐστέλλετο καὶ περὶ τῶν διαφόρων συνέβησαν.

Exc. 27 *Ὅτι ὁ Μαιοριανός, ὁ τῶν ἑσπερίων Ῥωμαίων βασιλεύς*, ὡς αὐτῷ οἱ ἐν Γαλατίᾳ Γότθοι σύμμαχοι κατέστησαν, καὶ τὰ παροικοῦντα τὴν αὐτοῦ ἐπικράτειαν ἔθνη, τὰ μὲν ὅπλοις, τὰ δὲ λόγοις παρεστήσατο, καὶ ἐπὶ τὴν Λιβύην σὺν πολλῇ διαβαίνειν ἐπειρᾶτο δυνάμει νηῶν ἀμφὶ τὰς τριακοσίας ἠθροισμένων αὐτῷ.

2 Πρέσβεις μὲν πρότερον παρ᾽αὐτὸν ὁ τῶν Βανδήλων ἡγούμενος ἔπεμπεν, λύειν τὰ διάφορα λόγοις βουλόμενος· ὡς δὲ οὐκ ἔπειθεν, τὴν Μαυρουσίων γῆν, ἐς ἣν τοὺς ἀμφὶ τὸν Μαιοριανὸν ἀπὸ τῆς Ἰβηρίας ἀποβαίνειν ἐχρῆν, πᾶσαν ἐδῄωσε καὶ ἐκάκωσε καὶ τὰ ὕδατα.

Exc. 27 In ELG (A et descriptis) servatum. Frg. 27 Müll. *FHG* IV p. **1**03 = Dind. *HGM* I p. 338 = ELG exc. **13**, p. 585 de B. = 27 Bornm. p. 89 = 36,**1** Blockl. p. 338.

---

20 τὰ[1] … **21** παρεστήσατο] cf. Hdt. I 6, 2.

---

7 post αἱρέσεως crucem pos. Bornm. **10** οὐκέτι] οὐκ ἔτι A: corr. Hoesch. **23** Βανδήλων] Βανδίλων A: cf. supra, Exc. 24, 3; infra, 29, **1**; 30, **1** (bis); 2; 4; 31, **1**; 5; 32, **1**; 2.

Exc. 28 *Ὅτι, τοῦ Βαλάμερος τοῦ Σκύθου* παρασπονδήσαντος καὶ πολλὰς πόλεις δῃωσαμένου καὶ χώρας Ῥωμαικάς, ἔπεμπον παρ᾽αὐτὸν οἱ Ῥωμαῖοι πρέσβεις, οἳ αὐτῷ τοῦ νεωτερισμοῦ κατεμέμφοντο καί, ὥστε μὴ αὖθις τὴν χώραν καταδραμεῖν, τ´ λίτρας φέρειν αὐτῷ ἑκάστου ἔτους ἔταξαν· σπάνει γὰρ τῶν ἀναγκαίων ἔφραζε πρὸς πόλεμον τὸ οἰκεῖον διαναστῆναι πλῆθος.

Exc. 29 *Ὅτι* ὁ Γεζέριχος, οὐκέτι ταῖς πρὸς Μαιοριανὸν τεθείσαις σπονδαῖς ἐμμένων, Βανδήλων καὶ Μαυρουσίων πλῆθος ἐπὶ δῃώσει τῆς Ἰταλίας καὶ Σικελίας ἔπεμπε, Μαρκελλίνου ἤδη πρότερον τῆς νήσου ἀναχωρήσαντος, διὰ τὸ Ῥεκίμερα παρελέσθαι αὐτὸν τῆς δυνάμεως, ἐθελήσαντα τοὺς παρεπομένους αὐτῷ Σκύθας (ἦσαν δὲ ἐν πλείστοις ἀνδρᾶσι) παραπείθειν χρήμασιν, ὥστε ἐκεῖνον μὲν ἀπολιπεῖν, ἀφικέσθαι * * * εὐλαβηθέντα τὴν ἐπιβουλὴν (οὐ γὰρ ἀντιφιλοτιμεῖσθαι τῷ Ῥεκίμερος ἐδύνατο πλούτῳ) τῆς Σικελίας ὑπονοστῆσαι.

Ἐστέλλετο οὖν καὶ παρὰ τὸν Γεζέριχον πρεσβεία, τοῦτο μὲν παρὰ 2
τοῦ Ῥεκίμερος, ὡς οὐ δεῖ κατολιγωρεῖν αὐτὸν τῶν σπονδῶν, τοῦτο δὲ
καὶ παρὰ τοῦ κρατοῦντος τῶν ἐν τῇ ἕῳ Ῥωμαίων, ἐφ᾽ ᾧ τῆς Σικελίας
καὶ τῆς Ἰταλίας ἀπέχεσθαι καὶ τὰς βασιλείους ἐκπέμπειν γυναῖκας.
Γεζέριχος δέ, πολλῶν πρὸς αὐτὸν πρεσβευτῶν κατὰ διαφόρους 3
σταλέντων χρόνους, τὰς γυναῖκας οὐ πρότερον διαφῆκεν πρὶν ἢ τὴν
πρεσβυτέραν τῶν Βαλεντινιανοῦ θυγατέρων (Εὐδοκία δὲ ἦν ὄνομα
αὐτῇ) Ὀνορίχῳ τῷ ἑαυτοῦ παιδὶ κατενεγύησεν· τότε γὰρ καὶ τὴν

Exc. 28 In ELR (E1CM1B1P1) servatum. Frg. 28 Müll. *FHG* IV p. 103 = Dind. *HGM* I p. 338 = ELR exc. 9, p. 152 de B. = 28 Bornm. p. 90 = 37 Blockl. p. 340.
Exc. 29 In ELR (E1CM1B1P1) servatum. Frg. 29 Müll. *FHG* IV pp. 103/4 = Dind. *HGM* I pp. 338/9 = ELR exc. 10, pp. 152/3 de B. = 29 Bornm. p. 90/1 = 38,1 Blockl. p. 340.

---

1 Βαλάμερος] βαλέμερ' E1: βαλεμέρου C: βαλέμερος **β** **2** χώρας Ῥωμαικάς] χώρους ῥωμαικούς E1 (pc. sl.) **7** Γεζέριχος] γιζέριχος M1 **8** βανδίλων **ω** **10** νήσου] ἥ σου M1 | τὸ] το E1C**β**: τὸν P1: corr. Hoesch. **13** ἀφικέσθαι... εὐλαβηθέντα] lacunam pos. Nieb. Bekk. edd. rell.: ⟨δὲ πρὸς αὐτόν· τοῦτ᾽ἐποίησε τὸν Μαρκελλῖνον⟩ suppl. Nieb. (in app.), quod potius Priscus fort. scripsisset ⟨δὲ παρὰ αὐτόν· ὅς παρεσκεύαζε τὸν Μαρκελλῖνον⟩: tamen utrumque in incerto est. **16** Γεζέριχον] γιζέριχον M1 **17** αὐτὸν] αὐτῶν **ω**: corr. Hoesch. **20** Γεζέριχος] γιζέριχος M1

Εὐδοξίαν, τὴν Θεοδοσίου θυγατέρα, ἀπέπεμπε, σὺν Πλακιδίᾳ τῇ ἑτέρᾳ αὐτῆς θυγατρί, ἣν ἐγεγαμήκει Ὀλύβριος.

4 Τοῦ δὲ τὰς Ἰταλίας καὶ τὴν Σικελίαν δῃοῦν ὁ Γεζέριχος οὐκ ἀπέστη, ἀλλὰ μᾶλλον αὐτὰς ἐξεπόρθει, μετὰ τὸν Μαιοριανὸν βουληθεὶς βασιλεύειν τῶν ἐν τῇ ἑσπέρᾳ Ῥωμαίων Ὀλύβριον, διὰ τὴν ἐξ ἐπιγαμίας συγγένειαν.

Exc. 30 *Ὅτι οἱ ἑσπέριοι Ῥωμαῖοι*, ἐς δέος ἐλθόντες περὶ Μαρκελλίνου μήποτε, αὐξανομένης αὐτῷ τῆς δυνάμεως, καὶ ἐπ᾽ αὐτοὺς ἀγάγοι τὸν πόλεμον, διαφόρως ταραττομένων αὐτοῖς τῶν πραγμάτων, τοῦτο μὲν ἐκ Βανδήλων, τοῦτο δὲ καὶ Αἰγιδίου, ἀνδρὸς ἐκ Γαλατῶν μὲν τῶν πρὸς τῇ ἑσπέρᾳ ὁρμωμένου, τῷ δὲ Μαιοριανῷ συστρατευσαμένου καὶ πλείστην ἀμφ᾽ αὐτὸν ἔχοντος δύναμιν καὶ χαλεπαίνοντος διὰ τὴν τοῦ βασιλέως ἀναίρεσιν (ὃν τοῦ πρὸς Ἰταλιώτας τέως ἀπήγαγε πολέμου ἡ πρὸς Γότθους τοὺς ἐν Γαλατίᾳ διαφορά· περὶ γὰρ τῆς ὁμόρου πρὸς ἐκείνους διαφιλονεικῶν γῆς, καρτερῶς ἐμάχετο καὶ ἀνδρὸς ἔργα μέγιστα ἐν ἐκείνῳ ἐπεδείξατο τῷ πολέμῳ), τούτων δὴ ἕνεκα ἑσπέριοι Ῥωμαῖοι παρὰ τοὺς ἑῴους πρέσβεις ἔστειλαν, ὥστε αὐτοῖς καὶ τὸν Μαρκελλῖνον καὶ τοὺς Βανδήλους διαλλάξαι.

2 Καὶ πρὸς μὲν τὸν Μαρκελλῖνον Φύλαρχος σταλεὶς ἔπεισεν αὐτὸν κατὰ Ῥωμαίων ὅπλα μὴ κινεῖν, ὁ δὲ παρὰ τοὺς Βανδήλους διαβὰς ἄπρακτος ἀνεχώρει, τοῦ Γεζερίχου μὴ ἄλλως τὸν πόλεμον καταθήσειν ἀπειλοῦντος, εἰ μή γε αὐτῷ τοῦ Βαλεντινιανοῦ καὶ Ἀετίου περιουσία δοθῇ.

Exc. 30 In ELG (A et descriptis) servatum. Frg. 30 Müll. *FHG* IV pp. 104/5 = Dind. *HGM* I pp. 340/1 = ELG exc. 14, p. 585/6 de B. = 30 Bornm. pp. 91/2 = 39, 1; 40, 1 Blockl. pp. 342/4.

---

15 καρτερῶς ἐμάχετο] cf. Xen. *Hell.* V 4, 46 (v. infra Exc. 33, 8). Szadeczki-Kardoss 1972, p. 96.

---

2 Ὀλύβριος] ὁ λύβριος E1CB1P1 ὀλύβριος M1: corr. Hoesch. **3** Γεζέριχος] γιζέριχος M1 **5** Ὀλύβριον] ὀλύβριος E1: ὁ λύβριος CB1: ὀλύβριος M1P1: corr. Nieb. Bekk. (in text. tantum) **10** Βανδήλων] Βανδίλων A: cf. Exc. 27, 2 Αἰγιδίου] νεγιδίου A: corr. Nieb. Bekk. **11** ὁρμωμένῳ A: corr. Cantocl. συστρατευσαμένῳ A: corr. Cantocl. **14** τοῦ A: corr. Nieb. **18** Βανδήλους] Βανδίλους A: v. supra.

Καὶ γὰρ καὶ παρὰ τῶν ἑῴων Ῥωμαίων ἐκεκόμιστο μοῖραν τῆς 3
Βαλεντινιανοῦ περιουσίας, ὀνόματι Εὐδοκίας τῆς τῷ Ὀνορίχῳ
γεγαμημένης· διὸ δὴ ἔτους ἑκάστου, ταύτην τοῦ πολέμου πρόφασιν
ποιούμενος, εὐθὺς ἦρος ἀρχομένου σὺν στόλῳ τὴν ἐκστρατείαν
ἐποιεῖτο ἐπί τε Σικελίαν καὶ τὰς Ἰταλίας καὶ ταῖς μὲν πόλεσιν, ἐν αἷς
μάχιμον δύναμιν τῶν Ἰταλιωτῶν εἶναι συνέβαινεν, οὐ ῥᾳδίως
προσεφέρετο, καταλαμβάνων δὲ χωρία, ἐν οἷς μὴ ἔτυχεν οὖσα
ἀντίπαλος δύναμις, ἐδῄου τε καὶ ἠνδραποδίζετο.

Οὐ γὰρ πρὸς πάντα τἀποβάσιμα τοῖς Βανδήλοις μέρη οἱ Ἰταλιῶται 4
ἀρκεῖν ἐδύναντο, πλήθει τῶν πολεμίων βιαζόμενοι καὶ τῷ μὴ
παρεῖναι σφίσι ναυτικὴν δύναμιν, ἣν παρὰ τῶν ἑῴων αἰτοῦντες οὐκ
ἐτύγχανον διὰ τὰς πρὸς Γεζέριχον ἐκείνοις τεθείσας σπονδάς, ὅπερ
ἔτι μάλιστα ἐκάκωσε τὰ ἐν τῇ ἑσπέρᾳ Ῥωμαίων πράγματα διὰ τὸ
διῃρῆσθαι τὴν βασιλείαν.

Ἐπρεσβεύσαντο δὲ κατ᾽ ἐκεῖνον τὸν χρόνον κατὰ τοὺς ἑῴους 5
Ῥωμαίους Σαράγουροι καὶ Οὔρωγοι καὶ Ὀνόγουροι, ἔθνη
ἐξαναστάντα τῶν οἰκείων ἠθῶν, Σαβίρων ἐς μάχην σφίσιν
ἐληλυθότων, οὓς ἐξήλασαν Ἄβαροι, μετανάσται γενόμενοι ὑπὸ ἐθνῶν
οἰκούντων μὲν τὴν παρωκεανῖτιν ἀκτήν, ὥσπερ καὶ οἱ Σαράγουροι,
ἐλαθέντες κατὰ ζήτησιν γῆς, πρὸς τοῖς Ἀκατήροις Οὔννοις ἐγένοντο
καί, μάχας πρὸς ἐκείνους πολλὰς συστησάμενοι, τό τε φῦλον

---

18 οὓς...70,2 ἐπιτηδειότητος] Suid. A 18, Ἄβαρις = frg. 30a Bornm., p. 94 (cf. Hdt. IV 13; 27; III 116) = 40,2 Blockl. p. 344. *ὅτι οἱ Ἄβαρις οὗτοι* ἐξήλασαν *Σαβίνωρας*, μετανάσται γενόμενοι ὑπὸ ἐθνῶν οἰκούντων μὲν τὴν παρωκεανῖτιν ἀκτήν, τὴν δὲ χώραν ἀπολιπόντων διὰ τὸ ἐξ ἀναχύσεως τοῦ Ὠκεανοῦ ὁμιχλῶδες γινόμενον, καὶ γρυπῶν δὲ πλῆθος ἀναφανέν· ὅπερ ἦν λόγος μὴ πρότερον παύσασθαι πρὶν ἢ βορὰν ποιῆσαι τὸ τῶν ἀνθρώπων γένος. Διὸ δὴ ὑπὸ τῶνδε ἐλαυνόμενοι τῶν δεινῶν τοῖς πλησιοχώροις ἐνέβαλλον· καὶ τῶν ἐπιόντων δυνατωτέρων ὄντων οἱ τὴν ἔφοδον ὑφιστάμενοι μετανίσταντο, ὥσπερ καὶ οἱ Σαράγουροι ἐλαθέντες πρὸς τοῖς Ἀκατίροις Οὔννοις ἐγένοντο.

---

6 συνέβαινεν E1 Nieb.: συνέβαινον cett. **9** τἀποβάσιμα AB2M2: τὰ προβάσιμα Hoesch. de B. Bornm. Blockl.: τὰ προσβάσιμα Nieb. Bekk. Müll. Dind. : Βανδήλοις] Βανδίλοις A: v. supra **17** ἠθῶν] ἐθῶν A: corr. Cantocl. **19** παρωκεανῖτιν Suid.: παρωκεανί_τιδα_ την (ipse corr.) A **20** Ἀκατήροις] ἀκατίροις A

κατηγωνίσαντο καὶ πρὸς Ῥωμαίους ἀφίκοντο, τυχεῖν τῆς αὐτῶν
βουλόμενοι ἐπιτηδειότητος.
6 Βασιλεὺς οὖν καὶ οἱ ἀμφ᾽αὐτόν, φιλοφρονησάμενοι καὶ δῶρα δόντες,
αὐτοὺς ἀπέπεμψαν.

Exc. 31 *Ὅτι* στασιαζόντων *τῶν φυγάδων ἐθνῶν κατὰ τοὺς κατὰ τὴν*
ἕω Ῥωμαίους, παρὰ τῶν Ἰταλῶν πρεσβεία ἀφίκετο, λέγουσα ὡς οὐχ
ὑποστήσονται εἰ μή γε σφίσι τοὺς Βανδήλους διαλλάξοιεν, ἀφίκετο
δὲ καὶ παρὰ τοῦ Περσῶν μονάρχου τῶν τε παρ᾽αὐτοὺς
καταφευγόντων ἐκ τοῦ σφετέρου ἔθνους, αἰτίαν ἔχουσα καὶ τῶν
Μάγων τῶν ἐν τῇ Ῥωμαίων γῇ ἐκ παλαιῶν οἰκούντων χρόνων ὡς
ἀπάγειν αὐτοὺς τῶν πατρίων ἐθῶν καὶ νόμων ἐθέλοντες καὶ τῆς περὶ
τὸ θεῖον ἁγιστείας· παρενοχλοῦσι δὲ καὶ ἐς ἀεὶ ἀνακαίεσθαι κατὰ τὸν
2 θεσμὸν οὐ συγχωροῦσι τὸ παρ᾽αὐτοῖς ἄσβεστον καλούμενον πῦρ· καὶ
ὡς χρὴ τοῦ Ἰουροειπαὰχ φρουρίου, ἐπὶ τῶν Κασπίων κειμένου
πυλῶν, χρήματα χορηγοῦντας Ῥωμαίους ποιεῖσθαι ἐπιμέλειαν, ἢ γοῦν
τοὺς φρουρήσοντας αὐτὸ στρατιώτας στέλλειν καὶ μὴ μόνους
δαπάνῃ καὶ φυλακῇ τοῦ χωρίου βαρύνεσθαι· εἰ γὰρ ἐνδοῖεν, οὐκ εἰς
Πέρσας μόνους, ἀλλὰ καὶ εἰς Ῥωμαίους τὰ τῶν παροικούντων ἐθνῶν
3 κακὰ ῥᾳδίως ἀφικέσθαι· χρῆναι δὲ αὐτοὺς ἔλεγον καὶ χρήμασιν
ἐπικουρεῖν ἐπὶ τῷ πρὸς Οὔννους πολέμῳ τοὺς Κιδαρίτας λεγομένους·
ἔσεσθαι γὰρ σφίσιν, αὐτῶν νικώντων, ὄνησιν, μὴ συγχωρουμένου τοῦ
ἔθνους καὶ εἰς τὴν Ῥωμαικὴν διαβαίνειν ἐπικράτειαν.
4 Πάντων δὲ ἕνεκα Ῥωμαίων ἀποκριναμένων στέλλειν τὸν
διαλεξόμενον τῷ Παρθυαίῳ μονάρχῃ· μήτε γὰρ φυγάδας εἶναι παρὰ
σφίσι, μήτε παρενοχλεῖσθαι τοὺς Μάγους τῆς θρησκείας πέρι, τὴν
φυλακὴν δὲ τοῦ Ἰουροειπαὰχ φρουρίου καὶ τὸν πόλεμον τὸν πρὸς
τοὺς Οὔννους, ὑπὲρ σφῶν αὐτῶν ἀναδεδεγμένους, μὴ δικαίως
χρήματα αἰτεῖν παρ᾽αὐτῶν.
5 Ἐπρεσβεύετο δὲ παρὰ μὲν Βανδήλους ὑπὲρ Ἰταλῶν Τατιανός, ἐν τῇ
τῶν πατρικίων ἀξίᾳ καταλεγόμενος, παρὰ δὲ Πέρσας Κωνστάντιος,

---

Exc. 31 In ELG (A et descriptis) servatum. Frg. 31 Müll. *FHG* IV p. **105** = Dind. *HGM* I pp. 341/2 = ELG exc. **15**, pp. 586/7 de B. = **31** Bornm. pp. 94/5 = **41,1** Blockl. pp. 344/6.

---

10 post Μάγων secl. καὶ Vales. edd. **11** ἐθέλοντες] ἐθέλοντας A: corr. Nieb. **12** παρενοχλοῦσι] παραχωροῦσι A: corr. Nieb. **18** Πέρσας A (pc. in mg.): πέρας A (ac. in l.) | τὰ] τὰ εἰς A: secl.

τρίτον μὲν τὴν ὕπατον λαχὼν ἀρχήν, πρὸς δὲ τῇ ὑπατικῇ ἀξίᾳ καὶ τῆς πατρικιότητος τυχών.

Exc. 32 *Ὅτι, ἐπὶ Λέοντος βασιλέως Ῥωμαίων,* ἐπρεσβεύετο παρὰ μὲν Βανδήλους ὑπὲρ Ἰταλῶν Τατιανὸς, ἐν τῇ τῶν πατρικίων ἀξίᾳ καταλεγόμενος, παρὰ δὲ Πέρσας Κωνστάντιος, τρίτον μὲν τὴν ὕπατον λαβὼν ἀρχήν, πρὸς δὲ τῇ ὑπατικῇ ἀξίᾳ καὶ τῆς πατρικιότητος τυχών.

Καὶ Τατιανὸς μὲν ἐκ Βανδήλων εὐθὺς ἄπρακτος ἀνεχώρησεν, τῶν 2
αὐτοῦ ὑπὸ τοῦ Γεζερίχου μὴ παραδεχθέντων λόγων· ὁ δὲ Κωνστάντιος τῇ Ἐδέσῃ, Ῥωμαικῇ μὲν πόλει, προσοίκῳ δὲ τῆς Περσῶν χώρας, ἐγκατέμεινε, ἐσδέξασθαι αὐτὸν ἐπὶ πολὺ διαναβαλλομένου τοῦ Παρθυαίου μονάρχου.

Exc. 33 *Ὅτι* τὸν Κωνστάντιον *τὸν πρεσβευτήν,* ἐν τῇ Ἐδέσῃ χρόνον ἐπιμείναντα, ὡς εἴρηταί μοι τῆς πρεσβείας πέρι, τότε ἐδέξατο ὁ Περσῶν μόναρχος ἐς τὴν σφετέραν καὶ παρ᾽αὐτὸν ἀφικέσθαι προσέταξεν, οὐκ ἐν ταῖς πόλεσιν, ἀλλὰ γὰρ ἐν τοῖς μεθορίοις αὐτῶν τε καὶ Οὔννων τῶν Κηδαριτῶν τὰς διατριβὰς ποιούμενος· ⟨πόλεμος δ᾽⟩ αὐτῷ συνίστατο, αἰτίαν ἔχων ὡς τοὺς φόρους τῶν Οὔννων μὴ κομιζομένων, οὓς οἱ πάλαι μὲν τῶν Περσῶν καὶ Πάρθων βασιλεύοντες ἔθεντο· ᾧ ὁ πατήρ, τὴν τοῦ φόρου ἀπαρνησάμενος 2
ἀπαγωγήν, τὸν πόλεμον ὑπεδέξατο καὶ τοῦτον μετὰ τῆς βασιλείας παρέπεμψε τῷ παιδί, ὥστε, ταῖς μάχαις ἐπιτριβομένους, τοὺς Πέρσας ἀπάτῃ ἐθελῆσαι τὴν τῶν Οὔννων λῦσαι διαφοράν.

Exc. 32 In ELR (E1CM1B1P1) servatum. Frg. 32 Müll. *FHG* IV p. 105/6 = Dind. *HGM* I p. 343 = ELR exc. 11, p. 153 de B. = 32 Bornm. pp. 96/7 = 41,2 Blockl. p. 346. **Exc. 33** In ELR (E1CM1B1P1) servatum. Frg. 33 Müll. *FHG* IV p. 106 = Dind. *HGM* I p. 344/5 = ELR exc. 12, pp. 153/4 de B. = 33 Bornm. pp. 97/9 = 41,3 Blockl. pp. 348.

---

1 ὕπατον] ὕπαρχον A: corr. Maltese 1977, p. 275 (exc. 32, **1** collato). | λαχὼν] λαβὼν A: corr. Dind. (exc. 32,**1** collato). **4** βανδίλους E1 **5** τρίτον] τρίτων C **6** ὕπατον] ὕπαρχον Müll.: ἔπαρχον Vales.: servat Maltese 1977, p. 275. **7** πατρικηότητος E1 **8** βανδάλων **β** **9** γιζερίχου M1 **10** Κωνστάντιος] κωνσταντῖνος M1 **16** προσέταξε E1 **17** Κηδαριτῶν Eβ κιδαριτῶν C **20** ἐπαρνησάμενος M1P1

3 Καὶ δῆτα διαπέμψασθαι τὸν Πειρώζην (τοῦτο γὰρ ἦν ὄνομα τῷ τότε Περσῶν βασιλεύοντι) πρὸς τὸν Κούγχαν τὸν Οὔννων ἡγούμενον ὡς, τὴν πρὸς αὐτῶν ἀσμενίζων εἰρήνην, ἐπί τε συμμαχίᾳ σπένδεσθαι βούλοιτο καὶ τὴν αὐτοῦ κατεγγυᾶν ἀδελφήν· νεώτατον γὰρ αὐτὸν εἶναι συνέβαινεν καὶ μηδέπω παίδων εἶναι πατέρα.

4 Τὸν δέ, προσδεξάμενον τοὺς λόγους, γήμασθαι οὐ τοῦ Πειρώζου ἀδελφήν, ἀλλ᾽ἑτέραν γυναῖκα βασιλικῶς διακοσμηθεῖσαν, ἣν ὁ Περσῶν μόναρχος ἐξέπεμψε παρεγγυήσας, ὡς, οὐδὲν μὲν ἀνακαλύπτουσα τῶν ἐσχηματισμένων, βασιλείας καὶ εὐδαιμονίας μεθέξει, ἐκλέγουσα δὲ τὴν ὑπόκρισιν, θάνατον ἕξει ζημίαν· οὐ γὰρ ἀνέξεσθαι τὸν Κηδαριτῶν ἄρχοντα θεράπαιναν ἔχειν γαμετὴν ἀντὶ τῆς εὖ γενομένης.

5 Τούτου χάριν σπεισάμενος, ὁ Πειρώζης πρὸς τὸν τῶν Οὔννων ἡγούμενον οὐκ ἐπὶ πολὺ τῆς ἀπάτης ἀπώνατο· εὐλαβηθεῖσα γὰρ ἡ γυνὴ μήποτε ὁ ἄρχων τοῦ ἔθνους, ὑπὸ ἑτέρων πυθόμενος τὴν αὐτῆς τύχην, χαλεπῶς αὐτὴν ὑφέξει θανάτῳ, μηνύει τὸ μελετηθέν.

6 Ὁ δὲ Κούγχας, ἐπαινέσας τὴν γυναῖκα τῆς ἀληθείας, αὐτὴν μὲν ἔμεινεν ἔχων γαμετήν, τίσασθαι δὲ τοῦ δόλου Πειρώζην ἐθέλων, πόλεμον πρὸς τοὺς ὁμόρους ἔχειν ὑπεκρίνετο, δεῖσθαί τε ἀνδρῶν, οὐ τῶν πρὸς μάχην ἐπιτηδείων (μυρίων γὰρ αὐτῷ παρεῖναι πλῆθος) ἀλλὰ τῶν στρατηγησόντων αὐτῷ τὸν πόλεμον.

7 Ὁ δὲ τ´ αὐτῷ ἄνδρας τῶν λογάδων ἐξέπεμψε· καὶ τοὺς μὲν ὁ τῶν Κιδαριτῶν ἄρχων ἀπέκτεινεν, τοὺς δὲ λωβησάμενος παρὰ τὸν Πειρώζην ἀπέπεμψεν, ἀπαγγελοῦντας ὡς τῆς ἀπάτης ταύτην ἔδωκε δίκην.

---

1 Καὶ…73,2 καρτερῶς] Hdt. III **1** (de Amasi et Cambyse; Bornm. **1**974, pp. **1**12/3).

---

3 αὐτῶν] αὐτὸν Hoesch. **11** ἀνέξεσθαι] ἄν ἔξεσθαι C: ἄν ἔξεσθαι E**1** ἔξεσθαι **β**: ἔξεστι Hoesch.: corr. Nieb. Bekk. | Κηδαριτῶν] κήδαρι τὸν **β**: κίδαρι τὸν C: κήδαριν τὸν E**1**: κιδαραριτῶν Hoesch.: corr. Nieb. **16** χαλεπῶς] χαλεπῷ Nieb. Bekk. edd. rell. **17** Κούγχας] γούγχας **ω**: corr. Hoesch. **18** Πειρώζην] πειράζειν **ω**: corr. Hoesch. **21** ἀλλὰ…πόλεμον] om. C **23** λοβησάμενος ω (et B**1**pc.): ληβησάμενος B**1**(ac.) **24** Πειρώζην] πειράζειν M**1** πειράζην P**1** ἐπαγγελοῦντας P**1**

Οὕτως αὖθις αὐτοῖς ὁ πόλεμος ἀνεζωπυρήθη καὶ ἐμάχοντο 8
καρτερῶς· ἐν Γόργᾳ τοίνυν (τοῦτο γὰρ ὄνομα τῷ χωρίῳ, ἐν ᾧπερ συνέβαινε τοὺς Πέρσας στρατοπεδεύεσθαι) τὸν Κωνστάντιον ὁ Πειρώζης ἐδέχετο καί τινας ἡμέρας φιλοφρονησάμενος διαφῆκεν, δεξιὸν οὐδὲν περὶ τῆς πρεσβείας ἀποκρινάμενος.

Exc. 34 *Ὅτι μετὰ τὸν ἐμπρησμὸν τῆς πόλεως τὸν ἐπὶ Λέοντος*, ἧκεν ὁ Γωβάζης σὺν Διονυσίῳ ἐς τὴν Κωνσταντίνου, Περσικὴν ἔχων στολὴν καὶ τῷ Μηδικῷ δορυφορούμενος τρόπῳ, ὃν οἱ ἀμφὶ τὰ βασίλεια δεξάμενοι πρότερον μὲν τοῦ νεωτερισμοῦ κατεμέμψαντο, ἔπειτα δὲ φιλοφρονησάμενοι ἀπέπεμψαν· εἷλε γὰρ αὐτοὺς τῇ τε θωπείᾳ τῶν λόγων καὶ τὰ τῶν Χριστιανῶν ἐπιφερόμενος σύμβολα.

Exc. 35 *Ὅτι Σκίροι καὶ Γότθοι*, ἐς πόλεμον συνελθόντες καὶ διαχωρισθέντες, ἀμφότεροι πρὸς συμμάχων μετάκλησιν παρεσκευάζοντο, ἐν οἷς καὶ παρὰ τοὺς ἐῴους Ῥωμαίους ἦλθον καὶ Ἄσπαρ μὲν ἡγεῖτο μηδετέροις συμμαχεῖν, ὁ δὲ αὐτοκράτωρ Λέων ἐβούλετο Σκίροις ἐπικουρεῖν.

Καὶ δὴ γράμματα πρὸς τὸν ἐν Ἰλλυριοῖς στρατηγὸν ἔπεμπεν, 2
ἐντελλόμενος σφίσι κατὰ τῶν Γότθων βοήθειαν τὴν προσήκουσαν πέμπειν.

Exc. 36 *Ὅτι* ἧκε κατὰ τοῦτον τὸν χρόνον παρὰ τῶν Ἀττήλα παίδων ὡς τὸν βασιλέα Λέοντα πρεσβεία, τὰς αἰτίας διαλύουσα τῆς προϋπαρξάσης διαφορᾶς καὶ ὡς χρὴ αὐτοὺς ἐπὶ εἰρήνῃ σπένδεσθαι καὶ κατὰ τὸ παλαιὸν ἔθος παρὰ τὸν Ἴστρον, ἐς ταὐτὸν ἰόντας,

---

Exc. 34 In ELG (A et descriptis) servatum. Frg. 34 Müll. *FHG* IV p. 107 = Dind. *HGM* I p. 345 = ELG exc. 16, p. 587 de B. = 34 Bornm. p. 99 = 44 Blockl. p. 352. **Exc. 35** In ELG (A et descriptis) servatum. Frg. 35 Müll. *FHG* IV p. 107 = Dind. *HGM* I p. 345 = ELG exc. 17, p. 587 de B. = 35 Bornm. pp. 99/100 = 45 Blockl. p. 352. **Exc. 36** In ELG (A et descriptis) servatum. Frg. 36 Müll. *FHG* IV p. 107 = Dind. *HGM* I p. 346 = ELG exc. 18, p. 587/8 de B. = 36 Bornm. p. 100/1 = 46 Blockl. p. 352.

---

1 ἐμάχοντο καρτερῶς] Xen. *Hell.* V 4, 46 (v. supra Exc. 30, **1**) Szadeczki-Kardoss 1972, p. 98. **10** τῇ … **11** λόγων] Plat. *leg.* 906b θωπείαις λόγων.

---

1 ἀνεζωπυρήθη] ἀνεζωπυρώθη CB1 **4** Πειρώζης] πειράζης M1 | διαφῆκεν] ἀφῆκεν P1 **7** σὺν] συν A: corr. B2M2Hoesch. **8** ὃν] A (pc. sl.) οἵ (ac.) **12** σκύθαι A: corr. Cantocl. **15** Ἄσπαρ] ἅσπερ A: corr. Cantocl.

Ῥωμαίοις προτιθέναι ἀγορὰν καὶ ἀντιλαμβάνειν ὧν ἂν δεόμενοι τύχοιεν· καὶ ἡ μὲν σφῶν αὐτῶν πρεσβεία, ἐν τοῖσδε οὖσα, ἄπρακτος ἐπανῄει.
2 Οὐ γὰρ ἐδόκει τῷ βασιλεύοντι Οὔννους τῶν Ῥωμαικῶν συμβολαίων μετέχειν, πολλὰ τὴν αὐτοῦ κακώσαντας γῆν.
3 Οἱ δὲ τοῦ Ἀττήλα παῖδες, τὴν ἐπὶ τῇ πρεσβείᾳ ἀπόκρισιν δεξάμενοι, πρὸς σφᾶς διεφέροντο· ὁ μὲν γὰρ Δεγγιζίχ, ἀπράκτων ἐπανελθόντων τῶν πρέσβεων, πόλεμον Ῥωμαίοις ἐπάγειν ἐβούλετο, ὁ δὲ Ἠρνὰχ πρὸς ταύτην ἀπηγόρευε τὴν παρασκευήν, ὡς τῶν κατὰ χώραν ἀπαγόντων αὐτὸν πολέμων.

Exc. 37 *Ὅτι* Σαράγουροι, Ἀκατήροις *καὶ ἄλλοις ἔθνεσιν* ἐπιθέμενοι, ἐπὶ Πέρσας ἐστράτευον· καὶ πρότερον μὲν ἐπὶ τὰς Κασπίας παρεγένοντο πύλας καί, φρουρὰν Περσικὴν ἐν αὐταῖς ἐγκαθεστῶσαν εὑρόντες, ἑτέραν ὁδὸν ἐτράποντο, δι᾽ ἧς ἐπὶ τοὺς Ἴβηρας ἐλθόντες τήν τε αὐτῶν ἐδῄουν καὶ τὰ Ἀρμενίων χωρία κατέτρεχον, ὥστε Πέρσας πρὸς τῷ πολέμῳ τῶν Κιδαριτῶν τῷ πάλαι αὐτοῖς συστάντι καὶ ταύτην εὐλαβουμένους τὴν ἔφοδον, παρὰ Ῥωμαίους πρεσβεύσασθαι καὶ αἰτεῖν χρήματα σφίσιν αὐτοῖς δίδοσθαι ἢ ἄνδρας πρὸς φυλακὴν τοῦ Ἰουροειπαὰχ φρουρίου καὶ λέγειν ἅπερ αὐτοῖς πολλάκις εἴρητο πρεσβευομένοις· ὡς αὐτῶν ὑφισταμένων τὰς μάχας καὶ μὴ συγχωρούντων τὰ ἐπιόντα ἔθνη βάρβαρα πάροδον ἔχειν, ἡ τῶν
2 Ῥωμαίων ἀδῄωτος διαμένει χώρα· τῶν δὲ ἀποκριναμένων ὡς ἕκαστον ἀνάγκη, τῆς οἰκείας ὑπερμαχοῦντα γῆς, τῆς σφετέρας φρουρᾶς ἐπιμελεῖσθαι, πάλιν ἄπρακτοι ἐπανέζευξαν.

Exc. 38 *Ὅτι, Δεγγιζὶχ* πόλεμον ἐπὶ Ῥωμαίους ἐπενεγκόντος καὶ τῇ τοῦ Ἴστρου ὄχθῃ προσκαρτεροῦντος, τοῦτο μαθὼν ὁ Ἀναγάστης ὁ Ὀρνιγίσκλου (αὐτὸς γὰρ εἶχε τὴν πρὸς τῷ Θρᾳκίῳ μέρει τοῦ ποταμοῦ

Exc. 37 In ELG (A et descriptis) servatum. Frg. 37 Müll. *FHG* IV pp. 107/8 = Dind. *HGM* I p. 346 = ELG exc. 19, p. 588 de B. = 37 Bornm. pp. 101/2 = 47 Blockl. pp. 352/4. **Exc. 38** In ELG (A et descriptis) servatum. Frg. 38 Müll. *FHG* IV p. 108 = Dind. *HGM* I p. 347 = ELG exc. 20, p. 588 de B. = 38 Bornm. p. 102 = 48,1 Blockl. p. 354.

---

11 Cf. Bíró 1997. **22** ἀδῄωτος... χώρα] cf. Xen. *Hell.* III 1, 5; *Ages.* 1, 34.

---

10 πολέμων] πόλεμον A: corr. Vales. **11** Ἀκατήροις] ἀκατίροις A **15** Ἁρμενίων A: corr. Hoesch. **27** Ὀρνιγίσκλου] sine spirit. A: corr. Hoesch.

φυλακήν) ἐκ τῶν ἀμφ᾽αὐτὸν ἐκπέμψας, ἐπυνθάνετο ὅτι βουλόμενοι πρὸς μάχην παρασκευάζονται.

Ὁ δὲ Δεγγιζίχ, τοῦ Ἀναγάστου κατολιγωρήσας, τοὺς ὑπ᾽αὐτοῦ 2
πεμφθέντας ἀπράκτους ἠφίει, παρὰ δὲ τὸν βασιλέα τοὺς διαλεξομένους ἔστελλεν, ὡς εἰ μὴ γῆν καὶ χρήματα αὐτῷ τε καὶ τῷ ἑπομένῳ δώῃ στρατῷ, πόλεμον ἐπάξει.

Τῶν δὲ παρ᾽ἐκείνου πρέσβεων ἐς τὰ βασίλεια ἀφικομένων καὶ τὰ 3
αὐτοῖς ἐνταλθέντα ἀπαγγειλάντων, ἀπεκρίνατο βασιλεὺς ἑτοίμως ἔχειν πάντα ποιεῖν, εἴ γε ὑπακουσόμενοι αὐτῷ παραγένωνται· χαίρειν γὰρ τοῖς ἀπὸ τῶν ἐθνῶν ἐπὶ συμμαχίᾳ ἀφικνουμένοις.

Exc. 39 *Ὅτι Ἀναγάστου καὶ Βασιλίσκου καὶ Ὄστρυ καὶ ἄλλων τινῶν στρατηγῶν Ῥωμαίων* τοὺς Γότθους ἔς τινα κοῖλον χῶρον συγκλεισάντων καὶ πολιορκούντων, λιμῷ τε πιεζομένων τῶν Σκυθῶν σπάνει τῶν ἐπιτηδείων * * * πρεσβείαν παρὰ τοὺς Ῥωμαίους ποιήσασθαι, ὥστε αὐτούς, εἰ ἐνδιδόασι, νεμομένους γῆν, ὑπακούειν αὐτῶν ἐς ὅτι ἂν θέλοιεν.

Τῶν δὲ ἐπὶ βασιλέα τὴν ἐκείνων φέρειν ἀποκριναμένων πρεσβείαν 2
καὶ τῶν βαρβάρων τοῦ λιμοῦ πέρι σφᾶς θέσθαι ἐθέλειν τὰς συμβάσεις φαμένων καὶ μὴ οἵους τε εἶναι μακρὰς ποιεῖσθαι ἀνακωχάς, βουλευόμενοι οἱ τὰς Ῥωμαικὰς τάξεις διέποντες τροφὰς χορηγήσειν αὐτοῖς ὑπέσχοντο ἄχρι τῆς βασιλέως ἐπιτροπῆς, εἴ γε

Exc. 39 In ELG (A et descriptis) servatum. Frg. 39 Müll. *FHG* IV pp. **108**/9 = Dind. *HGM* I pp. 347/9 = ELG exc. **21**, p. 588/90 de B. = 39 Bornm. pp. **103**/5 = 49 Blockl. pp. 356/8.

---

11 Ὄστρυ] fort. idem ac comes Orientis a.D. CDLXXI/II (Joh. Mal. *chron.* XIV 40 et *EI* 160,25-**161**,**14**, pp. 294/5 Thurn; *PLRE* II pp. 8**14**/5) qui, Asparis fautor, illo mortuo imperiale palatium oppugnavit, inde ad Thraciam confugit et regionem populatus est.

---

6 δώῃ A: δοίῃ Dind. de B. Bornm. Blockl. **9** παραγένονται A: corr. Hoesch. **11** Ὄστρυι A Hoesch. de B. (qui, Theophane collato, in app. dubitanter Ὄστρυος propos.) Bornm. (dubitanter) Blockl.: Ὄστρυ Joh. Mal. XIV 40 (Thurn): Ὀστρύου Nieb. Müll. Dind. **12** ἔς...κοῖλον] ἔστιν ἀκοῖλον A: ἔς τὸν ἀκοῖλον Hoesch.: corr. Nieb. **14** lacunam excerptori tribui (cf. Blockl. p. 397): verbum seq. dubitanter corr. ποιησαμένων de B. (in app. tantum), ἐποιήσαντο Blockl. (in annot. **174**, p. 397): fort. ⟨ἔγνωσαν⟩?

σφᾶς αὐτοὺς διέλοιεν, ὥσπερ καὶ τὸ Ῥωμαικὸν διακέκριται πλῆθος· ἔσεσθαι γὰρ αὐτῶν ῥᾳδίως οὕτως ἐπιμέλειαν, ἐς τοὺς κληρουμένους καὶ οὐκ εἰς πάντας ἀποβλεπόντων τῶν στρατηγῶν, οἵπερ ἐς φιλοτιμίαν ὁρῶντες πρὸς τὴν αὐτῶν πάντως ἁμιλληθήσονται κομιδήν.

3 Τῶν δὲ Σκυθῶν τοὺς ἀπαγγελθέντας διὰ τῶν πρέσβεων προσδεξαμένων λόγους καὶ ἐς τοσαύτας σφᾶς αὐτοὺς ταξάντων μοίρας, ἐς ὅσας Ἄσπαρ καὶ οἱ Ῥωμαῖοι διεκέκριντο, Χελχάλ, τοῦ Οὔννων γένους ἀνὴρ καὶ ὑποστράτηγος τῶν διεπόντων τὰ Ἄσπαρος τάγματα, παρὰ τὴν ἐπιλαχοῦσαν αὐτοῖς βαρβαρικὴν μοῖραν ἐλθὼν καὶ αὐτῶν Γότθων (πλείονες δὲ τῶν ἄλλων ὑπῆρχον) μεταπεμψάμενος τοὺς λογάδας, τοιῶνδε ἐποιήσατο λόγων ἀρχήν, ὡς δώσει μὲν αὐτοῖς γῆν ὁ βασιλεύς, οὐκ εἰς σφετέραν δὲ αὐτῶν ὄνησιν,

4 ἀλλὰ τοῖς ἐν σφίσιν Οὔννοις· τούτους γάρ, ὀλιγώρως γεηπονίας ἔχοντας, δίκην λύκων τὰς αὐτῶν ἐπιόντας διαρπάζεσθαι τροφάς, ὥστε θεραπόντων τάξιν ἐπέχοντας τῆς ἐκείνων ἕνεκα ταλαιπωρεῖσθαι τροφῆς, καίπερ ἐς ἀεί ποτε τοῖς Οὔννοις τοῦ Γότθων γένους ἀσπόνδου διαμείναντος καὶ ἐκ προγόνων, τὴν αὐτῶν ἀποφυγεῖν ὁμαιχμίαν ὁμοσαμένων, ἐφ᾽ ᾧ καὶ ὅρκων πατέρων πρὸς τῇ τῶν οἰκείων στερήσει καταφρονεῖν.

5 Αὐτὸν δέ, εἰ καὶ τὸ Οὔννων αὐχεῖ γένος, δικαιοσύνης πόθῳ τάδε πρὸς αὐτοὺς εἰπόντα, δεδωκέναι περὶ τοῦ πρακτέου βουλήν.

6 Ἐπὶ τούτοις οἱ Γότθοι διαταραχθέντες καὶ εὐνοίᾳ τῇ πρὸς αὐτοὺς ταῦτα τὸν Χελχὰλ εἰρηκέναι νομίσαντες, τοὺς ἐν αὐτοῖς Οὔννους, ὡς συστάντες, διεχειρίζοντο καὶ μάχη καρτερὰ ἀμφοτέρων συνίστατο τῶν ἐθνῶν, ἐκ συνθήματος οἷά περ πειθόμενοι, ⟨ὥστε μὴ ὁ Ἄσπαρ μόνον⟩, ἀλλὰ γὰρ καὶ οἱ τῶν λοιπῶν στρατοπέδων ἡγεμόνες, μετὰ τῶν οἰκείων παραταξάμενοι, τὸν ἐπιτυχόντα τῶν βαρβάρων

---

24 ὡς συστάντες] συστάντες ἀθρόοι Xen. *An.* VII 3 47.

---

8 ὅσας Ἄσπαρ] scripsi: ὅσας ἄσπερ A: ὅσασπερ Nieb. Bekk. Müll. Dind. de B. Bornm. Blockl. **11** αὐτῶν Γότθων] αὐτῶν Γότθων A (scil. "ipsos Gothos"): τῶν Γότθων Bekk. edd. rell. **14** ὀλιγώρους A: corr. Nieb. Bekk. **17** ταλαιπορεῖσθαι A: corr. Hoesch. **24** ὡς seclus. Nieb. edd. rell. **26** οἷά ... πειθόμενοι A ὁ Ἄσπαρ πυθόμενος Bekk. edd. rell. | ὥστε ... ὁ addidi: cf. ἀλλὰ γὰρ καί p. $$$, ##; $$$,##.

ἀνῄρουν· τοῦ δὲ δόλου καὶ τῆς ἀπάτης οἱ Σκύθαι λαβόντες ἔννοιαν, σφᾶς τε ἀνεκαλοῦντο καὶ ἐς χεῖρας τοῖς῾Ρωμαίοις ἐχώρουν.

Ἀλλ᾽οἱ μὲν Ἄσπαρος τὴν σφίσιν ἐπιλαχοῦσαν ἔφθασαν ἀναλώσαντες 7
μοίραν, τοῖς δὲ λοιποῖς στρατηγοῖς οὐκ ἀκίνδυνος ἡ μάχη ἐγένετο, τῶν βαρβάρων καρτερῶς ἀγωνισαμένων, ὥστε τοὺς ἐξ αὐτῶν ὑπολειφθέντας τάς τε Ῥωμαικὰς τάξεις δηώσασθαι καὶ τῇδε τὴν πολιορκίαν διαφυγεῖν.

Exc. 40 *Ὅτι Λέων ὁ* βασιλεὺς στέλλει πρὸς τὸν Γεζέριχον Φύλαρχον, τὴν τοῦ Ἀνθεμίου βασιλείαν μηνύσων καὶ πόλεμον ἀπειλήσων, εἰ μή γε τῆς Ἰταλίας καὶ βασιλείας ἀφέξοιτο· ἐπανῆκεν δὲ ἀγγέλλων μὴ ἐθέλειν αὐτὸν τοὺς τοῦ βασιλέως προσίεσθαι λόγους, ἀλλὰ ἐν πολέμου εἶναι παρασκευῇ, ὡς ὑπὸ τῶν ἑῴων Ῥωμαίων παρασπονδούμενον.

Exc. 41 *Ὅτι* μεγίστης πρὸς τὸ Σουάνων ἔθνοςῬωμαίοις τε καὶ Λαζοῖς a.468
ὑπαρχούσης διαφορᾶς καὶ σφόδρα ἐς τὴν τοῦ * * * σώματος τῶν Σουάνων συνισταμένων μάχην καὶ Περσῶν δὲ ἐθελόντων αὐτῷ

Exc. 40 In ELR (E1CM1B1P1) servatum. Frg. 40 Müll. *FHG* IV p. 109 = Dind. *HGM* I p. 349 = ELR exc. 13, pp. 154/5 de B. = 40 Bornm. p. 105 = 52 Blockl. pp. 360. **Exc. 41** In ELG (A et descriptis) servatum. Frg. 41 Müll. *FHG* IV p. 109 = Dind. *HGM* I p. 349 = ELG exc. 22, p. 590/1 de B. = 41 Bornm. pp. 106/7 = 51,1 Blockl. pp. 358/60.

---

1 λαβόντες ἔννοιαν] cf. Plat. *Phaed.* 73c τὴν ἔννοιαν ἔλαβεν. **11** ἐν... 12 παρασκευῇ] Thuc. VIII 14, 3; cf. II 80, 3; 101, 2; VI 26, 2.

---

6 ὑπολειφθέντας A Nieb. Bekk. de B. Bornm. Blockl.: ὑποληφθέντας B2Hoesch. **8** Γεζέριχον] γιζέριχον M1 **10** βασιλείας] Σικελίας Bekk. edd. rell. (cf. Exc. 30, de Phylarcho, sed aliter ac noster locus) **11** ἐθέλειν] ἐθέλλειν C **12** ἑῴων] νέων **ω** Hoesch.: corr. Bekk. edd. rell. | Ῥωμαίων] ῥωμάνων E1C **13** τέλος τῆς ἱστορίας πρίσκου σοφιστοῦ τῆς γοτθικῆς E1**β**: om. C **14** τὸ] A: corr. B2Hoesch. | σουάννων A: corr. Nieb.Bekk. **15** τοῦ σώματος AB2M2: hic lacunam apposui: τοῦ σήματος Hoesch. (qui fort. male B2 f. 96r, l.4 legebat) Ed.Par.: τοῦ † σήματος Nieb. (v. infra): τοῦ σώματος † de B. Bornm, qui hinc Suanorum hostis nomen excidisse putav.: denuo τοῦ † σήματος Blockl., Booriano app. diffidens. **16** μάχην] perperam Μάχην Suanorum ducis nomen putav. Class. (in Nieb. app. tantum), nullo editore adsentiente. Certe hoc in exc. non Suanorum ducis, sed Lazorum regis nomen, inter alia, excidit (cf. *PLRE* II Heraclius 4; Blockl. p. 398 adn. 177) πολεμεῖν διὰ τὰ φρούρια, ἅπερ τῶν Σουάνων ἀφῄρηντο, πρεσβείαν ἔστελλεν, ἐπικούρους αὐτῷ διαπεμφθῆναι παρὰ βασιλέως αἰτῶν ἐκ τῶν παραφυλαττόντων στρατιωτῶν τὰ Ἀρμενίων ὅρια τῶν Ῥωμαίοις ὑποτελῶν, ἐφ᾽ ᾧ προσχώρων ὄντων ἑτοίμην ἔχειν βοήθειαν καὶ μὴ κινδυνεύειν τοὺς πόρρωθεν ἀπεκδεχόμενον ἢ παραγενομένων ἐπιτρίβεσθαι δαπάνῃ, τοῦ πολέμου, ἂν οὕτω τύχῃ, διαναβαλλομένου καθάπερ ἤδη πρότερον ἐγεγόνει.

2 Τῆς γὰρ σὺν Ἡρακλείῳ ἀπεσταλμένης βοηθείας κατὰ Περσῶν καὶ Ἰβήρων, τῶν, αὐτῷ ἐπαγόντων τὸν πόλεμον, πρὸς ἑτέρων ἐθνῶν τότε ἀπασχοληθέντων μάχην, τὴν συμμαχίαν ἀπέπεμψεν, ἀσχάλλων ἐπὶ τῇ τῶν τροφῶν χορηγίᾳ, ὥστε αὖθις, τῶν Πάρθων ἐπ᾽αὐτῶν ἀναζευξάντων, Ῥωμαίους ἐπικαλέσασθαι.

3 Τῶν δὲ στεῖλαι τὴν βοήθειαν ἐπαγγειλαμένων καὶ ἄνδρα τὸν αὐτῆς ἡγησάμενον, παρεγένετο καὶ Περσῶν πρεσβεία, ἀγγέλλουσα τοὺς Κιδαρίτας Οὔννους ὑπ᾽αὐτῶν κατηγωνίσθαι καὶ Βαλαὰμ πόλιν αὐτῶν ἐκπεπολιορκηκέναι· ἐμήνυον δὲ τὴν νίκην καὶ βαρβαρικῶς ἀπεκόμπαζον, τὴν παροῦσαν αὐτοῖς μεγίστην δύναμιν ἀποφαίνειν ἐθέλοντες, ἀλλὰ αὐτοὺς παραυτίκα τῶν ἀγγελθέντων ἀπέπεμπε βασιλεύς, ἐν μείζονι φροντίδι τὰ ἐν Σικελίᾳ συνενεχθέντα ποιούμενος.

a.468 Exc. 42 (Theoph. *chron.* AM 5961 = Prisc. frg. 53,1 Blockl.; cf. infra, exc. 44) *Τούτῳ τῷ ἔτει Λέων ὁ* βασιλεὺς κατὰ Γιζερίχου, *τοῦ τῶν Ἄφρων κρατοῦντος*, στόλον μέγαν ἐξοπλίσας ἀπέστειλεν. Ὁ γὰρ Γιζέριχος μετὰ τὴν τελευτὴν Μαρκιανοῦ πολλὰ δεινὰ ἐνεδείξατο ἐν

Exc. 42 Theoph. *chron.* AM 5961, p. 178 Dind. = frg. 42 Müll. *FHG* IV p. 110 = 42 Bornm. pp. 107/8 = Prisc. frg. 53,1 Blockl.; v. infra, exc. 44.

---

1 τῶν] ⟨ὑπὸ⟩ τῶν Bekk. (et in text.) Müll. Dind. **3** ἁρμενίων AB2M2: corr. Hoesch. **4** πρὸς χώρων A: corr. B2Hoesch. **5** τοὺς] τοῖς A: corr. Hoesch. παρὰ γενομένων A: corr. B2M2Hoesch. **6** τύχη AB2M2: corr. Hoesch. διαβαλλομένου B2M2Hoesch.: ἀναβαλλομένου Bekk. (in app. tant.): restit. de B. **8** κατὰ scripsi: καὶ A edd. **10** μάχην τὴν A: hunc quoque locum corruptum Nieb. Bekk. (v. supra) Müll. (qui utrimque ad μάχην crucem pos.) Dind. de B. Bornm.: servav. Blockl. **14** ἡγησάμενον] ἡγησόμενον Nieb. Bekk. edd. rell. **15** κατηγωνίσθαι] κατηγωνίσασθαι A: corr. Nieb. Bekk. **17** ἀπεκόμπαζον A Hoesch. Ed. Par. Bornm.: ἐπεκόμπαζον Nieb. Bekk. (et in text.) Müll. Dind. de B. Blockl.: cf. Sozom. VI 1.3 **18** τῶν] τούτων Hoesch. (in mg.) Nieb. Bekk. (et

ταῖς ὑπὸ τὴν τῶν Ῥωμαίων βασιλείαν χώραις, ληϊζόμενος καὶ αἰχμαλωτίζων πολλοὺς καὶ τὰς πόλεις κατασκάπτων. Ὅθεν ζήλῳ κινηθεὶς ὁ βασιλεὺς ἐκ πάσης τῆς ἀνατολικῆς θαλάσσης ἑκατὸν καὶ χιλιάδα πλοίων ἀθροίσας καὶ στρατῶν καὶ ὅπλων ταύτας πληρώσας κατὰ Γιζερίχου ἀπέστειλεν· φασὶ γὰρ αὐτόν ͵ατ´ κεντηνάρια δεδαπανηκέναι χρυσίου ἐν τούτῳ τῷ στόλῳ. Στρατηγὸν δὲ καὶ ἔξαρχον τοῦ στόλου κατέστησε Βασιλίσκον, τὸν Βερίνης τῆς αὐγούστης ἀδελφόν, τῆς ὑπάτου τιμῆς ἤδη μετασχόντα καὶ Σκύθας πολλάκις νικήσαντα ἐν τῇ Θρᾴκῃ. Ὃς δή, συνδραμούσης αὐτῷ καὶ ἐκ τῆς ἑσπερίου οὐκ ὀλίγης δυνάμεως, συμπλακεὶς εἰς ναυμαχίας πολλάκις τῇ Γιζερίχου ⟨καὶ μέγα πλῆθος⟩ τῶν νεῶν τῷ βυθῷ παραδούς, εἶτα καὶ αὐτὴν ἠδυνήθη Καρχηδόνα κρατῆσαι. Ὕστερον δέ, δώροις ὑπὸ Γιζερίχου καὶ πλείστοις χρήμασι δελεασθείς, ἐνέδωκε καὶ ἡττήθη ἑκών, *ὡς Πρίσκος ἱστόρησεν ὁ Θρᾷξ.*

Exc. 43 (Evagr. *hist. eccl.* II 14 = 48,2 Blockl.; cf. Nic. Call. XV 20) *Ὑπὸ* a.467? *τοῖς αὐτοῖς χρόνοις, τοῦ Σκυθικοῦ πολέμου συνισταμένου πρὸς τοὺς ἑῴους Ῥωμαίους, ἥ τε Θρᾳκία γῆ καὶ ὁ Ἑλλήσποντος ἐσείσθη καὶ Ἰωνία καὶ αἱ καλούμεναι Κυκλάδες νῆσοι, ὡς Κνίδου καὶ τῆς Κρητῶν νήσου τὰ πολλὰ κατενεχθῆναι.* Καὶ ὄμβρους δὲ ἐξαισίους *ὁ Πρίσκος ἱστορεῖ γενέσθαι ἀνὰ τὴν Κωνσταντινούπολιν καὶ τὴν Βιθυνῶν χώραν,* ἐπὶ τρεῖς καὶ τέσσαρας ἡμέρας ποταμηδὸν τῶν ὑδάτων ἐξ οὐρανοῦ φερομένων· καὶ ὄρη μὲν εἰς πεδία κατενεχθῆναι, κατακλυσθείσας δὲ κώμας παραπολέσθαι, γενέσθαι δὲ καὶ νήσους ἐν τῇ Βοάνῃ λίμνῃ, οὐ μακρὰν τῆς Νικομηδείας ἀφεστώσῃ, ἐκ τῶν συνενεχθέντων ἐς αὐτὴν παμπόλλων φορυτῶν. *Ἀλλὰ ταῦτα μὲν ὕστερον ἐπράχθη.*

Exc. 43 Evagr. *hist. eccl.* II 14 = frg. 43 Müll. *FHG* IV p.**110** = 43 Bornm. p. **108** = 48,2 Blockl. 354/6.

15] De anno CDLXVII cf. Blockl. I pp. **170/1** adn. 64 (CDXLVII contendebat Thompson). **19** ὄμβρους…ἐξαισίους] Xen. *Oec.* 5, 18.

---

11 καὶ…πλῆθος suppl. Dind.: μετά codd.: τμ´ Classen.

Exc. 44 (Evagr. *hist. eccl.* II **16** = [50]; 53,2; **61** Blockl.; cf. Nic. Call. hist. eccl. XV **11**; infra, frg. dubium Proc. bell. III 6,5-6; Theoph. *chron.* AM 5963, v. infra) *Ἐκ πρεσβείας δὲ τῶν ἑσπερίων Ῥωμαίων, Ἀνθέμιος βασιλεὺς τῆς Ῥώμης ἐκπέμπεται·* ᾧ Μαρκιανὸς, *ὁ πρώην βεβασιλευκὼς* τὴν οἰκείαν κατενεγύησε *παῖδα.* Ἐκπέμπεται δὲ στρατηγὸς κατὰ Γιζερίχου Βασιλίσκος, ὁ τῆς *Λέοντος γυναικὸς* Βερίνης ἀδελφός, μετὰ στρατευμάτων ἀριστίνδην συνειλεγμένων. *Ἅπερ ἀκριβέστατα Πρίσκῳ τῷ ῥήτορι πεπόνηται· ὅπως δὲ* δόλῳ περιελθὼν ὁ Λέων, μισθὸν ὥσπερ ἀποδιδοὺς τῆς ἐς αὐτὸν προαγωγῆς, ἀναιρεῖ Ἄσπαρα, τὴν ἀρχὴν αὐτῷ περιθέντα, *παῖδάς τε αὐτοῦ* Ἀρδαβούριόν τε καὶ Πατρίκιον, ὃν *Καίσαρα πεποίητο πρότερον ἵνα τὴν Ἄσπαρος εὔνοιαν κτήσηται.*

Exc. 44 Evagr. *hist. eccl.* II **16** = frg. 44 Müll. *FHG* IV p. **110** = 44 Bornm. p. 109 = [50]; 53,2; **61** Blockl.

1] Theoph. *chron.* AM 5963 (= [Prisc.] 53,5 Blockl. pp. 366/8) Ὕποπτος γὰρ, *ὡς προέφην,* γενόμενος τῷ βασιλεῖ ὁ Ἄσπαρ καὶ πολλὴν περικείμενος δύναμιν δόλῳ παρὰ τοῦ βασιλέως φονεύεται μετὰ βραχύ, *σὺν τοῖς αὐτοῦ παισίν,* Ἀρδαβουρίῳ καὶ Πατρικίῳ, ὃν *Καίσαρα ὁ βασιλεὺς πεποίηκε πρότερον, ἵνα τὴν Ἄσπαρος εὔνοιαν ἔχῃ.*

EXCERPTA INCERTAE SEDIS

Exc. 45 *Tali igitur Hunni stirpe creati Gothorum finibus advenerunt.*
Quorum natio saeva, *ut Priscus historicus refert,* Maeotida palude, 123
ulteriore ripa insidens, venatione tantum nec alio labore experta, nisi
quod, postquam crevisset in populis, fraudibus et rapinis vicinarum
gentium quietem conturbans, huius ergo gentis, ut adsolet, venatores,
dum in ulteriore Maeotidae ripa venationes inquirerent, animadvertunt
quomodo ex improviso cerva se illis obtulit, ingressaque paludem nunc
progrediens nunc subsistens, indicem viae se praebuit.
Quam secuti venatores, paludem Maeotidem, quam imperviam ut 124
pelagus aestimabant, pedibus transierunt: moxque Scythica terra ignotis
apparuit, cerva disparuit. *Quod, credo, spiritus illi unde progeniem*
trahunt, ad Scytharum invidiam id egerunt.
Illi vero, qui praeter Maeotidam alium mundum esse penitus ignorabant, 125
admiratione ducti terrae Scythicae et, ut sunt solertes, iter illud nulli ante
hanc aetatem notissimum divinitus sibi ostensum rati, ad suos redeunt,

---

Exc. 45 Jord. Get. 122-126, pp. 54/5 Giunta Grillone, pp. 89/90 Mo. = frg. 45 Bornm., pp. 110/111 = 1 Blockl. pp. 222/4.

2] Cf. Proc. *bell.* VIII 5, 7-12.

---

3 maeotida **a**: maeotide **cb**: maeotide (paludis) **A** **4** ulteriore ripa (-pam **L**) **aOA**: ulteriori ripae **c**: ulteriorem ripam **B***Fou.* | insedit **B***Fou.* | uenationi **aO***Mo.* **6** quiete **a**^{1}*Mo.*: fidem **b**: gentem *Fou.* (uicinam *pro* uicinarum gentium) | conturbauit **B***Fou.*: conturbat **V**^{2} | adsolet *plerique codd.*: adsolent **B***Fou.* **7** in *om.* **LA** | ulteriore] *cf. supra ibid.* (ulteriore ripa): ulteriori **B***Fou.* : ulterioris (ulteris **Y**) **cO**: interioris **aA***Mo.* | Maeotidae] meotidae *plerique codd.* meotidis **B***Fou.*: meotidem **O** | ripa **cBA**: ripam *rell.Mo.* | inquirerent **c**^{2}**XZL**: inquirunt **bA***Fou.*: inquirent **a**^{1}*Mo.*: *om.***Y** **9** indicem **cBAE**: indicium **D**: index **aO***Mo.* | praebuit] tribuit **a**^{2}**V**^{1}*Mo.*: retribuit **O** **10** quam imperuiam **V**^{2}**LcBA**: quem -um **V1P***Mo.*: quam perinviam **O**: quem -um **H** **11** aestimabant] **V**^{2}**bA**: aestimant **a**^{2}**V**^{1}*Mo.*: adfirmabant c | -que **L**: quoque *plerique codd.Mo.*: quoque ut **B***Fou.* | Scythiae **c** **12** cerva disparuit *om.* **cL** | spiritus illi] *transp.* **c** **13** inuidia **aO***Mo.* **14** Maeotidem **B***Fou.*: Maeotidea **O** **15** inducti **B***Fou.* | scythiae **cbLA***Fou.* nulli...16 aetatem (ante *om.* **Z**) **XZc**^{2}**b**: nulli hac aetate **Y**: nullae (-i) ante aetati **aA***Mo.* **16** rati ad (-ntam **Y**)**c**: rei gestum **a**^{1}**BA***edd.*: regi gestum **LO** | edicunt (edicent **O**) **b** *Fou.*

rem gestam edocent, Scythiam laudant persuasaque gente sua, via, quam cerva indice didicerant, ad Scythiam properant, et quantoscumque prius in ingressu Scytharum habuerunt obvios litavere victoriae, reliquos vero perdomitos subegerunt.

126 Nam mox ingentem paludem transierunt, ilico Alcildzuros Itimaros Tuncarsos et Boiscos, qui ripae istius Scythiae insidebant, quasi quidam turbo gentium rapuerunt. Alanos quoque pugna sibi pares, sed humanitate, victu formaque dissimiles, frequenti certamine fatigantes subiugaverunt.

Exc. 46 *Σάλωνα, πόλις Ἰλλυρίας. Τὸ ἐθνικὸν Σαλωνίτης. Εἰσὶ καὶ Σαλῶναι πόλις Δελματίας, ὧν Σαλωνεὺς τὸ ἐθνικόν, ὡς Πρίσκος ἐν ἕκτῳ.*

Exc. 47 *Ἀμοιβαία ἔκτισις* ... ὅρκοι δὲ ἐπὶ τῇ ἀμοιβαίᾳ σφῶν ἐδίδοντο πίστει, οὐ μόνον αὐτοῖς, ἀλλὰ καὶ τοῖς τῶν παραγινομένων ἐκ τῶν βασιλείων τῆς Ῥωμαίων τῆς διαλλαγῆς ἕνεκα τῶν ἀνδρῶν. *Πρίσκος φησίν.*

Exc. 48a *Πρίσκος δὲ λέγει περὶ Χαρύβδεως* παραπλέουσι δὲ τὴν Σικελίαν πρὸς τῇ Μεσσήνῃ κατὰ τὸν πορθμὸν τῆς Ἰταλίας, ἐν ᾧπερ ἡ Χάρυβδις, πνευμάτων ἐπιλαβόντων δυσαῶν αὐτοῖς ἀνδράσιν κατέδυσαν.

Exc. 48b Πνευμάτων ἐπιλαβόντων δυσαῶν αὐτοῖς ἀνδράσι κατέδυσαν.

Exc. 49 Οἱ δὲ πεμφθέντες παρόδου ἐς τὴν πόλιν οὐκ ἔτυχον ὑστερήσαντες. *Πρίσκος φησί.*

Exc. 46 Steph. Byz. sv. Σάλωνα, p. 552 Mein. = frg. 46 Bornm., pp. **11**/2. **Exc. 47** Suid. A 54, Ἀμοιβαία ἔκτισις, I **1**, p. **1**47 Adler = frg. 47 Bornm. p. **11**2. **Exc. 48a** Suid. X **1**44, Χάρυβδις, I 4, p. 792 Adler = frg. 48a Bornm. p. **11**2. **Exc. 48b** Suid. Δ 503, Δυσαῶν ἀνέμων, I 2, p. **1**47 Adler = frg. 48b Bornm. p. **11**3.

---

1 uiam **c²YZ** | persuasaque **cB**: qua **aOA***Mo.* | didicerunt **B**: didicere *Fou.* **2** Scythiam] prios **O**: obvios *Vulcanius* **3** obuios **V²A**: *om. rell. edd.* | litauerunt **L** | obvios **B**: *om. rell. edd.* **5** ingentem] alpidzuros *seclusi*: alpidzuros alcildzuros **VH***Mo.*: alpidzyros (-zi **Y**) alchidzuros **c**: alpidzuros alchidzuros **A**: alpidzuros acildzuros **PL**: alipzuros alcidzuros **b***Fou.*: *cf. supra,* Exc. **1**, **1** †Ἀμιλζούροις. | tuncarses **c** | boircos **c** **6** istius] quaedam **aO***Mo.*: *om.* **A** **7** humanitatis (-nitis **B**) **B***Fou.* | uictus **V²**: uictum **O**

FRAGMENTA DVBIA

Frg. 50* (*EV* 69 = Joh. Ant. frg. 285 Roberto, **191** Müll.; cf. Theoph. *chron.* p. **101** de B.)

Ὅτι Θεοδόσιος ὁ νέος διὰ τὴν ἄγαν τῆς ἡλικίας νεότητα οὐδὲ πρὸς τὸ φρονεῖν, οὐδὲ πρὸς τὸ πολεμεῖν ἱκανὸς ἦν· ἀλλὰ μόνον ὑπογραφὰς τοῖς βουλομένοις παρεῖχε, μάλιστα τοῖς περὶ τὴς βασιλείαν εὐνούχοις, ἐξ ὧν ἅπαντες, ὡς εἰπεῖν, τὰς οὐσίας ἡρπάζοντο· οἱ μὲν γὰρ ἔτι ζῶντες ἐκληρονομοῦντο, οἱ δὲ τὰς γαμετὰς ἑτέροις παρέπεμπον καὶ τέκνων ἐστεροῦντο βιαίως, ἀντιλέγειν τοῖς τοῦ βασιλέως διατάγμασιν οὐ δυνάμενοι. *Ἐν τούτοις μὲν οὖν τὰ Ῥωμαίων ὑπῆρχε.*

Frg. 51* (*EV* 70 = Joh. Ant. frg. 286 Roberto, **192** Müll.; cf. Joh. Mal. XIV 3; 6, pp. 272; 275 Thurn; *Chron. Pasch.* pp. 575; 579 Dind.)

Ὅτι Θεοδόσιος ὁ βασιλεὺς χαίρειν εἰπὼν τοῖς παιγνίοις ἐπὶ λόγους ἐλευθερίους μετέβαλε τὴν γνώμην, Παυλίνου τε καὶ Πλακίτου συναναγινωσκόντων αὐτῷ· οἷ καὶ ἀρχὰς καὶ ἐξουσίας ἐχαρίσατο μεγάλας.

Frg. 52* (Suid. Θ **145**, s.v. Θεοδόσιος = Joh. Ant. frg. 288 Roberto, **194** Müll. = [Prisc.] 52* Bornm. = [Prisc.] 3,2 Blockl.; cf. *EV* 72)

Θεοδόσιος, βασιλεὺς Ῥωμαίων, ὁ μικρός. Οὗτος διαδεξάμενος παρὰ πατρὸς τὴν ἀρχήν, ἀπόλεμος ὢν καὶ δειλίᾳ συζῶν καὶ τὴν εἰρήνην χρήμασιν, οὐχ ὅπλοις κτησάμενος, πολλὰ προεξένησε κακὰ τῇ Ῥωμαίων πολιτείᾳ. Ὑπὸ γὰρ τοῖς εὐνούχοις τραφείς, πρὸς πᾶν σφίσιν ἐπίταγμα εὐπειθὴς ἦν, ὥστε καὶ τοὺς λογάδας τῆς ἐκείνων δεῖσθαι ἐπικουρίας καὶ πολλὰ νεοχμεῖσθαι ἐν τοῖς πολιτικοῖς καὶ στρατιωτικοῖς τάγμασι, μὴ παριόντων ἐς τὰς ἀρχὰς ἀνδρῶν τῶν διέπειν ταύτας δυναμένων, ἀλλὰ τῶν χορηγούντων χρυσίον, διὰ δὲ

Frg 52*] *EV* 72 = Joh. Ant. frg. 288 Rob. (in app.) = [Prisc.] 3,**1** Blockl. *Ὅτι* Θεοδόσιος, τὴν ἀρχὴν παρὰ *Ἀρκαδίου* τοῦ πατρὸς δεξάμενος, ἀπόλεμος ἦν καὶ δειλίᾳ συνέζη καὶ τὴν εἰρήνην χρήμασι καὶ οὐκ ὅπλοις ἐκτήσατο, *καὶ ὑπὸ τοῖς εὐνούχοις πάντα ἔπραττεν. Καὶ* ἐς *τοσοῦτον* τὰ πράγματα ἀτοπίας φέρεσθαι οἱ εὐνοῦχοι παρεσκεύασαν, ὡς *συνελόντι εἰπεῖν ἀποβουκολοῦντες τὸν Θεοδόσιον, ὥσπερ τοὺς παῖδας ἀθύρμασιν*, οὐδὲν ὅ τι καὶ ἄξιον μνήμης διαπράξασθαι συνεχώρησαν, *καίτοι ἀγαθῆς ὑπάρχοντα φύσεως.* Ἀλλ᾽ἐς ν´ *ἐνιαυτοὺς συνελάσαντα βαναύσοις τέ τισι τέχναις καὶ θήραις προσκαρτερεῖν παρέπεισαν·* ὥστε αὐτούς τε καὶ τὸν Χρυσάφιον ἔχειν τὸ τῆς βασιλείας κράτος, ὅνπερ ἡ Πουλχερία μετῆλθε, τοῦ ἀδελφοῦ τελευτήσαντος.

τὴν τῶν εὐνούχων πλεονεξίαν καὶ τῶν Σεβαστιανοῦ δορυφόρων πειρατικὸν συστὰν *τόν τε Ἑλλήσποντον καὶ τὴν Προποντίδα διαταράξαι.* Ἐς τοῦτο τὰ πράγματα ἀτοπίας οἱ εὐνοῦχοι παρεσκεύασαν ⟨ὡς⟩, *ἀποβουκολοῦντες τὸν Θεοδόσιον ὥσπερ τοὺς παῖδας ἀθύρμασιν,* οὐδὲν ὅ τι καὶ ἄξιον μνήμης διαπράξασθαι *παρεσκεύασαν,* ἀλλ᾽εἰς ν ἐτῶν ἡλικίαν ἐληλυθὼς διετέλεσε βαναύσους τέ τινας μετιὼν τέχνας καὶ θήρᾳ προσκαρτερῶν, ὥστε *τοὺς εὐνούχους* καὶ τὸν Χρυσάφιον ἔχειν τὸ τῆς βασιλείας κράτος· ὅνπερ ἡ Πουλχερία μετῆλθε, τοῦ ἀδελφοῦ τελευτήσαντος.

Frg. 53* (Joh. Malal. *chron.* XIV **16**, p. 28**1** Thurn, p.3**6**1 Dind.; [Prisc.] frg. 7 Blockl.; cf. Theoph. *chron.* AM 5936; Suid. A 2694; E 3604; Θ 145; Π 793; Υ 169)

ca. 421 *Ὁ δὲ αὐτὸς Θεοδόσιος βασιλεὺς ἐποίησε κακῶς Ἀντιόχῳ τῷ πραιποσίτῳ καὶ πατρικίῳ, δυναμένῳ ἐν τῷ παλατίῳ καὶ κρατήσαντι τῶν πραγμάτων. Ἦν γὰρ καὶ ἀναθρεψάμενος τὸν αὐτὸν Θεοδόσιον ἐν τῇ ζωῇ τοῦ αὐτοῦ πατρός, ὡς κουβικουλάριος καὶ διοικῶν ἀπὸ τοῦ αὐτοῦ πατρὸς Ἀρκαδίου τὴν πολιτείαν Ῥωμαίων. Καὶ ἔμεινε μετὰ τὸ πληρῶσαι αὐτόν, ὡς πατρίκιος καταυθεντῶν τοῦ αὐτοῦ Θεοδοσίου. Καὶ ἀγανακτήσας κατ᾽αὐτοῦ ἐδήμευσεν αὐτὸν καὶ κουρεύσας ἐποίησε παπᾶν τῆς μεγάλης ἐκκλησίας Κωνσταντινουπόλεως, ποιήσας διάταξιν μὴ εἰσέρχεσθαι εἰς ἀξίας συγκλητικῶν ἢ πατρικίων τοὺς εὐνούχους κουβικουλαρίους μετὰ τὸ πλήρωμα τῆς αὐτῶν στρατείας, τοῦτ᾽ἐστὶ τοὺς ἀπὸ πραιποσίτων παλατίου. Καὶ ἐτελεύτα ὁ αὐτὸς Ἀντίοχος, ὢν πρεσβύτερος.*

Frg. 54* (Theoph. *chron.* AM 592**1**, p. 87 de B. = [Prisc.] 50* Bornm.; cf. Socr. *hist. eccl.* VII 20, 2-3, p. 366,6-10 Hansen)

Τούτῳ τῷ ἔτει *[scil.* **a.**422*]* ἀγαθότητι πολλῇ κινούμενος Θεοδόσιος ὁ βασιλεύς, καίπερ νικήσας κατὰ κράτος τοὺς Πέρσας φειδοῖ τῶν κατοικούντων ἐν Περσίδι Χριστιανῶν εἰρήνην ἀσπάζεται καὶ ἀποστέλλει πρεσβευτὰς Ἡλίωνά τε τὸν πατρίκιον, ὃν πάνυ διὰ τιμῆς ἦγεν, καὶ Ἀνατόλιον, τὸν τῆς ἀνατολῆς στρατηγόν, εἰρήνην

3 διαταράξαι AF: διαταράξας GVM: διατάραξαν I **4** ὡς add. Roberto, *EV* collatis. **6** <*καίτοι ἀγαθῆς ὑπάρχοντα φύσεως*> suppl. Roberto ex EV 72, recte ad Ioannem sed non ad Priscum constituendum. **28** τῶν...29 Χριστιανῶν] τῶν ἐν Περσίδι κατοικούντων Χριστιανῶν **c** **30** πάνυ] πάλαι **g**

σπείσασθαι. Οὐαραράνης δὲ γνοὺς τὴν ἑαυτοῦ ἧτταν δέχεται τὴν πρεσβείαν, καὶ οὕτως ὁ κατὰ τῶν Χριστιανῶν ἐπαύσατο διωγμός.

Frg. 55* (Joh. Ant. frg. 290 Roberto [196 Müll.]; cf. Jord. *Rom.* 330; Proc. *bell.* III 3, 14-36; Theoph. 93,34/95,25; Nic. Call. *hist. eccl.* XIV 56)

Πλακιδία εἶχε δύο στρατηγούς, ὧν τῷ μὲν ἑνὶ Βονιφατίῳ τὴν Λιβύην ἐπέτρεψεν, Ἀέτιον δὲ παρακατέσχεν. Ἐφθόνησεν Ἀέτιος καὶ ἔγραψε Βονιφατίῳ ὅτι· «Ἡ βασίλισσα ἔχει κατὰ σοῦ, καὶ τούτου σημεῖον, ὅτι μετακαλέσεταί σε ὑπ᾽οὐδεμιᾶς αἰτίας. *Ἐὰν οὖν γράψῃ σοι ἐλθεῖν, μὴ ὑπακούσῃς· ἀναιρήσει γάρ σε». Εἶτα μετῆλθε τὴν βασίλισσαν λέγων, ὡς ἀποστασίαν μελετᾷ ὁ Βονιφάτιος. «Καὶ τοῦτο γνώσῃ σαφῶς· ἐὰν γὰρ μετακαλέσῃ, φησίν, αὐτόν, οὐκ ἐλεύσεται». Καὶ ἐπεὶ ἔγραψεν αὐτῷ ἐλθεῖν ἡ βασίλισσα,* ἀληθῆ νομίσας ἐκεῖνος τὰ ὑπὸ Ἀετίου αὐτῷ μηνυθέντα, τήν τε Λιβύην ἐνεχείρισε *Γότθοις καὶ οὐδὲ ἐκεῖνος ἐλθεῖν ἐπείθετο.* Ὕστερον δὲ σταλέντων τινῶν πρὸς αὐτόν, καὶ συμβάσεως γενομένης, *τό τε ψεῦδος ἠλέγχθη, κἀκεῖνον μὲν πλέον ἠγάπησεν ἡ βασίλισσα· τὸν δ᾽ Ἀέτιον ἐμυσάττετο μὲν τοιαῦτα ῥαδιουργήσαντα,* οὐ μέντοι δρᾶσαι τι κακὸν ἠδυνήθη. Τὴν Λιβύην οὔποτε ἴσχυσεν ἐξ ἐκείνου ἐπανασώσασθαι.

Frg. 56* (Proc. *bell.* III 4, **1-11**; cf. Evagrius *hist.eccl.* II **1**; Theoph. *chron.* I 104; Nic. Call. *hist. eccl.* XV **1**; Cedren. I 604, **10**; Zonar. III 246, 3).

a.438/439 *Τὴν μὲν δὴ Λιβύην οὕτω Βανδίλοι Ῥωμαίους ἀφελόμενοι ἔσχον.* Τῶν δὲ πολεμίων οὓς λάβοιεν ζῶντας ἐν ἀνδραπόδων ποιούμενοι μοίρᾳ ἐν φυλακῇ εἶχον. Ἐν τούτοις δὲ καὶ Μαρκιανὸν *ξυνέπεσεν* εἶναι, *ὅς ὕστερον, τελευτήσαντος Θεοδοσίου, τὴν βασιλείαν παρέλαβε. Τότε μέντοι* Γιζέριχος ἐν τῇ βασιλέως αὐλῇ παρεῖναι τοὺς αἰχμαλώτους ἐκέλευεν, *ὅπως οἱ εἰδέναι σκοπουμένῳ ἐξῇ ὅτῳ ἂν δεσπότῃ αὐτῶν ἕκαστος οὐκ ἀπὸ τῆς αὐτοῦ ἀξίας δουλεύοι. Καὶ* ἐπειδὴ ξυνελέγησαν αἴθριοι ἀμφὶ ἡμέραν μέσην, ὥρᾳ θέρους, ἀχθόμενοι τῷ ἡλίῳ ἐκάθηντο. *Ἐν αὐτοῖς δὲ καὶ Μαρκιανὸς ὅπου δὴ ἀπημελημένως ἐκάθευδε. Καί τις αὐτοῦ ἀετὸς ὑπερίπτατο,*

---

1 σπείσασθαι] ποιήσασθαι f **24** ἐν...25 μοίρᾳ V: ἐς μοῖραν P **26** θεοδοσίου τελευτήσαντος P **28** ὅπως V: ὅπως μὲν P **29** ἀπὸ] ἄπο V: ἄπω P | αὐτοῦ] αὐτοῦ codd. **30** συνελέγησαν P **31** ἡλίῳ...86,22 ἐγένετο] deerant in P folio interciso, suppleta sunt e cod. k *τὰ πτερά, ὡς λέγουσι, διαπετάσας, ἀεί τε μένων ἐν τῇ αὐτῇ τοῦ ἀέρος χώρᾳ μόνον τὸν Μαρκιανὸν ἐπεσκίαζεν. Ἐκ δὲ τῶν ὑπερῴων τὸ ποιούμενον ἰδὼν Γιζέριχος, ἀγχίνους τις ὢν μάλιστα,* θεῖόν τε εἶναι τὸ πρᾶγμα ὑπώπτευσε καὶ τὸν ἄνθρωπον μεταπεμψάμενος ἐπυνθάνετο αὐτοῦ ὅστις ποτὲ εἴη. Ὁ δὲ τῶν ἀπορρήτων Ἄσπαρι ἔφη κοινωνὸς εἶναι· *δομέστικον δὲ τοῦτον τῇ σφετέρᾳ γλώσσῃ καλοῦσι Ῥωμαῖοι.* Ταῦτα Γιζερίχῳ ἀκούσαντι καὶ ξυμβαλλομένῳ μὲν τὸν τοῦ ὄρνιθος ἔργον, τὴν δὲ Ἄσπαρος δύναμιν ἐν νῷ ἔχοντι ὅσῃ ἐν Βυζαντίῳ ἐχρῆτο, καταφανὲς ἐγίνετο ὡς ⟨εἰς βασιλείαν ὁ⟩ ἀνὴρ ἄγοιτο. *Κτεῖναι μὲν οὖν αὐτὸν ἥκιστα ἐδικαίου, ἐκλογιζόμενος ὡς, ἢν μὲν ἐξ ἀνθρώπων αὐτὸν ἀφανίζῃ, εὔδηλον ἔσται ὡς οὐδὲν ἂν τὸ τῷ ὄρνιθι ποιηθὲν εἴη (οὐ γὰρ βασιλέα τῇ σκιᾷ θεραπεύοι, ὅς γε αὐτίκα δὴ ἀπολεῖσθαι ἔμελλε), λόγῳ τε αὐτὸν οὐδενὶ κτείνοι· ἢν δέ γε χρῆν ἐν τῷ ὑστέρῳ χρόνῳ βασιλεῦσαι τὸν ἄνθρωπον, οὐ μήποτέ οἱ θανάτῳ καταληπτὸς ἔσται· τὰ γὰρ τοῦ θεοῦ ἐς βουλὴν ἥκοντα οὐκ ἂν δύναιτο ἀνθρώπου γνώμῃ κωλυτὰ εἶναι.* Ὅρκοις δὲ αὐτὸν καταλαμβάνει ὡς, ἢν ἐπ᾽αὐτῷ ἔσται, οὔποτε πρός γε Βανδίλους ἐν ὅπλοις γένηται. Οὕτω δὴ Μαρκιανὸς ἀφειμένος ἐς Βυζάντιον ἀφίκετο καί, Θεοδοσίου χρόνῳ ὕστερον τελευτήσαντος, ἐδέξατο τὴν βασίλειαν. *Καὶ τὰ μὲν ἄλλα ξύμπαντα βασιλεὺς ἐγεγόνει ἀγαθός, τὰ δὲ ἀμφὶ Λιβύην ἐν οὐδενὶ ἐποιήσατο λόγῳ. Ἀλλὰ ταῦτα μὲν ἐν τῷ ὑστέρῳ χρόνῳ ἐγένετο.*

Frg. 57* (Proc. *bell.* III 4, 12-14; etiam in *ELG* servatum, cod. A)

Γιζέριχος δὲ τότε Ἄσπαρά τε καὶ Βονιφάτιον μάχῃ νικήσας πρόνοιάν τε ἐπιδειξάμενος ἀφηγήσεως ἀξίαν, τὴν εὐτυχίαν ὡς μάλιστα ἐκρατύνατο. Δείσας γάρ, ἢν καὶ αὖθις ἔκ τε Ῥώμης καὶ Βυζαντίου στρατὸς ἐπ᾽αὐτοῦ ἴοι, μὴ οὐχ οἷοί τε ὦσιν οἱ Βανδίλοι *τῇ τε ῥώμῃ καὶ τῇ τύχῃ ὁμοίᾳ χρῆσθαι, ἐπεὶ τὰ ἀνθρώπεια τοῖς τε θείοις σφάλλεσθαι καὶ τοῖς σώμασι φιλεῖ ἐλασσοῦσθαι,* οὐχ οἷς εὐημέρησεν ἐπηρμένος, ἀλλ᾽οἷς ἔδεισε μέτριος γεγονώς, σπονδὰς πρὸς βασιλέα Βαλεντινιανὸν ποιεῖται ἐφ᾽ᾧ ἐς ἕκαστον ἔτος δασμοὺς ἐκ Λιβύης

---

4 ὑπώπτευσε] ὑπόπτευσε cod.: corr. Maltret. **5** ὅστις] ὥς τις cod.: corr. Maltret. **9** εἰς...ὁ suppl. Haury ex Theoph. I 104, 29 (Haury 2, p. 25) **21** ταῦτα] ταύτῃ cod.: corr. Maltret. **24** Γιζέριχος...87,4 ἀπέλαβεν] deerant in P folio interciso, suppleta sunt e cod. k. **27** βανδήλοι A **30** ἀλλ᾽οἷς] ἄλλοις A **31** βαλεντιανὸν A

βασιλεῖ φέρειν, ἕνα τε τῶν παίδων Ὀνώριχον ἐν ὁμήρου μοίρᾳ ἐπὶ ταύτῃ δὴ τῇ ὁμολογίᾳ παρέδωκε. *Γιζέριχος μὲν οὖν ἔν τε τῇ μάχῃ ἐγένετο ἀνὴρ ἀγαθὸς καὶ τὴν νίκην ὡς ἀσφαλέστατα διεφύλαξε καὶ Ὀνώριχον τὸν παῖδα τῆς φιλίας αὐτοῖς ἐπὶ μέγα χωρούσης ἀπέλαβεν.*

Frg. 58* (Proc. *bell.* III 5, 8-17; cf. Theoph. AM 5961; Nic. Call. *hist. eccl.* XV 27)

Ὕστερον δὲ Γιζέριχος ἐπενόει τοιάδε. Τῶν ἐν Λιβύῃ πόλεων, πλὴν Καρχηδόνος, τὰ τείχη καθεῖλεν, ὡς ἂν μήτε αὐτοὶ Λίβυες τὰ Ῥωμαίοι ἑλόμενοι ἔκ τε ἐχυροῦ ὁρμᾶσθαι καὶ νεωτερίζειν ἱκανοὶ εἶεν μήτε τοῖς ἐκ βασιλέως στελλομένοις *ἐν ἐλπίδι ἔσται ὡς καὶ πόλιν καταλήψονται* καὶ φρουρὰν ἐν αὐτῇ ποιησάμενοι πράγματα Βανδίλοις παρέξονται. *Τότε μὲν οὖ εὖ τε ἔδοξε βεβουλεῦσθαι καὶ τὴν εὐημερίαν Βανδίλοις ὡς ἀσφαλέστατα διασώσασθαι, χρόνῳ δὲ τῷ ὑστέρῳ, ὅτε δὴ ἀτείχιστοι οὖσαι ῥᾷόν τε καὶ ἀπονώτερον πρὸς Βελισαρίου αἱ πόλεις αὗται ἡλίσκοντο, πολύν τε γέλωτα ἤδη Γιζέριχος ὦφλε καὶ ἡ τέως δοκοῦσά οἱ εὐβουλία ἐς ἄνοιαν αὐτῷ ἀπεκρίθη. Ταῖς γὰρ δὴ τύχαις ἀεὶ τὰς δόξας ἐπὶ τοῖς πρότερον βεβουλευμένοις ξυμμεταβάλλεσθαι φιλοῦσιν ἄνθρωποι. Τῶν δὲ Λιβύων εἴ τι μὲν δόκιμον ἐτύγχανεν ὂν καὶ πλούτῳ ἀκμάζον,* αὐτοῖς ἀγροῖς τε καὶ πᾶσι χρήμασιν ἐν ἀνδραπόδων μοίρᾳ παρέδωκε τοῖς παισὶν Ὀνωρίχῳ τε καὶ Γένζωνι. *Θεόδωρος γὰρ ὁ νεώτατος ἐτελεύτα ἤδη, ἄπαις τὸ παράπαν ἄρρενός τε καὶ θήλεος γόνου. Λίβυας δὲ τοὺς ἄλλους ἀφείλετο μὲν τοὺς ἀγρούς, οἳ πλεῖστοί τε ἦσαν καὶ ἄριστοι, ἐς δὲ τὸ τῶν Βανδίλων διένειμεν ἔθνος, καὶ ἀπ᾽αὐτοῦ «κλῆροι Βανδίλων» οἱ ἀγροὶ οὗτοι ἐς τόδε καλοῦντα τοῦ χρόνου.* Τοῖς δὲ *δὴ* πάλαι κεκτημένοις *τὰ χωρία ταῦτα* πένεσθαί τε ὡς μάλιστα καὶ ἐλευθέροις εἶναι ξυνέβαινεν· *ἦν δὲ αὐτοῖς ἐν ἐξουσίᾳ καὶ ὅποι βούλοιντο ἀπαλλάσσεσθαι. Καὶ* τὰ μὲν χωρία *ξύμπαντα,* ὅσα τοῖς τε παισὶ καὶ τοῖς ἄλλοις Βανδίλοις Γιζέριχος παραδεδώκει, οὐδεμιᾶς φόρου ἀπαγωγῆς ὑποτελῆ ἐκέλευσεν εἶναι. Τῆς δὲ γῆς ὅση οἱ οὐκ ἀγαθὴ ἔδοξεν εἶναι, ἀφῆκε

1 τῶν om. A | ὀνώριχον V: ὀνόριχον A **2** παρέδωκεν A **4** ὀνώριχον V: ὀνόριχον A **7** δὲ om. O **11** παρέξωνται codd.: corr. Dind. **12** βεβουλεῦσθαι VO: βουλεύεσθαι P **14** Βελισαρίου] βελισάριον O (ac. pr. m.) **15** ἤδη om. O **17** τοῖς] τὸ O | ξυμβάλλεσθαι O **18** εὐδόκιμον O **20** ὀνωρίχω codd. **21** τὸ παράπαν om. O | ἄρσενος O **22** γόνου] γόνυ V **24** διένειμεν] διέβη μὲν O **27** ὅποι] ὅπη PO | ἀπαλλάσεσθαι P **28** Βανδίλοις...88,6 περιέστη] deerant in P folio interciso: suppleta sunt e codice k **30** ἐκέλευεν O

τοῖς πρότερον ἔχουσι, *τοσαῦτα ἐνθένδε τῷ δημοσίῳ φέρεσθαι τάξας* ὥστε *οὐδ᾽ὁτιοῦν* περιῆν τοῖς τὰ χωρία τὰ σφέτερα αὐτῶν ἔχουσιν. Ἔφευγον δὲ πολλοὶ καὶ ἐκτείνοντο. Αἰτίαι γὰρ αὐτοῖς πολλαί τε καὶ χαλεπαὶ προσεφέροντο. Πασῶν δὲ μία μεγίστη *δὴ ἐδόκει εἶναι ὅτι χρήματά τις οἰκεῖα ἔχων ἀπέκρυπτεν. Οὕτω τοὺς Λίβυας πᾶσα ἰδέα ξυμφορᾶς περιέστη.*

Frg. 59* (Proc. *bell.* I 2, **11**-**15**; partim et in ELR servatum, codd. E1CM1B1P1 (**ω**) = [Prisc.] 51* Bornm.; cf. Marcell. com. *chron. s.a.* 441; *PLRE* II Fl.Anatolius10, pp. 84/5; Suid. A 4676 sv. ἄχαρι)

[a. 441] Ἐπεὶ δὲ Θεοδόσιος μὲν ἀνήρ τε ἐγεγόνει καὶ ἡλικίας πόρρω ἀφῖκτο, Ἰσδιγέρδης δὲ νοσήσας ἐξ ἀνθρώπων ἠφάνιστο, ἐπῆλθε μὲν ἐς Ῥωμαίων τὴν γῆν Οὐαραράνης ὁ Περσῶν βασιλεὺς στρατῷ μεγάλῳ, ἔδρασε δὲ οὐδὲν ἄχαρι, ἀλλ᾽ἄπρακτος ἐπανῆλθεν εἰς τὰ οἰκεῖα τρόπῳ τοιῷδε.

Ἀνατόλιον, τὸν τῆς ἕω στρατηγόν, *Θεοδόσιος* βασιλεὺς πρεσβευτὴν ἐς Πέρσας μόνον αὐτὸν ἐτύγχανε πέμψας· ὅς, ἐπειδὴ ἄγχιστα ἐγεγόνει τοῦ Μήδων στρατοῦ, ἀποθρώσκει μὲν τοῦ ἵππου μόνος, πεζῇ δὲ βαδίζων ἐπὶ Οὐαραράνην ᾔει. Καὶ αὐτὸν Οὐαραράνης ἰδὼν τῶν παρόντων ἀνεπυνθάνετο ὅστις ποτὲ ὁ προσιὼν εἴη. Οἱ δὲ τῶν Ῥωμαίων εἶναι στρατηγὸν ἔφασαν. Καταπλαγεὶς οὖν τῷ ὑπερβάλλοντι τῆς τιμῆς, ὁ βασιλεὺς αὐτὸς στρέψας τὸν ἵππον ὀπίσω ἀπήλαυνε καὶ οἱ ἅπας ὁ τῶν Περσῶν λεὼς εἵπετο. Γενόμενος δὲ ἐν γῇ τῇ οἰκείᾳ τόν τε πρεσβευτὴν ξὺν φιλοφροσύνῃ πολλῇ εἶδε καὶ τὴν εἰρήνην ξυνεχώρησεν οὕτως, ὥσπερ Ἀνατόλιος αὐτοῦ ἔχρῃζεν, ἐφ᾽ᾧ μέντοι μηδέτεροι ἐν χωρίῳ οἰκείῳ ἐν γειτόνων τοῖς τῶν ἑτέρων ὁρίοις

---

2 οὐδοτιοῦν codd. **11** ἐπῆλθε...89,2 ἔπρασσον] ὅτι οὐαραράνης ὁ περσῶν βασιλεὺς ἐπῆλθεν ἐς ῥωμαίων γῆν οὐδὲν δὲ ἔδρασεν ἄχαρι ἀλλ᾽ἐπανῆλθεν ἐς τὰ οἰκεῖα· ἀνατόλιον γὰρ τὸν κτλ. **ω** (ELR codd., v. supra, quorum Haury solum M1 contulit) **13** ἐς G **15** ἕω] ἑώας M1P1 **16** μόνον] οὐ μόνον V ἐπειδὴ G **ω**: ἐπεὶ VP **18** οὐααράνον M1P1 | ᾔει] ἦν G: εἴη P: εἰσῄει M1P1 **19** τῶν[2]] τὸν VP **20** στρατηγὸν εἶναι **ω** **21** αὐτὸς] οὕτω VP: οὗτος G **22** ἀπέλαυνεν V | ἐν...23 οἰκείᾳ] ἐν τῆ οἰκεία γῆ P (ac. in l.) **23** τε om. G εἶδεν E1M1P1 **24** αὐτοῦ] πρὸς αὐτοῦ VP: αὐτῆς G **25** μηδ᾽ἕτεροι P ἐγγειτόνων G

ὄντι ὀχύρωμα νεώτερόν τι ἐργάζονται. Οὗ δὴ αὐτοῖς ἐξειργασμένου ἑκάτεροι τὰ οἰκεῖα ὅπη ἐβούλοντο ἔπρασσον.

Frg. 60* (Joh. Malal. *chron.* XIV 16 pp. 281/2 Thurn, pp. 361/2 Dind. = [Prisc.] frg. 8 Blockl.; cf. supra, Prisc. Exc. 3a, part. II, *Chron. Pasch.* p. 588 Dind.; cf. etiam Theoph. *chron.* AM 5937 p. 97 de B.; Suid. Θ 145, K 2776; Nic. Call. *hist.eccl.* XIV 57)

a.443 *Ὁ δὲ αὐτὸς βασιλεὺς προεβάλετο ἔπαρχον πραιτωρίων καὶ ἔπαρχον πόλεως τὸν πατρίκιον Κῦρον, τὸν φιλόσοφον, ἄνδρα σοφώτατον ἐν πᾶσι, καὶ ἦρξεν ἔχων τὰς δύο ἀρχὰς ἔτη τέσσαρα, προϊὼν εἰς τὴν καροῦχαν τοῦ ἐπάρχου τῆς πόλεως καὶ φροντίζων τῶν κτισμάτων καὶ ἀνανεώσας πᾶσαν Κωνσταντινούπολιν· ἦν γὰρ καθαριώτατος. Περὶ οὗ ἔκραξαν οἱ Βυζάντιοι εἰς τὸ ἱππικὸν πᾶσαν τὴν ἡμέραν θεωροῦντος Θεοδοσίου ταῦτα, Κωνσταντῖνος ἔκτισε, Κῦρος ἀνενέωσεν· αὐτὸν ἐπὶ τόπον, Αὔγουστε. Κῦρος δὲ ἐκπλαγεὶς ἀπεφθέγξατο, Οὐκ ἀρέσκει μοι τύχη πολλὰ γελῶσα. Καὶ ἐχόλεσεν ὁ βασιλεύς, ὅτι ἔκραξαν περὶ Κύρου καὶ μετὰ Κωνσταντίνου αὐτὸν ἔκραξαν, ὡς ἀνανεώσαντα τὴν πόλιν· καὶ κατεσκευάσθη λοιπὸν καὶ ἐπλάκη ὡς Ἕλλην ὁ αὐτὸς Κῦρος, καὶ ἐδημεύθη παυθεὶς τῆς ἀρχῆς. Καὶ προφυγὼν ἐγένετο καὶ αὐτὸς παπᾶς καὶ ἐπέμφθη εἰς τὴν Φρυγίαν, ἐπίσκοπος γενάμενος εἰς τὸ λεγόμενον Κοτυάειον.*

Frg. 61* ([Prisc.] 9,4 Blockl. = Theoph. Chron. AM 5942; cf. Nic. Call. hist.eccl. XIV 57)

a.447 *Τοῦ δὲ στόλου, ὡς προέφημεν, ἐν Σικελίᾳ ἐκδεχομένου τὴν τῶν πρεσβευτῶν Γιζερίχου ἄφιξιν καὶ τὴν τοῦ βασιλέως κέλευσιν, ἐν τῷ μεταξὺ Ἀττίλας, ὁ Μουνδίου παῖς, Σκύθης, γενόμενος ἀνδρεῖος καὶ ὑπερήφανος, ἀποβαλὼν Βδελλὰν* [**a.445**], *τὸν πρεσβύτερον ἀδελφόν, καὶ μόνος ἄρχων τὸ τῶν Σκυθῶν βασίλειον, οὓς καὶ Οὔννους καλοῦσιν, κατατρέχει τὴν Θρᾴκην. Δι᾽ὃν μάλιστα Θεοδόσιος σπένδεται ⟨πρὸς⟩ Γιζέριχον καὶ ἐπανάγει τὸν στόλον ἐκ Σικελίας.*

---

1 ὀχύρωμα...ἐργάζονται] ἐργάζονται ὀχύρωμα νεώτερόν τι ω: ἐργάζωνται V | ἐξειργασμένοις V **2** ὅπη] ὅποι V | ἐβούλοντο] βούλοιντο ω **14** αὐτὸν... Αὔγουστε] om. Chron. Pasch. Theoph. Leo Gramm. Suid.: secl. Chilm.; cf. Blockl. p. 381, adn. 17. **15** ἀρέσκει] ἀρέσκεις O: corr. Chilm. **18** post Κῦρος add. πατρίκιος Sl **20** Φρυγίαν O: om. Theod. Scut.: Ἀσίαν Sl Chron. Pasch. Theoph. Ioann. Nic. LXXXIV 53 | Κοτυάειον O Suid. Theod. Scut.: Σμύρναν Sl Chron. Pasch. Theoph. Leo Gramm. Cedr. Ioann. Nic.; cf. Grégoire 1923, pp. 154/8; Cameron 1982, p. 225. **23** στόλου b: λαοῦ xyz **29** πρὸς suppl. de B.

Ἀποστέλλει δὲ τὸν Ἄσπαρα σὺν τῇ ὑπ᾽αὐτὸν δυνάμει καὶ Ἀρεόβινδον καὶ Ἀργαγίσκλον ἐπὶ τὸν Ἀττίλαν Ῥατιαρίαν ἤδη καὶ Νάϊσον καὶ Φιλιππούπολιν καὶ Ἀρκαδιούπολιν καὶ Κωνσταντίαν καὶ ἕτερα πλεῖστα πολίσματα καταστρεψάμενον καὶ σὺν αἰχμαλώτοις πολλοῖς ὑπέρογκον συμφορήσαντα λείαν. Τῶν οὖν στρατηγῶν ἐλαττωθέντων *σφόδρα ταῖς μάχαις,* προῆλθεν Ἀττίλας καὶ μέχρι θαλάσσης ἑκατέρας, τῆς τε τοῦ Πόντου καὶ τῆς πρὸς Καλλιπόλει καὶ Σηστῷ κεχυμένης, πᾶσαν πόλιν καὶ φρούρια δουλούμενος πλὴν Ἀδριανουπόλεως καὶ Ἡρακλείας, τῆς ποτε Πειρίνθου κληθείσης, ὥστε καὶ εἰς τὸν Ἀθύραν αὐτὸν φρούριον ἐλθεῖν. *Ἀναγκάζεται οὖν Θεοδόσιος πρεσβεύσασθαι πρὸς Ἀττίλαν καὶ ἑξακισχιλίας χρυσίου λιτρῶν ἐτήσιον φόρον αὐτῷ ἠρεμοῦντι προσομολογῆσαι τελεῖν.*

Frg. 62* (Joh. Ant. frg. 292 Roberto, 199 Müll. = Prisc. frgg. **16-17** Blockl.; v. supra, Excc. **14**; **15-16**; cf. Suid. O 404, Ὀνωρία; Jord. *Get.* 223-4; *Rom.* 328; Theoph. *chron.* AM 5943)

a.449/450 *Ὅτι Θεοδόσιος ὁ νέος* πρὸς τὸν Ζήνωνα ἐχαλέπαινεν. Ἐδεδίει γὰρ μήποτε καὶ τυραννίδι ἐπίθηται, *ἀκινδύνου αὐτῷ γενέσθαι ⟨μελλούσης⟩ τῆς ἁρπαγῆς, ὅπερ ἔτι μάλιστα ἐξετάραττεν αὐτόν. Καὶ* πᾶσι τοῖς ἁμαρτήμασι ῥᾳδίως νέμων συγγνώμην, χαλεπός τε καὶ ἀμετάτρεπτος ἦν οὐ μόνον κατὰ τὴν τυραννίδα μελετησάντων, ἀλλὰ καὶ τῶν βασιλείας ἀξίων νομισθέντων, *καί σφας ἐκποδῶν ποιεῖν* διὰ παντὸς ἐχώρει τρόπου. Καὶ πρὸς τοῖς εἰρημένοις *προσώποις* καὶ Βαύδωνα καὶ Δανίηλον, ὡς τυραννίδι ἐπιθεμένους, ἐξέβαλεν. Ἀπὸ τῆς αὐτῆς τοίνυν προαιρέσεως καὶ τὸν Ζήνωνα ἀμύνασθαι ἐσπουδακώς, τῆς προτέρας εἴχετο βουλῆς, ὥστε διαβῆναι μὲν τὸν Μαξιμῖνον εἰς τὴν Ἰσαυρόπολιν καὶ τὰ ἐκεῖ χωρία προκαταλαβεῖν, στεῖλαι δὲ διὰ θαλάσσης ἐπὶ τὴν ἕω δύναμιν τὴν τὸν Ζήνωνα παραστησομένην· καὶ τῶν αὐτῷ δεδογμένων οὐκ ἀφίστατο· *μείζονος δὲ αὐτὸν ἐκταράξαντος φόβου,* τὴν παρασκευὴν *ἀνεβάλετο.*

Ἧκε γάρ τις ἀγγέλλων, τὸν Ἀττήλαν τοῖς κατὰ τὴν Ῥώμην ἐπιθέσθαι βασιλείοις, Ὀνωρίας τῆς Βαλεντινιανοῦ ἀδελφῆς ἐς ἐπικουρίαν

---

5 τῶν οὖν στρατηγῶν b: τῶν συστρατηγῶν xz **6** προσῆλθεν y **12** προσωμολόγησε cg **18** γενέσθαι...ἁρπαγῆς] μελλούσης suppl. Müll. Roberto: γενομένης τῆς ἁρπαγῆς coniec. Blockl. | μελλούσης **23** Βαύδωνα] βάνδωνα PS: corr. Müll. **32** ὀνωριάδος PS: corr. Müll.

ἐπικαλεσαμένης αὐτόν. Ἡ γὰρ Ὀνωρία, τῶν βασιλικῶν καὶ αὐτὴ ἐχομένη σκήπτρων, Εὐγενίῳ τινί, τὴν ἐπιμέλειαν τῶν αὐτῆς ἔχοντι πραγμάτων, ἥλω ἐς λαθραῖον ἐρχομένη λέχος, καὶ ἐπὶ τῷ ἁμαρτήματι ἀνῃρέθη μὲν ἐκεῖνος, ἡ δέ, τῶν βασιλείων ἐλαθεῖσα, Ἐρκουλάνῳ κατεγγυᾶται, ἀνδρὶ ὑπατικῷ καὶ τρόπων εὖ ἔχοντι, ὡς μήτε πρὸς βασιλείαν μήτε πρὸς νεωτερισμὸν ὑποτοπεῖσθαι. Ἐν συμφορᾷ δὲ καὶ ἀνίᾳ δεινῇ τὸ πρᾶγμα ποιουμένη, παρὰ τὸν Ἀττήλαν Ὑάκινθον εὐνοῦχον ἐκπέμπει τινά, ὥστε ἐπὶ χρήμασιν αὐτῇ τιμωρήσει τῷ γάμῳ· *ἐπὶ δὲ τούτοις* καὶ δακτύλιον ἔπεμψε *πιστουμένη τὸν βάρβαρον. Καὶ ὁ μὲν παρεσκεύαζεν ἑαυτὸν χωρεῖν κατὰ τῆς τῶν ἑσπερίων βασιλείας, ἐβουλεύετο δὲ ὅπως τὸν Ἀέτιον προκαταλάβοι·* μὴ γὰρ ἄλλως τεύξεσθαι τῆς ἐλπίδος, εἰ μή γε ἐκεῖνον ποιήσοιτο ἐκποδῶν.

Ταῦτα τοίνυν Θεοδόσιος μεμαθηκὼς ἐπιστέλλει τῷ Βαλεντινιανῷ τὴν Ὀνωρίαν ἐκπέμπειν τῷ Ἀττήλα. Καὶ ὁ μὲν συλλαβὼν τὸν Ὑάκινθον ἅπαντα *διηρεύνησε καὶ* μετὰ πολλοὺς τοῦ σώματος αἰκισμοὺς τῆς κεφαλῆς ἀποτμηθῆναι ἐκέλευσεν. Ὀνωρίαν δὲ τὴν ἀδελφὴν Βαλεντινιανὸς τῇ μητρὶ δῶρον ἔδωκε πολλὰ αἰτησαμένῃ αὐτήν. Οὕτω μὲν οὖν Ὀνωρία τότε τῆς ⟨δίκης⟩ ἀπελύετο.

Frg. 63* (Evagrius *hist.eccl.* II **1** = Prisc. frg. 18 Blockl.; cf. Nic. Call. *hist. eccl.* XV **1**)

Μαρκιανὸς τοίνυν, ὡς ἄλλοις τε πολλοῖς καὶ μὴν καὶ Πρίσκῳ ἱστόρηται τῷ ῥήτορι, ἦν μὲν Θρᾷξ γένος, ἀνδρὸς στρατιωτικοῦ παῖς· ὅς γε τῆς τοῦ πατρὸς βιοτῆς μεταλαχεῖν ἐπειγόμενος πρὸς τὴν Φιλιππούπολιν τὰς ὁρμὰς ἔσχεν, ἔνθα καὶ στρατιωτικοῖς ἐδύνατο συντετάχθαι τάγμασιν. Ἀνὰ δὲ τὴν ὁδὸν τεθέαται νεοσφαγὲς σῶμα ἐπὶ γῆς ἐρριμμένον· ᾧ παρεστώς, ἦν γὰρ τά τε ἄλλα πανάριστος καὶ ἐς τὰ μάλιστα φιλανθρωπότατος, ᾤκτειρε τὸ γεγονὸς καὶ ἐπὶ πολὺ τὴν πορείαν ἐπεῖχε, τῶν εἰκότων μεταδοῦναι βουλόμενος. *Ἐπειδὴ δέ τινες τοῦτο τεθέανται,* ταῖς ἐν τῇ Φιλιππουπόλει προσήγγελλον ἀρχαῖς· αἳ τὸν Μαρκιανὸν παραλαβοῦσαι τὰ περὶ τῆς μιαιφονίας

---

1 αὐτὴ] αὐτῇ S: αὔτη P: corr. Müll., cf. Suid. **3** λαθραῖον] λάθριον Suid. **4** ἐλαθεῖσα] ἐξηλάθη Suid. **11** ἐβουλεύετο] ἐβούλετο PS: corr. Müll. **15** διηρεύνησε] διηνεύνησε PS: corr. Müll. **17** ἔδωκε P: ἔδω S | αἰτησαμένην PS: corr. Müll. **18** ὀνωρία τότε S (pc. alia m.): ὀνωρατοτε S(ac.) | δίκης scripsi: <κολάσεως> suppl. Bury 1919, p. 12 et Roberto **22** γένος] τὸ γένος V **27** ἐπὶ πολὺ] μικρόν τι Nic. Call. **29** προσήγγελλον] προήγγελλον B

ἀνηρώτων. Καὶ δὴ τῶν στοχασμῶν καὶ τῶν εἰκότων πλέον τῆς ἀληθείας καὶ τῆς γλώσσης ἐσχηκότων, τὸν φόνον τε τἀνδρὸς ἀναινομένου καὶ μιαιφόνου τε ποινὰς μέλλοντος ἀποτίσειν, θεία τις ἐξαπίνης ῥοπὴ τὸν μιαιφόνον παραδίδωσιν· ὃς τὴν κεφαλὴν ἀποθέμενος ποινὴν τοῦ δράματος τὴν κεφαλὴν τῷ Μαρκιανῷ χαρίζεται. Οὕτω παραδόξως σωθεὶς ἔν τινι τῶν αὐτόθι στρατιωτικῶν τελῶν ἀφικνεῖται, ἐν αὐτῷ παραγγέλλειν βουλόμενος. Οἳ τὸν ἄνδρα θαυμάσαντες μέγαν τε ἔσεσθαι καὶ ἀξιολογώτατον εἰκότως τεκμηράμενοι ἥδιστα προσδέχονται, καὶ σφίσιν αὐτοῖς ἐγκαταλέγουσιν, οὔτι ἔσχατον, ὡς ὁ στρατιωτικὸς ἐθέλει νόμος, ἐς δέ τινα βαθμὸν ἄρτι τετελευτηκότος ἀνδρός (Αὔγουστος ὄνομα τούτῳ), Μαρκιανὸν τὸν καὶ Αὔγουστον ἐς τὴν παραγγελίαν ἐγγράψαντες, ὡς φθάσαι τοὔνομα τὴν προσηγορίαν τῶν ἡμετέρων βασιλέων, τὸ καλεῖσθαι Αὔγουστοι μετὰ τῆς ἁλουργίδος περιβαλλομένων· ὥσπερ οὐκ ἀνασχομένου τοῦ ὀνόματος ἐπ᾽αὐτῷ χωρὶς τῆς ἀξίας μεῖναι, μηδ᾽αὖ πάλιν τῆς ἀξίας ἕτερον ὄνομα ζητησάσης εἰς σεμνολόγημα, ὥστε κύριον καὶ προσηγορικὸν τὸ αὐτὸ καθεστάναι, διὰ μιᾶς κλήσεως τῆς τε ἀξιώσεως τῆς τε προσηγορίας σημαινομένων.

Frg. 64* (*Chron. Pasch.* p. 587 Dind. = Prisc. frg. **21**, **1**, **1**-**15** Blockl., qui id Eustathio Epiph. tribuit, p. 39**1**, adn. **111**; cf. Joh. Malal. *chron.* pp. 278/9 Thurn, 358/9 Dind.)

Ἐπὶ τῆς βασιλείας Θεοδοσίου καὶ Οὐαλεντινιανοῦ Αὐγούστων ἐπεστράτευσεν κατὰ Ῥώμης καὶ Κωνσταντινουπόλεως Ἀττίλας ὁ ἐκ τοῦ γένους τῶν Γηπέδων Οὔννων, ἔχων πλῆθος μυριάδων πολλῶν. *Καὶ ἐδήλωσεν, διὰ Γότθου ἑνὸς πρεσβευτοῦ Οὐαλεντινιανῷ βασιλεῖ Ῥώμης· «Ἐκέλευσέ σοι δι᾽ἐμοῦ ὁ δεσπότης μου καὶ δεσπότης σου Ἀττίλας ἵνα εὐτρεπίσῃς αὐτῷ παλάτιον». Ὁμοίως δὲ καὶ Θεοδοσίῳ βασιλεῖ τὰ αὐτὰ ἐν Κωνσταντινουπόλει ἐδήλωσεν δι᾽ἑνὸς Γότθου πρεσβευτοῦ. Καὶ ἀκηκοὼς Ἀέτιος, ὁ πρῶτος συγκλητικὸς Ῥώμης, τὴν ὑπρβάλλουσαν τόλμαν τῆς ἀπονενοημένης ἀποκρίσεως Ἀττίλα, ἀπῆλθε πρὸς Ἀλλάριχον εἰς τὰς Γαλλίας, ὄντα ἐχθρὸν Ῥώμης διὰ Ὀνώριον, καὶ προετρέψατο αὐτὸν ἅμα αὐτῷ κατὰ Ἀττίλα, ἐπειδὴ ἀπώλεσεν πόλεις πολλὰς τῆς Ῥώμης. Καὶ ἐξαίφνης ἐπιρρίψαντες αὐτῷ, ὡς ἔστιν ἡπληκευμένος πλησίον τοῦ Δανουβίου ποταμοῦ, ἔκοψαν αὐτοῦ χιλιάδας πολλάς· εἰς δὲ τὴν συμβολὴν ὁ Ἀλλάριχος*

---

12 τὸν καὶ] ὡς Bidez **27** παλάτιον P: παλάτην V

πληγὴν λαβὼν ἀπὸ σαγίττας τελευτᾷ. [inde sequitur exc. 3a Müll., cf. supra locos similes ad Prisci exc. 23]

Frg. 65* (Theoph. *chron.* AM 5943 = [Prisc.] frg. 21,2 Blockl.)

a.451 *Ὁ δὲ Ἀττίλας ἐπανίσταται τοῖς βασιλεῦσι * * * Ῥώμης Οὐαλεντινιανῷ, διότι οὐκ ἔδωκεν αὐτῷ εἰς γυναῖκα τὴν οἰκείαν ἀδελφὴν Ὀνωρίαν· καὶ ἐλθὼν μέχρι πόλεως Αὐρηλίας, συμπλακεὶς Ἀετίῳ, τῷ στρατηγῷ Ῥωμαίων, καὶ ἡττηθείς, πλείστους ἀποβαλὼν τῆς δυνάμεως παρὰ Λίγυν ποταμὸν ὑπέστρεψε κατῃσχυμμένος.*

Frg. 66a* (Jord. *Get.* 219-220 = Prisc. frg. 22,**1**, **1**-23 Blockl.; cf. Procop., infra **Frg. 66b***)

Attila vero, nancta occasione de recessu Vesegotharum et, quod saepe optaverat, cernens hostium solutionem per partes, mox iam securus ad oppressionem Romanorum movit procinctum; primaque adgressione Aquileiensem obsidet civitatem, quae est metropolis Venetiarum in mucrone vel lingua Adriatici posita sinus, cuius ab oriente muros Natissa amnis, fluens a monte Piccis, elambit. Ibique cum diu multumque obsidens nihil penitus praevaleret, fortissimis intrinsecus Romanorum militibus resistentibus, exercitu iam murmurante et discedere cupiente, Attila deambulans circa muros, dum utrum solveret castra an adhuc remoraretur deliberat, animadvertit candidas aves, id est ciconias, quae in fastigio domorum nidificant, de civitate fetus suos trahere, atque contra morem per rura forinsecus comportare. Et ut erat sagacissimus inquisitor, praesensit et ad suos: «Respicite», inquit, «aves, futurarum rerum providas, perituram relinquere civitatem casurasque arces periculo imminente deserere. Non hoc vacuum, non hoc credatur incertum; rerum praesciis consuetudinem mutat venturorum formido». *Quid plura? Animos suorum rursus ad oppugnandam Aquileiam inflammat.* Qui

---

4 βασιλεῦσι] post lacunam <τῷ βασιλεῖ> suppl. Blockl. **5** οἰκείαν] ἰδίαν xyz **6** συμπλακεὶς] καὶ συμπλακεὶς xyz **11** nancta] nacta **XLB** | de recessu **b**: de secessu **aA**Mo.: discessu **c** **12** solutionem **VLbA**: solutione **PH**Mo.: dissolutionem **c** **14** obsidet **a**: obsedit **c**^{1}**QTBA**: obsedet **N** | ciuitatem] urbem **A** **15** atriatici **PHO**Mo. | muros **bA**: murus *rell.* Mo. **16** multumque] multoque tempore **B**Fou.: multoque **O** **20** moraretur **b**Fou: remoretur **A** | deliberaret **A** | quae] qui **a**^{2}**V**^{1}**O**Mo. **21** fastigio **cB**: fastigiis **A**: fastigia **a**^{1}**O**Mo.: fastidia **L** | fetus] foetos **V**^{1}**PH**Mo. **23** praesensit] persensit **B**Fou.: praesentit **L** **25** rerum *ci. Giunta Grillone*: rebus *codd. edd. rell.* **26** venturorum *ci. Giunta Grillone*: ventura *codd. edd. rell.* **27** Animos...inflammat] animus ... inflammatur **b**Fou.

machinis constructis omnibusque generibus tormentorum adhibitis, nec mora invadunt civitatem, spoliant, dividunt vastantque crudeliter, ita ut vix eius vestigia ut apparerent reliquerunt.

Exhinc iam audaciores et necdum Romanorum sanguine satiati, per reliquas Venetum civitates Hunni bacchantur.

Frg. 66b* (Proc. *bell.* III 4, 29-35 = Prisc. frg. 22, 2 Blockl.; cf. supra, frg. 66* Jord.; Marc. com. chron. ad a. 452)

(29) *Ἀετίου γοῦν τελευτήσαντος Ἀττίλας, οὐδενός οἱ ἀντιπάλου ὄντος, Εὐρώπην τε ξύμπασαν πόνῳ οὐδενὶ ἐληίζετο καὶ βασιλείαν ἑκατέραν* ἐπακούουσαν ἐς φόρου ἀπαγωγὴν ἔσχε. *Δασμοὶ γὰρ αὐτῷ πρὸς τῶν βασιλέων ἐπέμποντο ἀνὰ πᾶν ἔτος.* (30) Τότε τῷ Ἀττίλᾳ πόλιν Ἀκυληίαν πολιορκοῦντι μεγάλην τε καὶ ἀτεχνῶς πολυάνθρωπον, παραλίαν μὲν, ἐκτὸς δὲ κόλπου τοῦ Ἰονίου οὖσαν, τοιόνδε φασὶν εὐτύχημα ξυνενεχθῆναι. (31) Λέγουσι γὰρ αὐτόν, ἐπειδὴ οὔτε βίᾳ οὔτε τῷ ἄλλῳ τρόπῳ οἷός τε ἦν τὸ χωρίον ἑλεῖν, *πρός τε τὴν προσεδρείαν ἀπειπεῖν, ἤδη ἐπὶ μακρότατον γεγενημένην,* καὶ ἅπαν κελεῦσαι τὸ στράτευμα τὰ ἐς τὴν ἀναχώρησιν ἐν παρασκευῇ αὐτίκα δὴ μάλα ποιήσασθαι, ὅπως δὴ τῇ ὑστεραίᾳ ἐνθένδε ἅπαντες ἐξανιστῶνται ἅμα ἡλίῳ ἀνίσχοντι.

(32) Ἡμέρᾳ δὲ τῇ ἐπιγινομένῃ, ἀμφὶ ἡλίου ἀνατολάς, λύσαντας μὲν *τὴν προσεδρείαν* τοὺς βαρβάρους τῆς ἀφόδου ἔχεσθαι ἤδη, ἕνα δὲ πελαργὸν ἐπὶ πύργου τινὸς τοῦ τῆς πόλεως περιβόλου καλιάν τε ἔχοντα καὶ νεοττοὺς τρέφοντα ἐνθένδε *ἐκ τοῦ αἰφνιδίου* ξὺν τοῖς τέκνοις ἐξαναστῆναι. (33) Καὶ τὸν μὲν πατέρα πελαργὸν ἵπτασθαι, τοὺς δὲ πελαργιδεῖς, *ἅτε οὔπω ἐκπετησίμους παντάπασιν ὄντας,* τὰ μὲν αὐτῷ μετέχειν τῆς πτήσεως, τὰ δὲ ἐπὶ τοῦ νώτου τοῦ πατρὸς φέρεσθαι, οὕτω τε *ἀποπτάντας τῆς πόλεως ἑκαστάτω γενέσθαι.* (34) Ὃ δὴ Ἀττήλαν κατιδόντα (ἦν γὰρ δεινότατος ξυνεῖναί τε καὶ ξυμβαλεῖν ἅπαντα) κελεῦσαι τὸν στρατὸν αὖθις ἐν χώρῳ τῷ αὐτῷ μένειν, *ἐπειπόντα οὐκ ἄν ποτε εἰκῇ ἐνθένδε ἀποπτάντα ξὺν τοῖς*

---

1 omnibusque ... adhibitis] omnique genere ... adhibito **V**^{2}: omniaque genera adhibita **a**^{2}**V**^{1}Mo. | nec mora **cBA**: nec mora et *rell. Mo.* **2** ut *om.* **c** *exp.* **L.** **3** apparerent **c**: appareant **V**^{2}**B**Fou.: appareat **a**^{2}**V**^{1}**O**Mo.: apparet **A** | reliquerunt *plerique codd.*: reliquerint **A**^{2}Fou.: reliqua **Z** **4** ex hinc] et hinc **c**: *om.* **O**
12 ἀκυληΐας P **20** ἐπιγενομένῃ P **21** ἀφόδου P: ἐφόδου V **22** καλιάν P: καὶ λίαν V **23** τρέφοντα P: φέροντα V **26** τοῦ πατρὸς] τοῦ om. V **28** ξυνεῖναί V: ξυνιδεῖν P **30** ἐπειπόντι V

νεοττοῖς τὸν ὄρνιν οἴχεσθαι, εἰ μή τι ἐμαντεύετο φλαῦρον οὐκ εἰς μακρὰν τῷ χωρίῳ ξυμβήσεσθαι. (35) Οὕτω μὲν τὸ τῶν βαρβάρων στρατόπεδον αὖθις ἐς τὴν πολιορκίαν καταστῆναί φασι, τοῦ δὲ περιβόλου μοῖράν τινα οὐ πολλῷ ὕστερον ἐκείνην, ἣ τὴν τοῦ ὄρνιθος τούτου καλιὰν εἶχεν, ἀπ᾿οὐδεμιᾶς αἰτίας *ἐξαπιναίως* καταπεσεῖν καὶ τοῖς πολεμίοις ταύτῃ ἐσιτητὰ ἐς τὴν πόλιν γενέσθαι, οὕτω τε τὴν Ἀκυληίαν κατὰ κράτος ἁλῶναι. Τὰ μὲν οὖν ἀμφὶ τῇ Ἀκυληίᾳ ταύτῃ πῃ ἔσχεν.

Frg. 67* (Nic. Call. *hist. eccl.* XV 8 = [Prisc.] 28,2 Blockl.)

Σέραπις δ᾿ἐστὶν ὁ Ζεύς, ἢ ὁ Νεῖλος, ἢ Ἄπις τις ἀνὴρ ἐν Μέμφιδι πόλει, ὃς λιμοῦ γενομένου ἐκ τῶν ἰδίων Ἀλεξανδρεῦσιν ἐπήρκεσεν· ᾧ τελευτήσαντι νεὼν καὶ στήλην ἱδρύσαντο, ὅπου δὴ καὶ βοῦς ἐπίσημά τινα ἔχων διετρέφετο, εἰς σύμβολον, ὡς εἰκάσαι, τῆς γεωργίας, ὃν καὶ αὐτὸν Ἄπιν ὁμωνύμως τῷ δεσπότῃ ἐκάλουν. Τὴν δὲ σορὸν τοῦ Ἄπιδος ἐκείνου τοῦ ἀνθρώπου μεταγαγόντος εἰς τὸν ναόν, Σόραπιν ἐκάλουν αὐτοῦ τὴν στήλην, ἢ καὶ Σέραπιν μεταθέσει τῶν στοιχείων. Οὗ νεὼς πάγκαλος καὶ ἄγαλμα μέγιστόν τε καὶ φοβερώτατον ἐκ διαφόρου ὕλης ἐσκευασμένον, ὡς ἑκατέρᾳ χειρὶ ἑκατέρου τοίχου ἐφάπτεσθαι. Ἐν δὲ μέσῳ τοῦ ἀγάλματος νεὼς ἕτερος πλάνης ἦν, ᾧ καὶ ξόανον ἕτερον χαλκοῦν, οὐ μέγα δὲ ἀπῃώρητο, οὗ τῇ κεφαλῇ ἐνείραντες σίδηρον, καὶ τοῖς τῆς στέγης φατνώμασι μαγνῆτιν λίθον κατὰ κάθετον θέμενοι, εἰς ἀέρα τοῦτο μεθῆκαν μετέωρον, καὶ οὔτε γῆς οὔτε στέγης αὐτῆς ἐφαπτόμενον.

Frg. 68* (Jord. *Get.* 259-263 = [Prisc.] 25 Blockl.)

Talibus peractis, *ut solent animi iuvenum ambitu potentiae concitari*, inter successores Attilae de regno orta contentio est; et dum inconsulti imperare cupiunt cuncti, omnes simul imperium perdiderunt. *Sic frequenter regna gravat copia quam inopia successorum.* Nam filii Attilae, *quorum per licentiam libidinis pene populus fuit*, gentes sibi dividi aequa sorte poscebant, ut, ad instar familiae, bellicosi reges cum populis mitterentur in sortem. Quod ut Gepidarum rex comperit Ardaricus, *indignatus de tot gentibus velut vilissimorum mancipiorum condicione tractari*, contra filios Attilae primus insurgit, *illatumque*

6 τὴν^{2} om. V **7** Τὰ...8 ἔσχεν om. P. **26** inconsulte **A** **27** omne **c** **28** frequencius **A** | copia] plus copia **B**Fou. **30** aequa] etiam **c**

serviendi pudorem secuta felicitate detersit, nec solum suam gentem, sed et ceteras quae pariter premebantur, sua discessione absolvit, *quia facile omnes adpetunt quod pro cunctorum utilitate temptatur.*

In mutuum igitur armantur exitium, bellumque committitur in Pannonia, iuxta flumen cui nomen est Nedao. Illic concursus factus est gentium variarum, quas Attila in sua tenuerat dicione. Dividuntur regna cum populis, fiuntque ex uno corpore membra diversa, *nec quae unius passioni compaterentur, sed quae exciso capite invicem insanirent; quae numquam contra se pares invenirent, nisi ipsae mutuis se vulneribus sauciantes ipsas discerperent fortissimae nationes. Nam ibi admirandum reor fuisse spectaculum, ubi cernere erat contis pugnantem Gothum, ense furentem Gepidam, in vulnere suo Rugum tela frangentem, Suavum lapide, Hunnum sagitta praesumere, Alanum gravi, Herulum levi armatura aciem struere.*

Post multos ergo gravesque conflictus, favet Gepidis inopinata victoria: nam XXX fere milia tam Hunnorum quam aliarum gentium, quae Hunnis ferebant auxilium, *Ardarici gladius conspiratioque peremit.* In quo proelio filius Attilae maior natu, nomine Ellac, occiditur, *quem tantum parens super ceteros amasse perhibebatur, ut eum cunctis diversisque liberis suis in regno praeferret; sed non fuit voto patris fortuna consentiens.* Nam post multas hostium caedes sic viriliter eum constat peremptum, ut tam gloriosum superstes pater optasset interitum. Reliqui vero germani eius, eo occiso fugantur iuxta litus Pontici maris, ubi prius Gothos sedisse descripsimus. Cesserunt itaque Hunni, quibus cedere putabatur universitas: *adeo discidium perniciosa res est, ut divisi corruerent qui adunatis viribus territabant. Haec causa Ardarici, regis Gepidarum, felix affluit diversis nationibus, quae Hunnorum regimini*

---

1 pudore **PHb**Mo. | solum suam] suam solum **A**: solam suam **B** **2** quae] qui **a**Mo. | quia] quam **b** (quam ... temptatur! *cf. 157,4*) **7** nec] non **A** **8** invicem] in invicem **a**^{1}Mo. **9** ipsae] ipse **PLA** *Giunta Grillone*: ipsi *rell. codd. edd.* | se^2 *om.* **c** **10** ipsas **cB**: ipsos *rell. codd. Mo.* **11** *deficit* **L** *in* pugnantem **12** Gepida **aO**Mo. **13** lapide Haupt. p. 55 *Giunta Grillone*: pede **aB** *edd. rell.*: pedem **cAO** sagittam **c** **14** struere **V**^{2}**A**: instruere **B**Fou.: strui **a**^{2}**V**^{1}**c**Mo.: instrui **O** **15** conflictos **a**^{2}**V**^{1} **17** conspiratioque **V**^{2}**c**: conspiratorumque **b**Fou.: conspiratoque **a**^{2}**V**^{1}**A** **20** liberis] filiis **b**Fou. | voto **V**^{2}**cb**: votis **A**: vota **a**^{2}**V**^{1}Mo. *Kahlén* p. 69 **22** superstes **cB**: superstis **O**Mo.: suprestis **a**: superstitem **A** **26** corruerint **b**Fou. **27** quae...97,**1** invitae] **cA** *Giunta Grillone*: qui... inviti *rell. codd. edd.*

invitae famulabantur, eorumque diu maestissimos animos ad hilaritatem libertatis votivae erexit; venientesque multi per legatos suos ad solum Romanum et a principe tunc Marciano gratissime suscepti, distributas sedes quas incolerent acceperunt.

Frg. 69* (Joh. Ant. frg. 293.**1**, pp. 492/4 Roberto, frg. **201** Müll. = [Prisc.] 30,**1** Blockl.; cfr. Theoph. *Chron.* AM 5946; Jord. *Rom.* 334 [v. infra])

dec.454 *Ὅτι τὰ τῶν ἑσπερίων Ῥωμαίων ἐν ταραχῇ ἦν.* Μάξιμός τις, ἀνὴρ εὐγενὴς καὶ δυνατὸς *καὶ* δεύτερον *ὑπατεύσας*, Ἀετίῳ *τῷ στρατηγῷ τῶν κατὰ τὴν Ἰταλίαν ταγμάτων* δυσμενὴς ὤν, ὡς ἔγνω καὶ τὸν Ἡράκλειον (εὐνοῦχος δὲ οὗτος καὶ τὴν μεγίστην παρὰ τῷ βασιλεύοντι ἔχων ῥοπήν), τῆς αὐτῆς τῷ Ἀετίῳ ἔχθιστον ὄντα προαιρέσεως (ἄμφω γὰρ τῆς ἐκείνου τὴν σφετέραν ἐπειρῶντο ἀντεισάγειν δύναμιν), ἐς συνωμοσίαν ἔρχεται· καὶ πείθουσι τὸν βασιλέα ὡς, εἰ μὴ φθάσοι τὸν Ἀέτιον ἀνελεῖν ταχέως, ὑπ᾿αὐτοῦ φθαρήσεται.

Ὁ δὲ Βαλεντινιανός, *ἐπειδὴ αὐτῷ ἐχρῆν γενέσθαι κακῶς, τὸ τεῖχος τῆς ἑαυτοῦ ἀρχῆς καταλύοντι*, προσίετό τε τοὺς λόγους Μαξίμου τε καὶ Ἡρακλείου *καὶ διαρτύει* τῷ ἀνδρὶ τὸν θάνατον, ὅτε δὴ ὁ Ἀέτιος ἐν τοῖς βασιλείοις ἐγίνετο κοινωνεῖν τῷ κρατοῦντι μέλλων ἐπὶ τοῖς βουλεύμασιν, καὶ προνοίας χρυσίον εἰσάγειν πειρώμενος. Ὡς δὲ τὰ περὶ τῶν πόρων Ἀέτιος προύθηκε καὶ ἀναλογισμὸν ἐποιεῖτο τῶν ἐκ τῆς εἰσφορᾶς ἀθροισθέντων χρημάτων, *ἀθρόον* ὁ Βαλεντινιανὸς ἀνακραγὼν ἀνέθορέ τε τοῦ θάκου καὶ οὐκέτι ἔφη οἴσειν τοσαύταις *ἐμπαροινούμενος μοχθηρίαις*· ἐπ᾿αὐτὸν γὰρ φέροντα τὴν κακῶν αἰτίαν παρελέσθαι αὐτόν, ὥσπερ τῆς ἑῴας βασιλείας, καὶ τοῦ τῆς ἑσπέρας βούλεσθαι κράτους, παραδηλῶν ὡς δι᾿ἐκεῖνον οὐκ ᾔει τὸν Μαρκιανὸν ἐκβαλὼν τῆς ἀρχῆς. Τὸ δὲ παράδοξον τῆς ὀργῆς ὡς ἀπεθαύμαζεν ὁ Ἀέτιος καὶ ἐπειρᾶτο τῆς ἀλόγου κινήσεως ἀπαγαγεῖν αὐτόν, σπασάμενος ὁ Βαλεντινιανὸς *τοῦ κολεοῦ* τὸ ξίφος *σὺν τῷ Ἡρακλείῳ ὥρμησεν, ἤδη καὶ αὐτοῦ τὴν κοπίδα εὐτρεπῆ ὑπὸ τὴν*

---

2 votivae **c** *Giunta Grillone*: votivam *rell. codd. edd.* **17** βαλεντιανὸς PS **18** τε[1]] δὲ PS: corr. Müll. **21** χρυσίον] χρυσίου PS: corr. Müll. **27** ὡς...28 ἐκβαλὼν om. P | οὐκ ᾔει de B.: incertum sitne οἰκείει an οἰκίει in S **29** κινήσεως...30 Βαλεντινιανὸς om. P **31** αὐτοῦ PS: αὐτῷ Müll.

χλαμύδα φέροντος· πριμικήριος γὰρ τῶν κοιτώνων ἦν. Καὶ ἄμφω κατὰ τοῦ Ἀετίου κεφαλῆς συνεχεῖς ἐπενεγκόντες πληγὰς ἀνεῖλον αὐτόν, πολλὰ ἀνδρὸς ἔργα διαπραξάμενον *πρός τε ἐμφυλίους καὶ ὀθνείους πολέμους.* Τὴν μὲν γὰρ Πλακιδίαν, *ἥτις τοῦ Βαλεντινιανοῦ μήτηρ ἦν, καὶ τὸν παῖδα νέον ὄντα ἐπετρόπευσε* διὰ τῆς τῶν βαρβάρων συμμαχίας, τὸν δὲ Βονιφάτιον σὺν πολλῇ διαβάντα χειρὶ ἀπὸ τῆς Λιβύης κατεστρατήγησεν, ὥστε ἐκεῖνον μὲν ὑπὸ φροντίδων νόσῳ τελευτῆσαι, αὐτὸν δὲ τῆς αὐτοῦ γαμετῆς καὶ τῆς περιουσίας κύριον γενέσθαι. Ἀνεῖλε δὲ καὶ Φίληκα δόλῳ, τὴν στρατηγικὴν σὺν αὐτῷ λαχόντα ἀρχήν, *ὡς ἔγνω ὑποθήκῃ τῆς Πλακιδίας ἐς τὴν αὐτοῦ ἀναίρεσιν παρασκευαζόμενον.* Κατηγωνίσατο δὲ καὶ Γότθους τοὺς ἐν Γαλατίᾳ τῇ πρὸς ἑσπέραν τῶν Ῥωμαίων ἐμβατεύσαντας χωρίοις, παρεστήσατο καὶ Αἱμοριχιανοὺς *ἀφηνιάσαντας* Ῥωμαίων, *ὡς δὲ συνελόντα εἰπεῖν,* μεγίστην κατεστήσατο δύναμιν, ὥστε μὴ μόνον βασιλεῖς, ἀλλὰ καὶ παροικοῦντα ἔθνη τοῖς ἐκείνου εἴκειν ἐπιτάγμασιν.

Frg. 70* (Suid. Θ 389 Θλαδίας = frg. 62* Bornm.) *Ὑποβάλλει τοίνυν <ὁ Θλαδίας> τοὺς Οὐάλεντος μυστικούς, τὴν γυναικωνῖτιν λέγω φάλαγγα, οἵπερ εἰσὶν ἀεὶ τῶν φαύλων πράξεων ἐμπύρευμα, κατηγορῆσαι τοῦ Ἀετίου κατὰ βασιλέως ἐμμελετᾶν, ὡς ἂν ἐπιβατεύσῃ τῆς ἐξουσίας, ἀγωνίζονται πεῖσαι τὸν βασιλέα. Ἦν γὰρ βαρὺς ὁ σταθμὸς τοῦ ὑποσχεθέντος χρυσίου, ὁ ὑποσμήχων αὐτῶν τὰ ἔντοσθεν·* δεινοὶ γὰρ εἰς τὸ συρράψαι βλάβας, προκειμένης χρυσίου ὑποσχέσεως. Ἄπληστον γὰρ τὸ γένος καὶ πρὸς πλεονεξίαν ἀεὶ κέχηνε καὶ οὐκ ἔστι τι τῶν φαύλων ἄνευ τῆς αὐτῶν δυστροπίας ἐν τοῖς βασιλείοις τελούμενον. Πείθεται ταῖς συκοφαντίαις ὁ βασιλεὺς καὶ λόγου ταχύτερον, πρὸς τὸν φόνον Ἀετίου κινηθείς, *τοῦτον ἀναιρεῖ. Καὶ ὡς ἕρμαιον αὐτῷ τὸ πραχθὲν λογισάμενός φησι πρός τινα τὸν στοχάζεσθαι τὰ ἀπόρρητα δυνάμενον· οὐ καλῶς μοι πέπρακται ἢ*

---

1 φέροντος P: φέροντες S: φέροντι Müll. **2** τοῦ] τῆς de B. Rob. **3** διαπραξάμενος PS: corr. Müll. **5** ἐπετρόπευσε P (pc.): ἔπευσε P (ac.) **6** βονιφάντιον S **7** Λιβύης] λικύης S: λιβύας P: corr. Cr. **9** Φίληκα] φοίληκα S (pc.): φίληκα S (ac.) **15** εἴκειν] ἥκειν PS: corr. de B. **18** ὁ Θλαδίας suppl. Müll. | Οὐάλεντος] Οὐαλεντινιανοῦ ci. Kust., sed cf. Suid. Γ 407, Γυναικωνῖτις (I **1**, p. 548 Adler) **21** ἐξουσίας : οἱ δὲ add. Müll. **22** ὑποσχεθέντος] ὑποσχύμων Kust. **28** τὸν... 29 δυνάμενον] τῶν ... δυναμένων Pors.

τοῦ Ἀετίου, ὦ οὗτος, ἀναίρεσις; ὁ δέ φησιν· εἰ καλῶς ἢ μή, οὐκ οἶδα. Γίνωσκε δέ, ὅτι τῇ λαιᾷ χειρὶ τὴν δεξιάν σου ἀπέκοψας.

Frg. 71* (Joh. Ant. frg. 293.**1**, pp. 494/8 Roberto = [Prisc.] 30,**1** Blockl.; cfr. Theoph. *Chron.* AM 5946; Jord. *Rom.* 334 [30,2-3 Blockl.]; de Vandalorum populatione, cf. Jord. *Rom.* 334; Proc. *bell.* III 5, **1**-7) dec.454

Μετὰ δὲ τὸν Ἀετίου φόνον καὶ Βοήθιον ὁ Βαλεντινιανός, ὕπαρχον ὄντα, ἀνεῖλεν, ἐκείνῳ ἐς τὰ μάλιστα κεχαρισμένον. Ὡς δὲ ἀτάφους αὐτοὺς ἐπὶ τὴν ἀγορὰν *προύθηκεν,* εὐθέως τὴν γερουσίαν *μετακαλεσάμενος πολλὰς τῶν ἀνδρῶν ἐποιεῖτο κατηγορίας,* εὐλαβούμενος μή πως διὰ τὸν Ἀέτιον ἐπανάστασιν ὑπομείνοι. *Ὁ δὲ Μάξιμος μετὰ τὴν Ἀετίου ἀναίρεσιν παρὰ τὸν Βαλεντινιανὸν ἐφοίτα, ὡς ἂν ἐπὶ τὴν ὕπατον ἀρχὴν προαχθείη* ταύτης δὲ διαμαρτὼν τῆς πατρικιότητος τυχεῖν ἐβούλετο, ἀλλ᾽οὐδὲ ταύτης αὐτὸν ὁ Ἡράκλειος τῆς ἐξουσίας συνεχώρει. Ἐκ τῆς αὐτῆς γὰρ ὁρμώμενος προαιρέσεως καὶ βουλόμενος μὴ ἔχειν ἀντίρροπον δύναμιν τὰς τοῦ Μαξίμου ἀνέκοπτεν ὁρμάς, *παραπείθων τὸν Βαλεντινιανόν, ἀπηλλαγμένον τῆς Ἀετίου βαρύτητος, μὴ χρῆναι τὴν ἐκείνου πάλιν εἰς ἑτέρους μεταφέρειν δύναμιν.* Ἐντεῦθέν τε ὁ Μάξιμος, ἀμφοτέρων διαμαρτών, ἐχαλέπαινεν καί, τὸν Ὀπτήλαν καὶ Θραυστήλαν μεταπεμψάμενος, ἄνδρας Σκύθας καὶ κατὰ πόλεμον ἀρίστους, σὺν Ἀετίῳ δὲ

Frg 71*] cf. Jord. *Rom.* 334 Valentinianus autem occidentalis imperator dolo Maximi patricii, cuius etiam fraude Aetius perierat, in campo Martio, per Optilam et *Thraufistilam,* Aetii satellites, iam percusso Eraclio spadone truncatus est. *Imperium quoque eius idem Maximus invasit tertioque tyrannidis suae mense* membratim Romae a Romanis discerptus est. Gizericus tunc rex Vandalorum *ab Eudoxia Valentiniani uxore invitatus* ex Africa Romam ingressus est eamque urbem rebus omnibus expoliatam eandem Eudoxiam cum duabus filiabus secum in Africa rediens duxit.

Theoph. *chron.* AM 5946 *Τούτῳ τῷ ἔτει Οὐαλεντινιανός, ὁ βασιλεὺς ἐν Ῥώμῃ, ὑφορώμενος τὴν Ἀετίου τοῦ πατρικίου καὶ στρατηγοῦ δύναμιν δολοφονεῖ τοῦτον, Ἡρακλείου τινὸς τῶν εὐνούχων συμπράξαντος αὐτῷ.*

---

2 γινώσκω Müll.: reiec. Bornm. p. 122 **6** βαλεντιανὸν P **11** βαλεντιανὸν P **13** αὐτὸν om. P **14** συνεχώρει] κρατεῖν add. de B. (dubitanter) Rob.: τυχεῖν Blockl., quod a priore sententia intellegi potest | προαιρέσεως... **15** δύναμιν om. P **17** ἑτέρους S: ἐκείνους P **19** θραυτήλαν S P(sine acc.)

στρατευσαμένους καὶ Βαλεντινιανῷ *προσοικειωθέντας*, ἐς λόγους ἦλθε καί, πίστεις δοὺς καὶ λαβών, τὸν βασιλέα ἐν αἰτίᾳ *ἐτίθετο* τοῦ φόνου τοῦ Ἀετίου ἕνεκα, καὶ μετιέναι αὐτὸν ἄμεινον ἐδίδασκεν· ἔσεσθαι γὰρ αὐτοῖς τὰ μέγιστα ἀγαθὰ ἐν δίκῃ τῷ πεσόντι τιμωροῦσιν. mart. 455 Ἡμερῶν δὲ διαγενομένων οὐ πολλῶν, ἐδόκει τῷ Βαλεντινιανῷ *ἱππασθῆναι* κατὰ τὸ Ἄρεος πεδίον, ὀλίγοις ἅμα δορυφόροις καὶ τοῖς περὶ τὸν Ὀπτήλαν καὶ Θραυστήλαν. Ὡς δὲ ἀποβὰς τοῦ ἵππου ἐπὶ τὴν τοξείαν ἐχώρει, *ἐνθαδὶ ἐπέθεντο* Ὀπτήλας καὶ οἱ περὶ αὐτόν καί, τὰ παραιωρημένα αὐτοῖς ἑλκύσαντες ξίφη, *ὥρμησαν*. Καὶ ὁ μὲν Ὀπτήλας κατὰ τοῦ κροτάφου *παίει τὸν Βαλεντινιανόν, ἐπιστραφέντα δὲ ἰδεῖν τὸν πατάξαντα δευτέραν κατὰ τῆς ὄψεως ἐπαγαγὼν καταβάλλει*· ὁ δὲ Θραυστήλας τὸν Ἡράκλειον καθεῖλεν καὶ ἄμφω τε τὸ διάδημα τοῦ βασιλέως καὶ τὸν ἵππον λαβόντες ἐς τὸν Μάξιμον ἀπέτρεχον. Εἴτε δὲ πρὸς τὴν ἀδόκητον τόλμαν, εἴτε δὲ καὶ τὴν ἐν τοῖς πολέμοις τῶν ἀνδρῶν δόξαν τῶν παρόντων ἐπτοημένων, ἀκίνδυνος αὐτοῖς ἡ ἐπιχείρησις ἦν.

Δαιμόνιον δέ τι ἐπὶ τῷ Βαλεντινιανοῦ θανάτῳ συνέβη· μελισσῶν γὰρ ἐσμὸς ἐπιγενόμενος τὸ ἐς τὴν γῆν ἀπ᾽αὐτοῦ ῥυὲν αἷμα ἀνιμήσατο καὶ ἅπαν *ἐμύζησεν. Τελευτᾷ μὲν οὖν ὁ Βαλεντινιανὸς ἔτη βιώσας ἑπτὰ καὶ τριάκοντα.*

Τὸ ἐντεῦθεν δὲ ἡ Ῥώμη ἐν θορύβῳ καὶ ταραχαῖς ἦν, τά τε στρατιωτικὰ διῃρεῖτο πλήθη, τῶν μὲν τὸν Μάξιμον βουλομένων παράγειν ἐς τὴν ἀρχήν, τῶν δὲ Μαξιμιανὸν ἐσπουδακότων χειροτονεῖν, ὃς ἦν μὲν πατρὸς Δομνίνου, Αἰγυπτίου πραγματευτοῦ, εὐημερήσαντος δὲ κατὰ τὴν Ἰταλίαν, καὶ τῷ Ἀετίῳ τὴν τοῦ δομεστίκου διακονούμενος χρείαν. Τῷ δὲ Μαιωρίνῳ ἐσπουδάκει καὶ Εὐδοξία, ἡ τοῦ Βαλεντινιανοῦ γαμετὴ γενομένη· ἀλλὰ τῇ τῶν χρημάτων χορηγίᾳ ὁ Μάξιμος περιὼν τῶν βασιλείων ἐκράτει, *οἰηθεὶς δὲ βεβαίαν αὐτῷ ἔσεσθαι τὴν ἀρχήν*, βιάζεται τὴν Εὐδοξίαν θάνατον ἀπειλῶν.

Οὕτω μὲν οὖν Μάξιμος ἐπὶ τὴν Ῥωμαίων ἡγεμονίαν ἦλθε. Καὶ Γιζέριχος, *ὁ τῶν Βανδήλων ἄρχων,* τὴν Ἀετίου καὶ Βαλεντινιανοῦ

---

1 ἐς λόγους] εὐλόγους P **8** ἐνθαδὶ] ἔνθα δὴ PS: corr. de B. **9** τὰ ... **10** ὥρμησαν om. P **11** τὸν] καὶ PS: corr. Müll. **14** πρὸς ... **15** καὶ om. P **19** ἑπτὰ ... **20** τριάκοντα] ζ΄ καὶ λ΄ S **26** Μαιωρίνῳ] μαιουρινῳ P: μαινορίνῳ S: corr. de B. **27** τοῦ] τοῦδε PS: corr. de B. | γαμετῆ P

ἀναίρεσιν ἐγνωκώς, ἐπιτίθεσθαι ταῖς Ἰταλίαις καιρὸν ἡγησάμενος, ὡς τῆς μὲν εἰρήνης θανάτῳ τῶν σπεισαμένων λυθείσης, τοῦ δὲ εἰς τὴν βασιλείαν παρελθόντος μὴ ἀξιόχρεων κεκτημένου δύναμιν, *οἱ δέ φασι καὶ ὡς Εὐδοξίας τῆς Βαλεντινιανοῦ γαμετῆς ὑπὸ ἀνίας διὰ τὴν τοῦ ἀνδρὸς ἀναίρεσιν καὶ τὴν τῶν γάμων ἀνάγκην λάθρα ἐπικαλεσαμένης αὐτόν*, σὺν πολλῷ στόλῳ καὶ τῷ ὑπ' αὐτὸν ἔθνει ἀπὸ τῆς Ἄφρων ἐς τὴν Ῥώμην διέβαινεν. Ἐπειδὰν δὲ ἐν τῷ Ἀζέστῳ (τόπος δὲ οὗτος τῆς Ῥώμης ἐγγὺς) τὸν Γιζέριχον ὁ Μάξιμος ἔγνω στρατοπεδευόμενον, περιδεὴς γενόμενος, ἔφευγεν ἵππῳ ἀναβάς, *καὶ* αὐτῶν τῶν βασιλικῶν δορυφόρων καὶ τῶν ἀμφ' αὐτὸν ἐλευθέρων, οἷς μάλιστα ἐκεῖνος ἐπίστευεν, ἀπολιπόντων, οἳ ὁρῶντες ἐξελαύνοντα ἐλοιδόρουν τε καὶ δειλίαν ὠνείδιζον· τῆς δὲ πόλεως ἐξιέναι μέλλοντα βαλών τις λίθον κατὰ τοῦ κροτάφου ἀνεῖλε καὶ τὸ πλῆθος ἐπελθὸν τόν τε νεκρὸν διέσπασε καὶ τὰ μέλη ἐπὶ κοντῷ φέρον ἐπαιωνίζετο. jun. 455 *Ταύτης μὲν οὖν ἐκεῖνος ἔτυχε τῆς τοῦ βίου καταστροφῆς, ἐπὶ τῇ τυραννίδι μηνῶν αὐτῷ διαγενομένων τριῶν. Ἐν τούτῳ δὲ καὶ Γιζέριχος ἐς τὴν Ῥώμην ἐσέβαλε.*

Frg. 72* (EI 86 = Joh. Ant. frg. 294, p. 500 Roberto, frg. 202 Müll. = [Prisc.] 32 Blockl.)

Ὅτι Ἀβίτου βασιλεύσαντος τῆς Ῥώμης, καὶ λιμοῦ κατὰ τὸν αὐτὸν καιρὸν γενομένου, ἐν αἰτίᾳ τὸν Ἄβιτον ὁ δῆμος ποιησάμενος, ἠνάγκασε τοὺς ἐκ Γαλατίας αὐτῷ συνεισφρήσαντας συμμάχους ἀπάγειν τῆς Ῥωμαίων πόλεως. Ἀπέπεμπε δὲ καὶ τοὺς Γότθους, οὓς ἐπὶ τῇ σφετέρᾳ ἐπήγετο φυλακῇ, χρημάτων αὐτοῖς ποιησάμενος διανομὴν ἐκ τῶν δημοσίων ἔργων, τοῖς ἐμπόροις χαλκὸν ἀποδόμενος· οὐ γὰρ χρυσίον ἐν τοίς βασιλικοῖς ταμείοις ἔτυχεν ὄν. Ὅπερ τοὺς Ῥωμαίους πρὸς στάσιν διανέστημεν, ἀφῃρημένους τοῦ τῆς πόλεως κόσμου.

Περιφανῶς δὲ καὶ ὁ Μαιωρῖνος καὶ ὁ Ῥεκίμερ ἐπανίσταντο, τοῦ ἐκ τῶν Γότθων ἀπηλλαγμένοι δέους, ὥστε αὐτὸν πῃ μὲν τὰς ἐμφυλίου ταραχάς, πῃ δὲ τοὺς τῶν Βανδήλων πολέμους *ὑφοραθέντα*, ὑπεξελθεῖν τῆς Ῥώμης καὶ ἔχεσθαι τῆς ἐπὶ Γαλατίαν ὁδοῦ. Ἐπιθέμενοι

---

3 ἀξιόχρεων P: corr. Müll. **13** λίθον] λίθῳ ci. Müll. | ἐπελθὼν ... φέρων P **14** κόντῳ PS **17** ἐσέβαλε S (pc.): ἐπέβαλε S (ac.) **29** μαιωρίνος S (pc.): μαιουρίνος S (ac.): μαιουρινος P | ῥεκίμερ S (pc.): ῥεβίμερ S (ac.) **30** ἀπηλλαγμένοι] ἀπελλαγμένου PS: corr. Müll.

δὲ αὐτῷ κατὰ τὴν ὁδὸν Μαιωρῖνός τε καὶ Ῥεκίμερ εἰς τέμενος φυγεῖν κατηνάγκασαν, ἀπαγορεύοντα τῇ ἀρχῇ καὶ τὴν βασίλειον ἀποδυσάμενον στολήν. Ἔνθα οἱ περὶ τὸν Μαιωρῖνον οὐ πρότερον τῆς πολιορκίας ἀπέστησαν, πρὶν ἢ λιμῷ πιεσθεὶς τὸν βίον ἀπέλειπε, ὄκτὼ ἐπὶ τῆς βασιλείας διαγενομένων μηνῶν· *οἱ δέ φασι ὅτι ἀπεπνίγη. Καὶ τούτῳ μὲν Ἀβίτῳ τοῦ βίου τέλος καὶ τῆς βασιλείας ἐγένετο.*

Frg. 73* (EI 87 = Joh. Ant. frg. 295, pp. 500/1 Roberto, frg. 203 Müll. = Prisc. 36,2 Blockl.; cf. Suid. E 1471, ἐντείναντες)

Ὅτι Μαιωρῖνος, ὁ τῶν ἑσπερίων βασιλεύς, ὡς αὐτῷ οἱ ἐν Γαλατίᾳ Γότθοι σύμμαχοι κατέστησαν, καὶ τὰ παροικοῦντα τῇ ἑαυτοῦ ἐπικρατείᾳ ἔθνη τὰ μὲν λόγοις, τὰ δὲ ὅπλοις παρεστήσατο *καὶ* ἐπὶ τὴν Λιβύην σὺν πολλῇ διαβαίνειν ἐπειρᾶτο δυνάμει, νηῶν ἀμφὶ τὰς τ' αὐτῷ ἠθροισμένων, καί, ἐπὶ συνθήκαις αἰσχραῖς καταλύσας τὸν πόλεμον, ἐπανεζεύ*γνυεν.* Ἤδη δὲ ἐς τὴν Ἰταλίαν διαβεβηκότι ὁ Ῥεκίμερ θάνατον ἐπεβούλευσεν. Ὁ μὲν γὰρ τοὺς συμμάχους μετὰ τὴν ἐπάνοδον ἀποπέμψας σὺν τοῖς οἰκείοις ἐπὶ τὴν Ῥώμην ἐπανήρχετο, οἱ δὲ περὶ τὸ Ῥεκίμερα συλλαβόντες αὐτὸν τῆς ἁλουργίδος καὶ τοῦ διαδήματος ἐγύμνωσαν, *πληγάς τε ἐντείναντες τῆς κεφαλῆς ἀπετέμνοντο. Τοῦτο μὲν τῷ Μαιωρίνῳ τῆς τοῦ βίου καταστροφῆς γίνεται τὸ τέλος.*

Frg. 74* (EI 88 = Joh. Ant. frg. 296, p. 502 Roberto, frg. 204 Müll. = Prisc. 38, 2 Blockl.; v. supra Exc. 29, 4; 30, 2; cf. Proc. *bell.* III 6, 6 [53,3 Blockl.])

Ὅτι ὁ Γιζέριχος ἐπόρθει τὰς Ἰταλίας, βουλόμενος βασιλεῦσαι τῶν *ἑσπερίων* Ὀλύβριον διὰ τὴν ἐξ ἐπιγαμίας συγγένειαν. Οὐκ ἐποιεῖτο δὲ *προφανῆ* τοῦ πολέμου αἰτίαν, τὸ μὴ τὸν Ὀλύβριον ἐς τὰ τῆς ἑσπερίας διαβῆναι βασίλεια, ἀλλὰ τὸ μὴ τὴν Βαλεντινιανοῦ καὶ Ἀετίου δεδόσθαι αὐτῷ περιουσίαν, τὴν μὲν ὀνόματι Εὐδοκίας, ἣν ὁ τούτου παῖς εἶχε, τὴν δέ ὡς Γαυδεντίου παιδὸς διάγοντος παρ' αὐτῷ.

---

1 μαιουρινὸς S: μαιουρίνος P **3** μαιωρίνον S(pc.): μαιουρίνον S(ac.): μαιουρίνου P **4** ἀπέλιπε ci. Müll. **10** σύμμαχοι] συμμάχῳ PS: corr. Müll. **11** παρεστήσατο S **12** νηῶν ci. Müll. ex Prisc. fr. 27: νικῶν PS **17** ῥεκίμερα S (pc.): ῥεβίμερα S (ac.) **18** πληγάς] πληγαῖς PS: corr. Müll. | πληγάς...19 ἀπετέμνοντο etiam in Suid. E 1471 **19** ἀπετέμοντο Suid. **24** γιζέριχος P: ζεριχος S **25** ὀλύβριον S: ὀλίβριον P **26** ὀλύβριον PS

Frg. 75* (Evagrius *hist. eccl.* II 13 = [Prisc.] 42 Blockl. (ad a. 465); cf. supra, exc. 34; Nic. Call. *hist. eccl.* XV 21)

Συνηνέχθη δὲ τούτοις ὅμοια ἢ καὶ δεινότερα ἀνὰ τὴν Κωνσταντινούπολιν, ἀρχῆς τοῦ κακοῦ γενομένης ἐν τῷ παραθαλασσίῳ τῆς πόλεως μέρει, ὅπερ βοὸς καλοῦσι πόρον. Ἱστόρηται δὲ ὡς κατὰ τὰς ἐπιλυχνίους ὥρας δαίμων τις κακοῦργος παλαμναῖος γυναικὶ εἰκασθείς, εἴτε καὶ ταῖς ἀληθείαις γυνὴ χερνῆτις ὑπὸ δαίμονος οἰστρουμένη (λέγεται γὰρ ἀμφότερα), λύχνον πρὸς παντοπώλιον ἐνεγκεῖν ὠνησομένη τι τῶν τεταριχευμένων, τεθέντος δ᾽αὖ τοῦ λύχνου τὸ γύναιον ὑπαναχωρῆσαι· τὸ δέ γε πῦρ στυππίου λαβόμενον φλόγα μεγίστην ἐξάραι, λόγου τε θᾶττον ἐμπρῆσαι τὸ οἴκημα· ἐκ τούτου δὲ τὰ παρακείμενα ῥᾳδιον ἀφανισθῆναι, τοῦ πυρὸς ἀμφινεμομένου οὐ μόνον τὰ εὐέξαπτα, ἀλλὰ καὶ τὰς ἐκ λίθων οἰκοδομίας καί, ἄχρι τετάρτης ἡμέρας διαμείναντος καὶ πᾶσαν ἄμυναν ὑπερβεβηκότος, τὸ μεσαίτατον ἅπαν τῆς πόλεως ἀπὸ τοῦ ἀρκτῴου μέχρι τοῦ νοτίου κλίματος δαπανηθῆναι, ἐπὶ πέντε μὲν σταδίους τὸ μῆκος, δεκατέσσαρας δὲ τὸ πλάτος· ὡς μηδὲν μεταξὺ καταλειφθῆναι μὴ δημοσίων μὴ ἰδιωτικῶν οἰκοδομιῶν, μὴ κίονας, μὴ τὰς ἐκ λίθων ψαλίδας, ἀλλὰ πᾶσαν ἀπεσκληκυῖαν ὕλην ὥσπερ τι τῶν εὐεξάπτων κατακαυθῆναι. Τοῦτο δὲ τὸ κακὸν γενέσθαι ἐν μὲν τῷ βορείῳ κλίματι, ἐν ᾧ καὶ νεώρια τῆς πόλεως καθεστᾶσιν, ἀπὸ τοῦ καλουμένου βοὸς πόρου μέχρι τοῦ παλαιοῦ Ἀπόλλωνος ἱεροῦ, ἐν δὲ τῷ νοτίῳ ἀπὸ τοῦ Ἰουλιανοῦ λιμένος μέχρις οἰκιῶν οὐ πολὺ κειμένων τοῦ εὐκτηρίου τῆς ἐπίκλην Ὁμονοίας ἐκκλησίας, ἐν δὲ τῷ μεσαιτάτῳ τῆς πόλεως μέρει ἀπὸ τοῦ Κωνσταντίνου προσαγορευομένου φόρου μέχρι τῆς τοῦ Ταύρου καλουμένης ἀγορᾶς, οἰκτρὸν πᾶσι θέαμα καὶ εἰδεχθέστατον. Ὅσα γὰρ ἐπῃώρητο τῇ πόλει κάλλη, ἢ πρὸς τὸ μεγαλοπρεπὲς καὶ ἀπαράβλητον ἐξησκημένα, ἢ πρὸς κοινὰς ἢ ἰδιωτικὰς καλοῦντα χρείας, ὑφ᾽ἓν ἐς ὄρη τε καὶ βουνοὺς ἀπεσχεδιάσθη δυσβάτους τε καὶ δυσδιαπορεύτους καὶ παντοίων ὑλῶν πλήρεις, τὴν προτέραν συγχέοντας ὄψιν· ὡς μηδὲ τοῖς οἰκήτορσι τὸν τόπον ἐπιτρέπειν εἰδέναι τί τε ἢ ὅπη τῶν προτέρων ἐτύγχανεν ὄν.

10 γε om. Pv **15** ὑποβεβηκότος B **17** ὡς] καὶ B **26** τοῦ Ταύρου] τοῦ σταυροῦ A **28** ἀπαράβλητον] ἀπαράκλητον P **32** τῶν τόπων LBv **33** ὄν A: ὤν cett. edd.

Frg. 76* (Proc. *bell.* III 6, **1**-2; 5-25 = Prisc. 53,3 Blockl.; v. supra, Prisci excc. 42; 44; cf. Jord. *Rom.* 337 = [53, 4] Blockl.; Suid. B **163**, Βασίλισκος = [43] Blockl.; Theoph. *chron.* AM 5963 [53, 5, ll. **1-10**] Blockl.])

a.468 *Τῶνδε εἵνεκα* τίσασθαι Βανδίλους βασιλεὺς Λέων βουλόμενος, ξυνήγειρεν ἐπ᾽αὐτοὺς στράτευμα· τοῦδε δὲ τοῦ στρατεύματος λέγουσι τὸ πλῆθος ἐς δέκα μάλιστα μυριάδας γενέσθαι. Στόλον δὲ νεῶν ἐξ ἁπάσης τῆς πρὸς ἕω θαλάσσης ἀθροίσας, πολλὴν ἐπεδείξατο μεγαλοφροσύνην ἔς τε στρατιώτας καὶ ναύτας, δεδιὼς μήτι οἱ ἐκ μικρολογίας ἐμποδὼν γένηται προθυμουμένῳ ἐς τοὺς βαρβάρους ἐπιτελέσαι τὴν κόλασιν. *Φασὶ γοῦν* αὐτῷ τριακόσια καὶ χίλια κεντηνάρια ἐπ᾽οὐδενὶ ἔργῳ δεδαπανῆσθαι. Ἀλλ᾽ἐπεὶ οὐκ ἔδει Βανδίλους τῷ στόλῳ τούτῳ ἀπολωλέναι, αὐτοκράτορα τοῦ πολέμου ποιεῖται Βασιλίσκον, *Βηρίνης τῆς γυναικὸς ἀδελφὸν ὄντα καὶ τῆς βασιλείας ἐκτόπως ἐρῶντα,* ἣν οἱ ἤλπισεν ἀμαχητὶ ἔσεσθαι τὴν Ἄσπαρος προσποιησαμένῳ φιλίαν. (...)

Frg 76*] Jord. *Rom.* 337 Basiliscum cognatum suum, id est fratrem Augustae Verinae Africam dirigens cum exercitu, qui navali proelio Chartaginem saepe adgrediens ante ea victus cupiditate pecuniis vendidit regi Vandalorum, quam in Romanorum potestatem redigeret.

Suid. B **163**, Βασίλισκος (= Malch. frg. 7, p. 80 Cresci = [Prisc.] 43 Blockl.) *Βασίλισκος, Βερίνης ἀδελφὸς τῆς βασιλίδος, ἐπὶ Λέοντος τοῦ βασιλέως ἀντὶ Ῥουστικίου στρατοπεδάρχου* ᾑρέθη, εὐεπίτευκτος μὲν ὢν ἐν μάχαις, βραδύνους δὲ καὶ φενακίζουσιν ὑπαγόμενος ῥᾳδίως.

Theoph. *chron.* AM 5963 *Τούτῳ τῷ ἔτει ἀπέστειλε Λέων* ὁ βασιλεὺς κατὰ Γιζερίχου Ἡράκλειον τὸν Ἐδεσηνόν, υἱὸν Φλώρου τοῦ ἀπὸ ὑπάτων, καὶ Μάρσον Ἴσαυρον, ἄνδρας δραστηρίους, καὶ στρατὸν ἐξ Αἰγύπτου καὶ Θηβαΐδος καὶ τῆς ἐρήμου. Οἵ τινες προσπεσόντες ἀδοκήτως τοῖς Οὐανδήλοις Τρίπολίν τε καὶ ἄλλας παρεστήσαντο πόλεις τῆς Λιβύης πολλὰς καὶ πλέον τῆς Βασιλίσκου ναυμαχίας ἠνίασαν τὸν Γιζέριχον, ὥστε παρασκευάσαι αὐτὸν περὶ εἰρήνης πρεσβεύσασθαι πρὸς Λέοντα τὸν βασιλέα· *καὶ ταύτης τυγχάνει παρὰ Λέοντος χρῄζοντος τότε Βασιλίσκου καὶ Ἡρακλείου καὶ Μάρσου εἰς τὴν κατὰ Ἄσπαρος ἐπιβουλήν.*

---

5 τῶνδε] τῶν δὲ V | λέων O: λέγων V **6** δὲ om. O **8** ἕω] ἑώας O **11** γοῦν] γὰρ Theoph. **14** Βηρίνης] βερίνης VO(ac.): βερίκης O(pc.): corr. Dind. **16** προσποιησάμενος V

Λέων δὲ ἤδη πρότερον Ἀνθέμιον, ἄνδρα ἐκ γερουσίας, πλούτῳ τε καὶ γένει μέγαν, βασιλέα τῆς ἑσπερίας καταστησάμενος ἔπεμψεν, ὅπως οἱ τὰ ἐς τὸν Βανδιλικὸν συλλήψεται πόλεμον. Καίτοι Γιζέριχος ἔχρῃζε καὶ πολλὰ ἐλιπάρει Ὀλυβρίῳ παραδοθῆναι τὴν βασιλείαν, Πλακιδίᾳ τῇ Βαλεντινιανοῦ παιδὶ ξυνοικοῦντι καὶ διὰ τὸ κῆδος εὐνοικῶς αὐτῷ ἔχοντι· ἐπειδὴ δὲ τούτου ἠτύχησεν, ἔτι μᾶλλον ὠργίζετο καὶ πᾶσαν τὴν βασιλέως γῆν ἐληίζετο.

Ἦν δέ τις ἐν Δαλματίᾳ Μαρκελλιανὸς τῶν Ἀετίῳ γνωρίμων, ἀνὴρ δόκιμος, ὃς ἐπειδὴ Ἀέτιος ἐτελεύτησε τρόπῳ τῷ εἰρημένῳ, βασιλεῖ εἴκειν οὐκέτι ἠξίου, ἀλλά, νεωτερίσας τε καὶ τοὺς ἄλλους ἅπαντας ἀποστήσας, αὐτὸς εἶχε τὸ Δαλματίας κράτος, οὐδενός οἱ *ἐς χεῖρας ἰέναι* τολμήσαντος. Τοῦτον δὴ τὸν Μαρκελλιανὸν τότε Λέον βασιλεὺς *εὖ μάλα τιθασσεύων προσεποιήσατο καὶ ἐς Σαρδὼ τὴν νῆσον ἐκέλευεν ἰέναι*, Βανδίλων κατήκοον οὖσαν. Ὁ δὲ αὐτήν, Βανδίλους ἐξελάσας, οὐ χαλεπῶς ἔσχεν.

Ἡράκλειος δέ, σταλεὶς ἐκ Βυζαντίου ἐς Τρίπολιν τὴν ἐν Λιβύῃ νικήσας τε μάχῃ τοὺς ταύτῃ Βανδίλους, τάς τε πόλεις ῥᾳδίως εἷλε καὶ τὰς ναῦς ἐνταῦθα ἀπολιπὼν πεζῇ τὸ στράτευμα ἐς Καρχηδόνα ἦγε.

Τὰ μὲν οὖν τοῦ πολέμου προοίμια τῇδε ἐφέρετο.

Βασιλίσκος δὲ τῷ παντὶ στόλῳ ἐς πόλισμα κατέπλευσε, Καρχηδόνος διέχον οὐχ ἧσσον ἢ ὀγδοήκοντά τε καὶ διακοσίοις σταδίοις (Ἑρμοῦ δὲ νεὼς ἐνταῦθα ἐκ παλαιοῦ ἐτύγχανεν ὤν, ἀφ᾽οὗ δὴ καὶ Μερκούριον ὁ τόπος ἐκλήθη· οὕτω γὰρ τὸν Ἑρμῆν καλοῦσι Ῥωμαῖοι) καί, εἰ μὴ ἐθελοκακήσας ἐμέλλησεν ἀλλ᾽εὐθὺ ἐπεχείρησε Καρχηδόνος ἰέναι, αὐτήν τε ἂν αὐτοβοεὶ εἷλε καὶ Βανδίλους ἐς οὐδεμίαν ἀλκὴν τραπομένους κατεδουλώσατο· οὕτω Γιζέριχος Λέοντα ὡς ἄμαχον βασιλέα κατωρρώδησεν, *ἐπεί οἱ Σαρδώ τε καὶ Τρίπολις ἁλοῦσαι ἠγγέλλοντο καὶ τὸν Βασιλίσκου στόλον ἑώρα οἷος οὐδείς πω ἐλέγετο Ῥωμαίοις πρότερον γεγενῆσθαι.* Νῦν δὲ τοῦτο ἐκώλυσεν ἡ τοῦ στρατηγοῦ μέλλησις, εἴτε κακότητι εἴτε προδοσίᾳ προσεγενομένη. Γιζέριχος δέ, τῆς Βασιλίσκου ὀλιγωρίας ἀπολαύων, ἐποίει τάδε.

---

1 πλούτῳ...2 ἑσπερίας om. O **3** συλλήψεται V: ξυλλήψεται O **5** οὐαλεντινιανοῦ O | ξυνοικοῦντα V **6** δὲ scripsi: τε codd. edd. **11** αὐτὸς ci. Haury: οὗτος codd. **14** κατήκοοον V | αὐτήν] αὐτῆς O (pc.) **19** τοῦ om. O **20** παντὶ] παντί τε P | πτόλισμα V **21** σταδίους V **23** ἑρμὴν O **24** ἐμέλησεν O **28** οἷος] οἷς V **30** μέλησις O | προσεγενομένη] γενομένη O

Ὁπλίσας ἅπαντας ὡς ἄριστα εἶχε τοὺς ὑπηκόους ἐπλήρου τὰς ναῦς, ἄλλας τε κενὰς ἀνδρῶν καὶ ὡς τάχιστα πλεούσας ἐν παρασκευῇ εἶχε. Πέμψας δὲ πρέσβεις ὡς Βασιλίσκον ἐδεῖτο τὸν πόλεμον ἐς πέντε ἡμερῶν ὑπερβαλέσθαι χρόνον, ὅπως μεταξὺ βουλευσάμενος ἐκεῖνα ποιοίη ἃ δὴ μάλιστα βασιλεῖ βουλομένῳ εἴη. *Λέγουσι δὲ αὐτὸν καὶ χρυσίου πολύ τι χρῆμα κρύφα τῆς Βασιλίσκου στρατιᾶς* πέμψαντα ταύτην δὴ τὴν ἐκεχειρίαν ὠνήσασθαι. Ἔπρασσε δὲ ταῦτα οἰόμενος, ὅπερ ἐγένετο, πνεῦμα ἐπίφορον ἐν τούτῳ οἱ τῷ χρόνῳ γενήσεσθαι. Βασιλίσκος δέ, ἢ Ἄσπαρι *καθάπερ ὑπέστη* χαριζόμενος ἢ τὸν καιρὸν χρημάτων ἀποδιδόμενος, ἢ καὶ βέλτιον αὐτῷ ἐνομίσθη, *ἐποίει τε τὰ αἰτούμενα* καὶ ἡσύχαζεν ἐν τῷ στρατοπέδῳ, τὴν εὐκαιρίαν προσδεχόμενος τῶν πολεμίων.

Οἱ δὲ Βανδίλοι, ἐπειδὴ σφίσι τάχιστα τὸ πνεῦμα ἐγεγόνει, ὃ δὴ τέως καραδοκοῦντες ἐκάθηντο, ἀράμενοί τε τὰ ἱστία καὶ τὰ πλοῖα ἀφέλκοντες ὅσα αὐτοῖς ἀνδρῶν κενά, ὥσπερ μοι πρότερον εἴρηται, παρεσκεύαστο, ἔπλεον ἐπὶ τοὺς πολεμίους. Ὡς δὲ ἀγχοῦ ἐγένοντο, πῦρ ἐν τοῖς πλοίοις ἐνθέμενοι, ἃ δὴ αὐτοὶ ἐφέλκοντες ἦγον, κεκολπωμένων αὐτοῖς τῶν ἱστίων, ἀφῆκαν ἐπὶ τὸ τῶν Ῥωμαίων στρατόπεδον. *Ἅτε δὲ πλήθους ὄντος ἐνταῦθα νηῶν,* ὅπη τὰ πλοῖα ταῦτα προσπίπτοιεν, ἔκαιόν τε ῥᾳδίως καὶ αὐτὰ οἷς ἂν συμμίξαιεν ἑτοίμως ξυνδιεφθείροντο. Οὕτω δὲ τοῦ πυρὸς ἐπιφερομένου θόρυβός τε, ὡς τὸ εἰκός, εἶχε τὸν Ῥωμαίων στόλον καὶ κραυγῆς μέγεθος τῷ τε πνεύματι καὶ τῷ τῆς φλογὸς βόμβῳ ἀντιπαταγούσης *μάλιστα,* καὶ τῶν στρατιωτῶν ὁμοῦ τοῖς ναύταις ἀλλήλοις ἐγκελευομένων καὶ τοῖς κοντοῖς διωθουμένων τά τε πυρφόρα πλοῖα καὶ τὰς σφῶν αὐτῶν ναῦς ὑπ᾽ἀλλήλων διαφθειρομένας οὐδενὶ κόσμῳ. Ἤδη δὲ καὶ οἱ Βανδίλοι παρῆσαν ἐμβάλλοντές τε καὶ καταδύοντες καὶ αὐτοῖς ὅπλοις τοὺς διαφεύγοντας τῶν στρατιωτῶν ληιζόμενοι.

Εἰσὶ δὲ οἱ καὶ ἄνδρες ἀγαθοὶ Ῥωμαίων ἐν τῷ πόνῳ τούτῳ ἐγένοντο καί, πάντων μάλιστα, Ἰωάννης, ὑποστράτηγός τε ὢν Βασιλίσκου καὶ

---

1 ὑπηκόους] ἐπηκόους O **4** χρόνον om. O **5** βουλομένω PO: βεβουλευμένω V **7** ἐκεχειρίαν] ἐκκεχειρίαν V | Ἔπρασσε ... **107,11** δόλῳ] om. V **11** ἐσυχάζων O **15** ἀφέλκοντες] ἐφέλκοντες dubitanter (in app. tantum) Haury **19** νηῶν] νεῶν O **20** προσπίπτοιεν] παραπίπτοιεν O | αὐτὰ] αὐτοὶ P: αὐτοῖς Grotius **21** ξυνδιεφθείροντο Haury: ξυνδιεφθείρετο codd. **22** εἶχε ... στόλον] ἦν εν τῶ ... στόλω O **24** ἀλλήλοις] ἀλλήλους τε O **27** βανδῖλοι O | ἐμβάλλοντές] βάλλοντές P **29** τῷ evanuit in P **30** ὢν] ὢ evanuit in P

οὐδ᾽ὁπωστιοῦν τῆς ἐκείνου προδοσίας μεταλαχών. Περιστάντος γὰρ ὁμίλου πολλοῦ τὴν αὐτοῦ ναῦν, ἔκτεινε μὲν ἐπιστροφάδην ἀπὸ τοῦ καταστρώματος πολύ τι τῶν πολεμίων πλῆθος· ὡς δὲ ἁλισκομένης ᾔσθετο τῆς νεώς, ἥλατο ξὺν πάσῃ τῇ τῶν ὅπλων σκευῇ ἀπὸ τῶν ἰκρίων εἰς θάλασσαν. Πολλὰ μὲν οὖν αὐτὸν ἐλιπάρει Γένζων ὁ Γιζερίχου, πιστά τε παρεχόμενος καὶ σωτηρίαν προτεινόμενος· ὁ δὲ οὐδὲν ἧσσον ἐς θάλασσαν καθῆκε τὸ σῶμα, ἐκεῖνο μόνον ἀποφθεγξάμενος, ὡς οὐ μήποτε Ἰωάννης ὑπὸ χερσὶ κυνῶν γένηται.

Ὁ μὲν δὴ πόλεμος οὗτος ἐς τοῦτο ἐτελεύτα καὶ Ἡράκλειος ἐπ᾽οἴκου ἀπεκομίσθη· Μαρκελλιανὸς γὰρ πρός του τῶν συναρχόντων ἀπώλετο δόλῳ.

Frg. 77* (EI 89 = Joh. Ant. frg. 297, p. 502 Roberto, frg. 205 Müll. = [Prisc.] frg. 54,**1** Blockl.; cf. Suid. Υ 583, v. infra; *PLRE* II, pp. **1180/1**)

a.469/470 *Ὅτι ἐπὶ Ἀνθεμίου καὶ Λέοντος τῶν βασιλέων* Οὔλλιβος ὑπὸ Ἀναγάστου ἀνῃρέθη κατὰ τὴν Θρᾴκην, ἀμφότεροι τοῦ Σκυθικοῦ γένους καὶ πρὸς τὸ νεωτερίζειν ἐπιτήδειοι.

Frg. 78* (EI 90 = Joh. Ant. frg. 298, p. 504 Roberto, frg. 206 Müll.; cf. [Prisc.] 5**1**,2; 55-59 Blockl.; v. Excc. 28/29; Proc. bell. I 6, 27; Jord. Rom. 338; Get. 268; 270/**1**; Joh. Mal. XIV 40, pp. 294/5 Thurn; Chron. Pasch. pp. 596/7 Dind.; Eust. Epiph. fr. 3 Müll., apud Evagr. III 27; Suid. I 368 (v. infra); X 200)

a.469 *Ὅτι* τῶν Ἰσαύρων ἐν τῇ Ῥοδίων νήσῳ πρὸς ἁρπαγὴν τραπέντων καὶ φόνους ἐργασαμένων, οἱ στρατιῶται τούτους διεχειρίσαντο. Καὶ οἱ μὲν ἐπὶ τὰς ναῦς φυγόντες ἐπὶ τὴν Κωνσταντίνου ἅμα Ζήνωνι, *τῷ ἐπὶ θυγατρὶ τοῦ βασιλέως γαμβρῷ, παραγενόμενοι καὶ τοὺς τὴν ἀγορὰν προτιθέντας διαθορυβοῦντες, τὸν δῆμον εἰς λιθοβολίας διανέστησαν. Ἐμφυλίου δὲ ἐντεῦθεν κινηθέντος πολέμου,* νὺξ ἐπιλαβοῦσα τὴν στάσιν διέλυσεν.

a. 470 *Καὶ* κατὰ τοῦτον τὸν χρόνον Ἀναγάστης, *ὁ τῶν Θρακίων τελῶν ἔξαρχος,* πρὸς τὸ νεωτερίζειν ἀρθεὶς τὰ Ῥωμαίων ἐπέτρεχε φρούρια.

Frg 77*] Suid. Υ 583 Πορευομένων δὲ αὐτῶν καὶ γενομένων κατά τινα στενωπόν, προῄει μὲν ὁ Οὐλίθ, ὑποστὰς δὲ ὁ Ἀναγάστης, τῷ δῆθεν ῥᾳδίως ἑκάτερον αὐτῶν διεξελθεῖν, τὸν ἀπὸ τῆς κεφαλῆς πῖλον ἀνέλαβε.

---

1 γὰρ evanuit in P **4** ἥλατο] ἥλλατο codd.: corr. Hoesch. | σκευῇ] ἀποσκευῇ O **5** ἐς O **6** τε om. O **10** ξυναρχόντων O **24** τῷ...25 γαμβρῷ] τοῦ ... γαμβροῦ PS: corr. Müll. **27** ἀνέστησαν S | ἐνφυλίου PS

Αἰτία δὲ τῆς αὐτοῦ διαφορᾶς *ἐλέγετο, ὡς Ἰορδάνου τοῦ Ἰωάννου παιδός,* ὅνπερ Ἀρνέγισκλος ὁ Ἀναγάστου πατὴρ ἀνῃρήκει, *ἐς* τὴν ὕπατον *ἀνιέντος τιμήν·* τὴν γὰρ ἐπ᾽αὐτῷ γενομένην ὁ Ἀναγάστης οὐκ ἐδέξατο ψῆφον, ὡς ἐπιληψίαν νοσῶν τε καὶ δεδιώς, φησί, μήποτε ἐν τῷ τῆς γερουσίας αἶσχος ἀπενέγκοιτο τῷ πάθει, ἂν οὕτω τύχοι. *Ἄλλοι δέ φασι αὐτὸν χρημάτων ἐφιέμενον ἐς τὴν ἐπανάστασιν χωρεῖν. Πολλῆς δὲ τῆς περὶ αὐτοῦ γενομένης ὑποψίας, τέλος* ἐκ τῆς βασιλικῆς αὐλῆς σταλέντες τινὲς ἔπεισαν αὐτὸν παύσασθαι τῆς ἐπιχειρήσεως. Ὁ μὲν οὖν Ἀρδαβούριον, τὸν Ἄσπαρος, αἴτιον τῆς τυραννίδος ἀπέφηνε καὶ τὰ τούτου γράμματα παρὰ τὸν βασιλεύοντα ἔπεμπεν.

a.467/70 Ὁ δὲ *τοῦ βασιλέως γαμβρὸς* Ζήνων, τὴν ὕπατον ἔχων ἀρχήν, ἔστελλε τοὺς τὸν Ἰνδακὸν ἀποστήσοντας ἀπὸ τοῦ λεγομένου Παπιρίου λόφου. *Τοῦτον γὰρ πρῶτος Νέων ἐφώλευε· μεθ᾽ὃν Παπίριος καὶ ὁ τοῦδε παῖς Ἰνδακός,* τοὺς προσοίκους ἅπαντας βιαζόμενοι *καὶ τοὺς διοδεύοντας ἀναιροῦντες.* Ἐστέλλετο δὲ καὶ *κατὰ Τζάνων βοήθεια ληιζομένων τὰ περὶ τὴν Τραπεζοῦντα χωρία.* Διανέστη δὲ τότε πρὸς πόλεμον καὶ τὸ Γότθων ἔθνος, Γαλατίαν τὴν πρὸς ἑσπέραν νεμόμενον, οἵπερ πάλαι μὲν Ἀλλαρίχου ὠνομάζοντο· ἔτι γε μὴν καὶ τὸ ἐν Παιονίᾳ βαρβαρικὸν πλῆθος, πρότερον μὲν ὑπὸ Βαλίμερι, μετὰ δὲ τὴν ἐκείνου ἀναίρεσιν ὑπὸ Θευδίμερι ταττόμενον, τῷ Βαλίμερος ἀδελφῷ.

Frg. 79* (Suid. I 368, sv. Ἴνδαχος; v. supra; [Prisc.] frg. 60* Bornm., Müll. IV p. 617)

Ἴνδαχος· ὄνομα κύριον. Ἤκμαζε δὲ ἐπὶ Λέοντος τοῦ μετὰ Μαρκιανὸν βασιλέως, λαμπρὸς τὴν τόλμαν καὶ τοῖς ποσὶ χρήσασθαι δυνατώτατος, τῶν χειρῶν τὴν ἀριστερὰν ἀμείνων, ταχύτητι ποδῶν διαφέρων. Εὐχίδου γὰρ καὶ Ἀσσάπου καὶ Χρυσομάζου καὶ Ἐχίονος καὶ εἴ τις ἕτερος ἐπὶ ποδῶν ὠκύτητι διεβοήθη, ὀξύτατος ἦν. Οὗτος γὰρ ἐξεφαίνετο ὁδεύων καὶ ἠφανίζετο αὖθις, οἷά τις ἀστραπή, κατὰ κρημνῶν ἀνὴρ δι᾽ἵππων ἀμοιβῆς *αὐθημερὸν οὐκ ἔστενε δρᾶσαι,* τοῖς

---

2 Ἀρνέγισκλος] ἀνέγισκλος codd. Rob.: corr. Müll. **4** νοσῶν τε] νοσοῦντα PS: corr. Müll. **9** Ἀρδαβούριον] ἀρδαβούριος PS: corr. Cr. | Ἄσπαρος] ἄσπερος PS: corr. Cr. **12** Ὁ δὲ] ὅδε P: τόδε S **14** παπηρίου PS: corr. de B. **17** κατὰ Τζάνων] καταζάνων P: κατά τε τζάνων S: corr. de B. **21** Θευδίμερι] βελίμερος PS: Θευδόμερι Cr.

ἰδίοις αὐτὸν ποσὶν ἰσχυρίζοντο ἀναλγήτως διατρέχειν. Ἀπὸ γὰρ τοῦ εὐρύματος Χέρεως διὰ μιᾶς ἐφοίτα ἐς τὴν Ἀντιόχειαν, καὶ πάλιν τῇ ἑξῆς ἐς τὸ ῥηθὲν εὑρίσκετο φρούριον· ἐκ δὲ τούτου αὖθις *μὴ ἀναπαύλης δεόμενος* διὰ μιᾶς ἡμέρας εἰς Νεάπολιν ἐγίνετο Ἰσαυρίας.

Frg. 80* (EI 91 = Joh. Ant. 299, p. 506 Roberto, frg. 207 Müll. = [Prisc.] 62 Blockl.)

a.472 *Ὅτι ὁ τῶν ἑσπερίων βασιλεὺς Ἀνθέμιος νόσῳ περιπεσὼν ὑπὸ μαγγανείας χαλεπῇ πολλοὺς ἐπὶ τούτῳ ἁλόντας ἐκόλασε, μάλιστα Ῥωμανόν, ἐν τῇ τοῦ μαγίστρου ἀρχῇ τελέσαντα καὶ* ἐν τοῖς πατρικίοις ἐγγεγραμμένον, ἐπιτήδειόν τε ἐς τὰ μάλιστα ὄντα τῷ Ῥεκίμερι· δι᾽ ὃν *ἀνιαθεὶς* τῆς τε Ῥώμης ἐξῆλθε καὶ ἑξακισχιλίους ἄνδρας ἐς τὸν κατὰ Βανδήλων πόλεμον ὑπ᾽ αὐτὸν ταττομένους ἀνεκαλέσατο.

Frg. 81* (EI 92 = Joh. Ant. 300, p. 506 Roberto, 208 Müll. = [Prisc.] 63 Blockl.)

a. 472 *Ὅτι ἐπὶ Λέοντος τοῦ βασιλέως* Ἰορδάνης, *ὁ τῆς ἑῴας στρατηγὸς καὶ ὕπατος*, εἰς ἔσχατον ἦλθε κινδύνου, ἅμα δὲ αὐτῷ Μισαὴλ καὶ Κοσμάς, τῶν βασιλείων ὄντες θαλαμηπόλοι, ὅτι, τὰ βασίλεια φυλαττειν καταλελησμένοι, τοῦ βασιλέως ἔξω διατωμένου, Ἰορδάνῃ τὰ ἔνδον ἱστορῆσαι βουληθέντι ἐφῆκαν.

Frg. 82* (EI 93 = Joh. Ant. 301, p. 508 Roberto, frg. 209 Müll. = [Prisc.] 64,1-65 Blockl.; cf. Theoph. *chron.* AM 5964 [64,2 Blockl.], v. infra; cf. etiam Steph. Byz. sv. Σαλῶναι (supra, Prisc. Exc. 46 inc. sedis, lib. VI); Joh. Mal. XIV 45; Proc. *bell.* I 7, **1**; Theoph. *chron.* p. **118** de B.; Nic. Call. XV **11**; [Malch.] frgg. 8-8a, p. 83 Cresci; Evagr. *hist. eccl.* II **16**; Jord. *Rom.* 332; 347.

a. 472 *Ὅτι* ὁ Ῥεκίμερ *εἰς διαφορὰν πρὸς τὸν Ἀνθέμιον καταστὰς τὸν βασιλέα τῶν ἑσπερίων, καὶ ταῦτα* θυγατέρα αὐτοῦ κατεγγυηθεὶς

Frg 82*] Theoph. *chron.* AM 5964 [64,2 Blockl.] *Ἐν Ἰταλίᾳ δὲ Ῥεκίμερ ὁ στρατηγός, οὗ καὶ πρώην ἐμνήσθην*, γαμβρὸς δὲ Ἀνθεμίου, *τοῦ εὐσεβῶς ἐν Ῥώμῃ βασιλεύσαντος*, ἐπανίσταται τῷ ἰδίῳ κηδεστῇ. Καὶ πολέμου κρατοῦντος τὴν χώραν, λιμώττουσιν οὕτως αἱ τοῦ βασιλέως δυνάμεις, ὡς καὶ βυρσῶν καὶ ἄλλων ἀηθῶν ἅψασθαι βρωμάτων, αὐτὸν δὲ τὸν βασιλέα Ἀνθέμιον *ἕβδομον ἔτος ἔχοντα τῆς ἀρχῆς* ἀναιρεθῆναι.

---

2 Ἀντιόχειαν] Ἀντιόχειν sv. Χέρρεως: et hic per comp. GM: Ἀντιόχου A **10** δι᾽ ὃν] δι᾽ ὃ ci. Müll. **16** ἔσχατον] τεσχατον S (ac.) | Μιχαὴλ ci. Müll. **17** θαλαμηπόλοι] θαμηπόλοι P **27** θυγατέρα ... ἀλυπία (-ᾳ S) PS: corr. Müll.

Ἀλυπίαν, *ἐμφύλιον ἔνδον τῆς πόλεως συνεκρότησε πόλεμον ἐπὶ μῆνας ε΄. Καὶ* Ἀνθεμίῳ μὲν *συνεμάχουν οἵ τε ἐν τέλει καὶ ὁ δῆμος*, τῷ δὲ Ῥεκίμερι τὸ τῶν οἰκείων βαρβάρων πλῆθος. Συνῆν δὲ καὶ Ὀδόακρος, γένος ὢν τῶν προσαγορευομένων Σκίρων, πατρὸς δὲ Ἰδικῶνος, καὶ ἀδελφὸς Ὀνοούλφου, καὶ Ἁρματίου σωματοφυλακός τε καὶ σφαγέως γενομένου.

Καὶ ὁ μὲν Ἀνθέμιος κατῴκει ἐν τοῖς βασιλείοις, ὁ δὲ Ῥεκίμερ τὰ περὶ τὸν Τίβεριν διαφράξας λιμῷ τοὺς ἔνδον ἐβιάζετο. Ἐντεῦθεν δὲ αὐτοῖς συμβολῆς γενομένης, πολὺ τῆς Ἀνθεμίου κατέπεσε μοίρας, τοὺς δὲ λοιποὺς ὁ Ῥεκίμερ παραστησάμενος δόλῳ βασιλέα τὸν Ὀλύβριον ἀποδείκνυσιν. *Πεντε γοῦν διόλου μῆνας ἐμφύλιος τῆς Ῥώμης ἐπεκράτει πόλεμος, ἄχρις οὗ*, τῶν περὶ τὸν Ἀνθέμιον ἐνδόντων τοῖς βαρβάροις καὶ τὸν βασιλεύοντα γυμνὸν καταλιπόντων, αὐτοῖς τοῖς πτωχεύουσιν ἀναμιχθεὶς ἐν τοῖς πρόσφυξι τοῦ μάρτυρος Χρυσογόνου γίνεται· *ἐκεῖ τε τῆς κεφαλῆς ἀποτέμνεται ὑπὸ Γονδουβάνδου, τοῦ Ῥεκίμερος ἀδελφοῦ, βασιλεύσας ἔτη πέντε μῆνας γ΄ ἡμέρας ὀκτωκαίδεκα.*

aa.472/4 Ὁ δὲ Ῥεκίμερ αὐτὸν μὲν βασιλικῆς ἠξίωσε ταφῆς, τὸν δὲ Ὀλύβριον ἐπὶ τὴν βασίλειον ἀνήγαγεν αὐλήν. Ὀλυβρίου δὲ κατὰ τὸν εἰρημένον τρόπον τὴν Ῥωμαίων παρειληφότος ἀρχήν, *Ῥεκίμερ ἡμερῶν εἴσω λ΄ καταλύει τὸν βίον, αἵματος αὐτῷ πλείστου ἐξεμεθέντος. Ὀλύβριος δὲ μετὰ τοῦτον ις΄ μόνας ἐπιβιοὺς ἡμέρας ὑδέρῳ συσχεθεὶς μεταλλάττει, τοῖς βασιλεῦσιν ἀριθμηθεὶς εἰς μῆνας ἓξ ἥμισυ.* Τὴν δὲ τοῦ Ῥεκίμερος τάξιν ὑπεισελθὼν Γουνδουβάλης, ἀνεψιὸς ὢν αὐτοῦ, Γλυκέριον τὴν τοῦ κόμητος τῶν δομεστίκων ἀξίαν ἔχοντα ἐπὶ τὴν βασιλείαν ἄγει. *Γνοὺς δὲ Λέων ὁ τῶν ἑῴων βασιλεὺς τὴν τοῦ Γλυκερίου ἀναγόρευσιν ἐπιστρατεύει κατ᾽αὐτοῦ, Νέποτα στρατηγὸν ἀποδείξας* ὃς ἐπειδὴ τὴν Ῥώμην κατέλαβεν, *ἀμαχεὶ τὸν Γλυκέριον ἐχειρώσατο* καὶ τῶν βασιλείων ἐξώσας

---

2 μῆνας ε΄ ci. Müll., v. infra, Rob.: μῆνας θ΄ PS **5** ἰδίκωνος PS | ὀνοούλφου S καί[2]] secl. Blockl. **8** τίβερι PS | Ἐντεῦθεν δὲ scripsi: ἐντεῦθετε PS: ἐντεῦθέν τε de B. Rob.: ἐντεῦθεν Müll. **23** ἀριθμηθεὶς] ἐναριθμηθείς Müll. **24** τάξιν om. P | γουνδουβαλὴς S P (sine acc.) **25** γλυκέριον S(pc.): γλυβέριον S (ac.) **26** ἀξίαν] ἀξίως PS: corr. Müll. **28** Νέποτα] νέσπωτα PS **29** βασιλείων ἐξώσας] βασιεξώσας P

ἐπίσκοπον τοῦτον Σάλωνος *προχειρίζεται η΄ μῆνας ἐντρυφήσαντα τῇ ἀρχῇ.* Εὐθὺς γοῦν ὁ Νέπως βασιλεὺς ἀναδειχθεὶς ἦρχε τῆς Ῥώμης.

Frg. 83* (Proc. *bell.* VI 15, 16-23 = [Prisc.] 65 Blockl.; cf. Jord. Get. 21, v. infra; Paul. Diac. *hist. Lang.* I 5)

Τῶν δὲ ἱδρυμένων ἐν Θούλῃ βαρβάρων ἓν μόνον ἔθνος, οἳ Σκριθίφινοι ἐπικαλοῦνται, θηριώδη τινὰ βιοτὴν ἔχουσιν. Οὔτε γὰρ ἱμάτια ἐνδιδύσκονται οὔτε ὑποδεδεμένοι βαδίζουσιν οὔτε οἶνον πίνουσιν οὔτε τι ἐδώδιμον ἐκ τῆς γῆς ἔχουσιν. *Οὔτε γὰρ αὐτοὶ γῆν γεωργοῦσιν οὔτε τι αὐτοῖς αἱ γυναῖκες ἐργάζονται, ἀλλὰ ἄνδρες ἀεὶ ξὺν ταῖς γυναιξὶ τὴν θήραν μόνην ἐπιτηδεύουσι. Θηρίων τε γὰρ καὶ ἄλλων ζῴων μέγα τι χρῆμα αἵ τε ὕλαι αὐτοῖς φέρουσι, μεγάλαι ὑπερφυῶς οὖσαι, καὶ τὰ ὄρη, ἃ ταύτῃ ἀνέχει. Καὶ κρέασι μὲν θηρίων ἀεὶ τῶν ἁλισκομένων σιτίζονται, τὰ δέρματα δὲ ἀμφιέννυται, ἐπεί τε αὐτοῖς οὔτε λίνον οὔτε ὄργανον ὅτῳ ῥάπτοιέν ἐστιν, οἱ δὲ τῶν θηρίων τοῖς νεύροις τὰ δέρματα ἐς ἄλληλα ταῦτα ξυνδέοντες οὕτω δὴ ἐς τὸ σῶμα ὅλον ἀμπίσχονται. Οὐ μὴν οὐδὲ τὰ βρέφη αὐτοῖς κατὰ ταὐτὰ τιθηνοῦνται τοῖς ἄλλοις ἀνθρώποις. Οὐ γὰρ σιτίζονται Σκριθιφίνων παιδία γυναικῶν γάλακτι οὐδὲ μητέρων ἅπτονται τιτθοῦ, ἀλλὰ ζῴων τῶν ἁλισκομένων τοῖς μυελοῖς ἐκτρέφονται μόνοις. Ἐπειδὰν οὖν γυνὴ τάχιστα τέκοι, δέρματι τὸ βρέφος ἐμβαλομένη κρεμᾷ μὲν εὐθὺς ἐπὶ δένδρου τινός, μυελὸν δέ οἱ ἐπὶ τοῦ στόματος ἐνθεμένη ξὺν τῷ ἀνδρὶ ἐπὶ τὴν εἰωθυῖαν στέλλεται θήραν. Ἐπὶ κοινῆς γὰρ τά τε ἄλλα δρῶσι καὶ τὸ ἐπιτήδευμα μετίασι τοῦτο. Τούτοις μὲν οὖν δὴ τοῖς βαρβάροις τὰ ἐς τὴν δίαιταν* ταύτῃ πῃ ἔχει.

Frg 83*] Jord. *Get.* 21 *Aliae vero ibi sunt gentes Screrefennae [crerefenne* **CD:** *crefenne* **bFou:** *rerefennae* **a:** *refennae* **AE***], quae frumentorum non quaeritant victus, sed carnibus ferarum atque ovis avium vivunt; ubi tanta paludibus fetura ponitur, ut et augmentum praestent generi et satietatem ad copiam genti.*

---

1 τοῦτον om. P | σάλωνος P (pc.): σαλῶνος P (ac.) **6** σκριθίφικοι L **7** οὔτε[1]] οὐδὲ codd.: corr. Dind. | ὑποδεδημένοι K **12** τὰ...ταύτῃ] ταύτῃ τὰ ὄρη K **14** ὄργανον om. I | ἐστιν] ἔνεστιν L **21** ἐμβαλλομένη L | μυελὸν...22 στόματος] ἐπὶ τοῦ στόματος δέ οἱ μυελὸν K **22** ξὺν...θήραν] εὐθὺς στέλλεται ἐπὶ θήραν L **23** κοινῆς] κυνοῖς Ath.: κοινῇ K: κοινοῦ L: corr. Kalli, p. 35 | τά...καὶ] τοῖς ἀνδράσι L | τὸ] τώ K (pc.) **24** ἔχει] ἔχῃ K

INDEX NOMINVM

INDEX LOCORVM[1]

[1] Hic loci similes Prisci Excerptorum inveniuntur, sive de classicorum imitatione, sive de historicis rebus; de fragmentis dubiis v. infra Indicem Fontium. "Cf." vel "cf. e.g." locum ad Graecitatis usum pertinentem significant.

INDEX FONTIVM FRAGMENTORVM DVBIORVM[2]

[2] Omnes numeri, stellula (*) postposita, ad dubiorum fragmentorum inscriptiones spectant; primi numeri **nigriore atramento** [**Bold/Neretto**] textum, ceteri consueti [Normal/Tondo] locos collatos significant.

I II

Tabulae I–II: cf. supra, pp. XIX–XX.

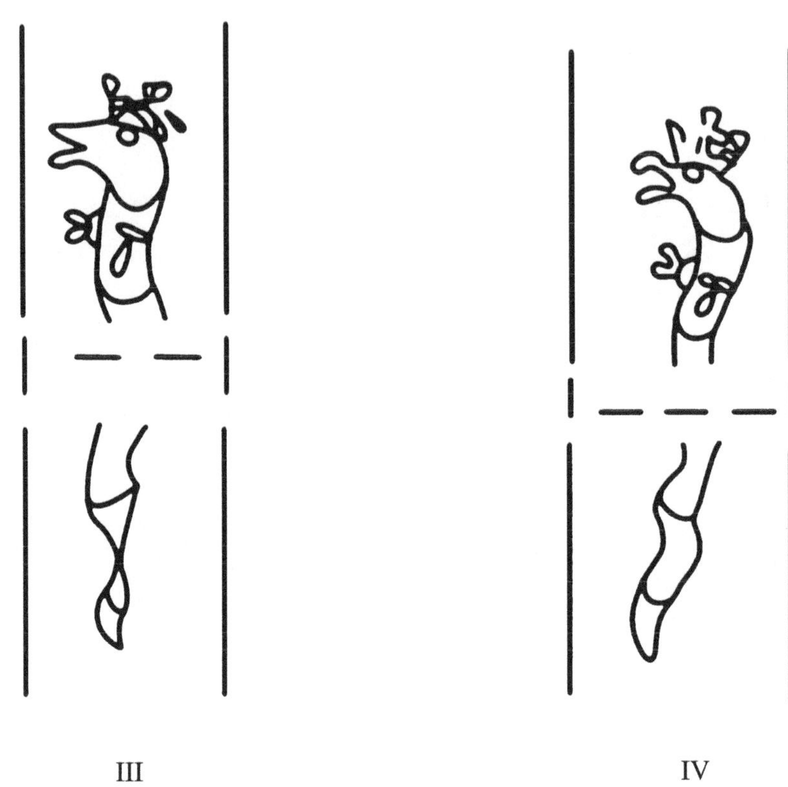

Tabulae III–IV: cf. supra, p. XX.

www.ingramcontent.com/pod-product-compliance
Lightning Source LLC
Chambersburg PA
CBHW060803310726
48980CB00002B/210
9783110201383